大都市行政とガバナンス

佐々木信夫 著

中央大学出版部

装幀　道吉　剛

はしがき

　本書は，地方自治とりわけ大都市行政とそのガバナンスのあり方について，行政学の観点から論じたものである。

　戦後の著しい都市化過程の中で，わが国の地域社会は大きく変貌した。一方では，人口や産業の過集積に伴う過密化の進行が，他方では，人口や産業の流出に伴う過疎化の進行が，同時並行的に起こった。前者が大都市を中心とする過密問題であり，後者が地方都市，農山村を中心とする過疎問題である。

　それに関わる問題解決の方法は全く違うものが要求される。にもかかわらず，一貫して取られてきた行政対応は，中央集権的な問題解決の方法であった。基層が全く異なるにもかかわらず，一律の規制行政，画一的な補助金行政が行われ，あたかも中央政府がすべての問題解決を図れるかのような，集権的な手法を駆使してきた。

　結果は，残念ながら解決に至らぬまま，むしろ傷口を広げてしまった。限界集落が多発し，膨大な投資を伴う景気対策は1000兆円に及ぶ政府債務残高の山をつくり，想定外とされた原発事故を伴う未曾有の東日本大震災が過疎地域を直撃した。膨大な累積債務の返済に目途すらつかず，急速に進む高齢化に伴う社会保障費の増大で，日本財政は立ち行く方向すら見出せない状況に至った。まさに舵取りと統治機能，つまりガバナンスを失った政府状況である。

　一律の市町村制度に府県の役割を一部付加する政令指定都市制度も，戦時下で二重行政の無駄を排除し戦費をねん出しようと急ごしらえした都制を原型とする都区制度も，およそ大都市制度と呼べる代物ではない。地域社会が大きな構造変化を起こしているにもかかわらず，自治体を一律管理統制しようとしてきた集権的行政の代償はあまりにも大きい。高度に都市化された都市国家に，大都市制度法すら存在しないのである。

研究面でも同じようなことが指摘できる。わが国の行政研究が伝統的に行ってきた国家論という枠組みで官僚制や中央地方関係を捉える研究スタイル，つまり行政の閉鎖系モデルの範囲内で行政研究を進めることは，現実問題への解決力を示しえない点で，すでに「古いタイプ」に属するといえよう。こと都市問題についていうなら，行政の開放系モデルの中で大都市行政の理論を構築し，問題解決の方途を提示すべき段階にきている。管理学，統治学の行政研究から政策学としての行政研究へ，パラダイム転換が求められているのである。

　本書は，そうした問題意識に立って，筆者がこの20年の間，中央大学の研究生活の中で学術誌等に発表し論じてきた論稿について，研究の一端としてまとめたものである。巻末に初出一覧を掲げたが，論文発表の時期によっては，多少現実の方が前に進行し，論理構成に若干ずれが生じているものもある。なるべく発表時の考え方を生かすため，数値等を大幅に変えることは避けた。この点はご了解願いたい。なお，本書は中央大学学術図書に選定され助成を受けて出版されたものである。中央大学に謝してお礼を申し上げたい。

　内容的には，大都市行政やそのガバナンス問題に限らず，道州制，広域行政，市町村再編，そして地方議会の問題と多岐にわたっている。いずれも筆者の関心を持つテーマを取り上げているが，総括的に言えば，地方自治制度とそのガバナンスのあり方について論じたものといえる。

　大阪都構想をはじめ様々な提案が自治体側から行われ改革が進められている。地方分権の動きとして評価されるが，逆にいうと，これほどまでに大都市制度，府県制度が矛盾を抱えた時代はなかったといえよう。大きな改革を余儀なくされる時代の始まりである。本書が今後の改革に何らかの形で参考になれば幸いである。

　　2013 年 4 月

　　　　　　　　　　　　　　　　　　　　　　　　佐々木　信　夫

大都市行政とガバナンス

　　　目　　　次

はしがき

第Ⅰ部　大都市制度と道州制

第1章　大都市制度とガバナンス
1. 未完の大都市制度 …………………………………………………… 3
2. 大都市と大都市制度 ………………………………………………… 5
3. 政令指定都市制度 …………………………………………………… 7
4. 政令指定都市制度と行政区 ………………………………………… 11
5. 都制の意義と歴史 …………………………………………………… 14
6. 現在の都制（都区）制度 …………………………………………… 19
7. 大阪都構想の視点，論点 …………………………………………… 25
8. 今後の「大都市制度」考 …………………………………………… 28

第2章　道州制の構想と諸論点
1. 問題の所在——なぜ道州制か ……………………………………… 35
2. 「道州制」論議の背景 ……………………………………………… 37
3. 道州制の制度設計をめぐって ……………………………………… 43
4. 道州制と税財政制度 ………………………………………………… 55
5. むすび——道州制の課題 …………………………………………… 58

第3章　大都市制度と道州制
1. 道州制論議の多義性 ………………………………………………… 63
2. 東京圏をどうする …………………………………………………… 64
3. 現在の大都市制度 …………………………………………………… 68
4. 都制（都区制度）の現状 …………………………………………… 70
5. 都制（都区制度）の問題点 ………………………………………… 75
6. 都区制度をめぐる改革構想 ………………………………………… 77

7．「東京都市州」の構想………………………………………………… 82

第4章　「東北州」の構想
　　1．はじめに……………………………………………………………… 87
　　2．なぜ東北州なのか…………………………………………………… 88
　　3．新しい「国のかたち」……………………………………………… 89
　　4．分権国家と東北州構想……………………………………………… 92
　　5．道州議会と議員……………………………………………………… 96
　　6．道州知事と公務員…………………………………………………… 98
　　7．道州の公務員制度…………………………………………………… 101
　　8．東北州の行政機構…………………………………………………… 102
　　9．道州の税財政制度…………………………………………………… 105
　　10．残された多くの課題………………………………………………… 107

第Ⅱ部　地方分権とその改革

第5章　地方分権とガバナンス
　　1．大震災復興とパラダイム転換……………………………………… 113
　　2．「ガバナンス」の概念と使われ方 ………………………………… 115
　　3．「新しい公共」とガバナンス ……………………………………… 119
　　4．行政システムの捉え方……………………………………………… 122
　　5．日本の地方分権──その選択……………………………………… 125
　　6．日本の第1期分権改革……………………………………………… 130
　　7．日本の第2期分権改革……………………………………………… 136
　　8．むすび──地方分権とガバナンス………………………………… 138

第6章　分権改革とその課題
　　1．はじめに……………………………………………………………… 143

2. 地方分権改革の考え方………………………………………… 143
　3. 第1期分権改革の認識…………………………………………… 145
　4. 第1期分権改革の要点…………………………………………… 148
　5. 平成大合併の特徴………………………………………………… 150
　6. 第2期分権改革の課題…………………………………………… 155

第7章　「新たな公共」とガバナンス

　1. なぜ,「新たな公共」なのか ………………………………… 161
　2.「新たな公共」とは何か ……………………………………… 164
　3. 官僚制と公務員改革…………………………………………… 168
　4. 政策官庁としての自治体……………………………………… 172
　5. 公共政策の総点検と連携……………………………………… 179
　6. 公共経営の発想と戦略………………………………………… 182

第8章　地方分権と自治基本条例

　1. 地方分権の意義………………………………………………… 187
　2. 自治基本条例の背景…………………………………………… 189
　3. 自治基本条例の骨格…………………………………………… 191
　4. 自治立法と自治基本条例……………………………………… 195
　5. 自治基本条例の立法過程……………………………………… 199
　6. む　す　び……………………………………………………… 202

第Ⅲ部　自治体経営と議会

第9章　自治体の政策と経営

　1. 自治体の政策活動……………………………………………… 207
　2. マニフェストと政治…………………………………………… 209
　3. 自治体が変わる方向…………………………………………… 213

4．自治体の経営改革……………………………………………… 215
　　5．政策官庁と政策構想…………………………………………… 222
　　6．政策過程の意義………………………………………………… 225
　　7．政策形成の構図………………………………………………… 228
　　8．政策評価の構図………………………………………………… 232
　　9．地方分権と行政責任…………………………………………… 236
　　10．む　す　び……………………………………………………… 238

第10章　広域行政と市町村合併
　　1．は じ め に……………………………………………………… 241
　　2．広域行政の意義………………………………………………… 241
　　3．平成大合併の折り返し………………………………………… 244
　　4．平成大合併の特性分析………………………………………… 246
　　5．平成大合併の意義……………………………………………… 248
　　6．市町村合併と住民自治………………………………………… 250
　　7．住民自治の制度設計…………………………………………… 253

第11章　地方議会と地方議員
　　1．は じ め に……………………………………………………… 257
　　2．議員バッジの効用……………………………………………… 258
　　3．地方議員の意義………………………………………………… 259
　　4．地方議員の代表性……………………………………………… 262
　　5．地方議員の立法能力…………………………………………… 264
　　6．地方議員の説明責任…………………………………………… 269
　　7．議員報酬の論点………………………………………………… 272
　　8．議員報酬の決め方……………………………………………… 276
　　9．む　す　び……………………………………………………… 281

第12章　議員の報酬, 定数

1. 問題の所在 …………………………………………………… 283
2. 戦前, 戦後の自治制度 ………………………………………… 284
3. 議員報酬の考え方 …………………………………………… 288
4. 議員定数の考え方 …………………………………………… 295
5. む　す　び …………………………………………………… 302

補　　遺

A Study of the Political Leadership of Tokyo Metropolitan Governors:
in search of the Ideal of Decentralization in Japan ………………… 305

初 出 一 覧 …………………………………………………………… 325
索　　引 ……………………………………………………………… 327

第Ⅰ部

大都市制度と道州制

第 1 章

大都市制度とガバナンス

1. 未完の大都市制度

　日本の大都市制度が曲がり角を迎えている。戦後間もなく発足した政令指定都市制度は数の増加とともに位置づけがあいまいになり，ひずみが目立ち始めた。その矛盾を突くかのように，日本有数の大都市である大阪市と大阪府を合体させる「大阪都構想」が動き出している。

　日本は今，大胆な政策転換が迫られている。世界同時不況の中，大きな需給ギャップが発生しており，これを埋めるために政府による支出が増大する方向であり，金融緩和，規制緩和も重要となっているが，しかし一方，いかにムダを省くかは依然大きな課題となっている。

　日本経済には本格化する人口減が立ちはだかる。「均衡ある国土の発展」など望めるものではなく，むしろ限りある公共資源のメリハリのある使い方，つまり選択と集中こそが重要となる。それをどこに重点配分すべきか。現在のような格差論を前面に立てた均一化ではなく，けん引力を持ち高い生産性を有する大都市をより強くすることで，果実の地方への波及を考えるべきではないか。グローバル化する世界で大都市間競争が加速している。そうした中，大都市制度の見直しは一刻の猶予も許されない。

　筆者も委員を務めた2009年に，横浜，名古屋，大阪の3市が設置した大都市制度構想研究会が報告書を出している。それによると，3市が他の地域より生産性が高く，かつ3市にとって今後一層重要となる都市的産業（福祉や医療，教育，観光など）に人的資源を集中的に誘導し，積極的に伸張させた場合，全国

的に均質な発展を目指した場合より2020年時点の域内総生産を年間7.8兆円，現在の日本の国内総生産（GDP）の1.5％に相当する規模の経済を押し上げる効果があるとしている。

　だが，現在の大都市を取り巻く制度環境は，そうしたダイナミズムや自由度を発揮できる仕組みにはない。その理由の中で最も大きいのは，地方政府が自立できる，明確な大都市制度がないためだと考えられる。府県，政令市の二重構造など効率が悪い。大阪都構想はここに目をつけ，司令塔の一本化を掲げる。

　これまで日本は構造改革や地方分権改革を進めてきたが，その中で抜け落ちているのは大都市を制度的にどう扱うかという視点だった。東京，横浜，名古屋，大阪など主要な大都市が日本経済のけん引力であることを疑う者はいない。だが，こと行政面になると，大都市の活力を引き出すどころか，"角を矯めて牛を殺す"仕組みのままである。

　というのも，日本の地方制度は県─市（政令市，中核市，特例市，一般市）─町村という固定的な枠組みにすべての地域をはめ込み，国が一元管理するという集権構造の下にある。明治以来，その仕組みは大きく変わっていないとみてよい。

　府県並みの200万人，300万人を擁する大都市の市長でさえ数万人規模の町村長と同じように，霞が関に陳情・請願し，官僚に頭を下げないと物事が進まない。主要国で大都市制度がない国は日本だけである。日本の大都市がもてる力をフルに発揮できる制度が存在しないこと自体が，閉塞不況の大きな要因とみることもできる。

　確かに，現状でも，1956年度に発足した指定都市制度のもと，全国に20の政令指定都市が存在する。だがこれは戦後，法律上認められながら実現しなかった「幻の特別市」制度と引きかえに，妥協の産物として生まれた「大都市に関する特例」にすぎない。地方自治法をはじめ個別法において，人口100万人以上の基礎自治体に行政裁量によって府県の権限の一部を上乗せする特例扱いを積み重ねてきた仕組みにとどまり，大都市の持つ潜在力を十分発揮するにふさわしい制度とはいいがたい。

　つまり制度の根幹が一般市町村と同一の制度で，自治制度上，大都市の位置

づけや役割が不明確なのである。また事務配分は特例的で一体性・総合性を欠き，府県との役割分担が不明確なため二重行政，二重監督の弊害が大きい。さらに役割分担に応じた税財政制度が存在しないといった構造的な問題を抱えているからである。

大都市は，交通，道路，エネルギー，上下水，食糧，防災，犯罪防止，テロ対策など日常生活の安心，安全の確保や危機管理はもとより，企業活動をコントロールする経済的規制や産業政策，観光政策など，多くの課題を抱える。大都市経営の主体となる大都市自治体には，膨大で複雑な行財政需要に的確に応え，高い政策能力を発揮できる仕組みが必要である。それには，単に府県行政と大都市行政の二重行政の是正やその一元化，大都市に対する国・県の二重監督の解消といった旧来の「大都市の特例」のレベルではなく，明確に大都市を府県区域の権限外と位置づけ，大都市（圏）をマネージメントするための固有の行財政権限を有した「大都市制度法」のような，単独法で規定した「制度」とする必要がある。

2. 大都市と大都市制度

もとより，人口規模や財政力が大きいことだけで大都市というのではない。大都市とは，社会，経済，文化，政治などの諸機能が一般の都市に比べて圧倒的に大きく作用する特徴を備えている。それを大都市と呼ぶ。オックスフォード大学のジャン・ゴットマン教授は「大都市（Metropolis）とは建築物，人口およびそこで生ずる諸活動が大規模で，しかも密集した状態で集積するプロセスの中で生ずるものであり，大都市圏の成長拡大は大都市が中心地として機能するための社会生活の構造と様式に対応する」[1]と定義している。

そうした機能を発揮し，大都市を発展させるためには，それなりの仕組みが必要である。それが大都市制度である。その制度を利用し，大都市の進むべき舵取りをすること，さらに大都市の活動がスムーズに進むよう大都市経営をしっかり行うこと，これが大都市のガバナンスである。

大都市の自治体には，大都市特有の行財政需要に対応し，公共の立場から大都市を経営する責務がある。こうしたことから主要国には，一般の自治体制度は異なる首都制度や大都市制度がとられることが多い。わが国も例外ではない。大都市制度と目される制度は2系統ある。1つは政令で指定する「大都市に関する特例」の系統であり，もう1つは東京23区に適用されている「都制」の系統である。

前者の指定都市制度は，市町村の制度のうえに制定された特例による大都市制度であるが，後者の都制度は府県制度のうえでの特例の大都市制度である。

指定都市制度は1956（昭和31）年に人口100万人以上の5大市（横浜，名古屋，京都，大阪，神戸）を指定して始まったが，2012（平成24）年4月に熊本市が指定されたことで20市になっている。またこれに準ずる中核市（42市），特例市（40市）がその後スタートしており，これら政令で指定する諸都市制度のもとに暮らす人口は国民全体の40％を超えている。

後者の都制度は戦時下の1943（昭和18）年に始まり，東京都の内部に特別区という特別地方公共団体を抱えるもので，最近は特別区が内部団体扱いを脱し基礎自治体の法的位置づけをえたこともあって「都区制度」と呼ぶようになっている。

図1-1　大都市制度の歴史

戦前	1888年(明治21年)	市制町村制公布
	1889年(明治22年)	三市特例制度(東京・京都・大阪)　1898年(明治31年)廃止
	1921年(大正10年)	六大都市行政監督特例(東京・横浜・名古屋・京都・大阪・神戸)
	1943年(昭和18年)	五大都市行政監督特例　東京都制
戦後	1947年(昭和22年) 地方自治法施行	特別市(指定されることはなく制度廃止)　都区制度
	1956年(昭和31年)	指定都市
	1995年(平成7年)	中核市
	2000年(平成12年)	特例市

（資料）　地方制度調査会資料

これも含めると，わが国では既に大都市に関する特例（政令指定都市20％，中核市12％，特例市10％）区域と都制（都区制度10％）区域で国民全体の50％超をカバーしていることになる。

大都市制度については戦前からの歴史がある。詳しい説明は省くが，図示したように政令市，都制の2系列に異なった歴史がある（図1-1）。

今後，東京，横浜，名古屋，大阪など国家を代表する大都市を特別市（府県ないし道州と同格）に昇格させるべきだという意見もある。大都市制度の改革とその扱いは道州制の帰趨とも関わる。いずれ，大都市に舵取りの強い権限と財源を与え，大都市圏をマネージしていくガバナンスの確立が不可欠である。

そうした議論の前提として，まず大都市制度の概説をしておこう。

3．政令指定都市制度

(1) 指定都市の意義

まず1つは，政令指定都市制度（以下，指定都市と呼ぶ）である。指定都市制度は，大都市特有の複雑かつ多様な行政需要への対応の必要性と，合理的，能率的な行政事務処理の必要性から，一般の市制度と異なり，内部に複数の行政区をおき，住民に密着した行政事務の多くは行政区単位で処理し，大都市全体としての都市経営は本庁組織が中心になって行う，本庁と区の二重の構造を有しているところに特徴がある。

制度の概要は以下の通りである。

① 意義：正確には大都市制度ではなく「市町村の大都市特例」だが，市に府県業務の大半を移譲し，大都市の一体的経営を可能としようとするもの。
② 指定要件：法律上は50万人だが，昭和31年5大市でスタート以降，将来人口を100万見込みとし，さらに合併促進策として70万都市まで指定。現在20市（2013年4月現在）。
③ 制度の特徴：①市内に行政区。②基本的に知事の監督権なし。③児童福祉，生活保護，都市計画などの府県事務を市に移譲。④宝くじの発行等

財政力優位。⑤ブランド化。
④　準ずる制度：(i)中核市（人口30万人以上。1995年からで現在42市。準政令市)，(ii)特例市（人口20万人以上。2000年からで現在40市。準中核市）。

「大都市の特例」として認められている，いわゆる政令指定都市制度は以下の4項目を主な特徴としている。
①　事務配分上の特例：地方自治法252条の19第1項において，道府県が処理するとされている社会福祉，保健医療，都市計画など市民生活に関連する18項目の事務について処理する。その他，個別法令において定める事務についても処理が可能となっている。
②　行政関与の特例：同法252条の19第2項において，社会福祉事業の改善命令，土地区画整理事業計画の許可等の事務については，県知事の許可，認可，承認等の関与を要しないか，県知事に代えて直接主務大臣の関与を受けることとされている。2000年の分権改革以前は，「行政監督の特例」と言われていたものがこれに当たる。
③　行政組織上の特例：同法252条の20において，条例で区域を分け，区を設置することとされている。その他にも，人事委員会の必置，職員共済組合の設置等が認められている。
④　財政上の特例：大規模償却資産に係る固定資産税の課税制限の適用除外，道路特定財源としての地方道路譲与税，石油ガス譲与税等の措置，また宝くじの発行等が認められている。

(2)　指定都市の問題点
　もっとも，この指定都市制度は，半世紀以上も前に創設された制度であり，また正確には「制度」というより，「法律上の特例」を積み重ねてきたものだけに，現代の大都市経営にふさわしい制度となっているかどうか，様々な問題を抱えている。
　第1は，制度自体が包括的なものではなく，個別法で特例を積んだモザイク

状の特例制度となっていること。

　第2は，税財政の仕組みは府県制のままであり，業務と財政がアンバランスとなっていること。

　第3は，行政区は決して自治区ではなく，結果として住民参加など協働参画時代にふさわしくない本庁集権体制となっていること。

　第4は，大都市圏の中核都市であるにもかかわらず，隣接市町村との連携が不十分で，県との〈二重行政〉などが見られること。

　このうち，必置組織となっている「行政区」の制度問題が特に問題視される。詳しくは後述するが，これまでの行政区制度は100万都市の行政便宜上つくられた出張所，支所に過ぎなかった。行政が市民に身近になると説明されるが，実際は逆であり，窓口行政は近くなっても「まちづくり」は遠くなったというのが率直な市民の意見である。

　指定都市の行政区については，地方自治法252条の20で「指定都市は，市長の権限に属する事務を分掌させるため，条例で，その区域を分けて区を設け，区の事務所又は必要があると認めるときはその出張所を置くものとする。区の事務所又はその出張所の長は，当該普通地方公共団体の長の補助機関である職員をもつて充てる。区に選挙管理委員会を置く。」と規定され，主に事務執行を効率化させる視点から行政区という地域割がなされ，区役所という事務所が置かれているのである。公選の区長を置く特別区制度とは大きく異なっている。

　すでに半世紀の歴史を刻んだこの制度について，例えば人口369万人を擁し，18行政区からなる横浜市では，行政区を政治やまちづくり，市民参加となるよう自治区に変え，特別自治市のような自治制度へ移行すべきだという声も出ている。成熟した指定都市の率直な意見と受けとめなければならない。

　指定都市制度は時代的に変貌を余儀なくされる時期に来ているが，仮に制度疲労した制度であっても，改善して使うならそれなりのメリットもある。広域化時代に合う大都市経営を営む単位としては100万規模を「ひとつの市」として扱う考え方は必要だし，制度的にも担保される必要がある。

　しかし一方で，身近な行政参加が要請される。学校区，ないしコミュニティー

区を市民自治の単位とし，一種の法人格をも持たせよという意見も強い。これらからして，10万規模の行政区が自治区としてふさわしい規模かどうか検証を要するところだが，ともかく，「行政区」をどのように自治区的に扱うかが課題となる。

(3) 指定都市の類型化

もとより，この指定都市について都市機能が集積度の点からすると，多様な特徴がある。分析すると指定都市は3つに類型化できる（図1-2）。

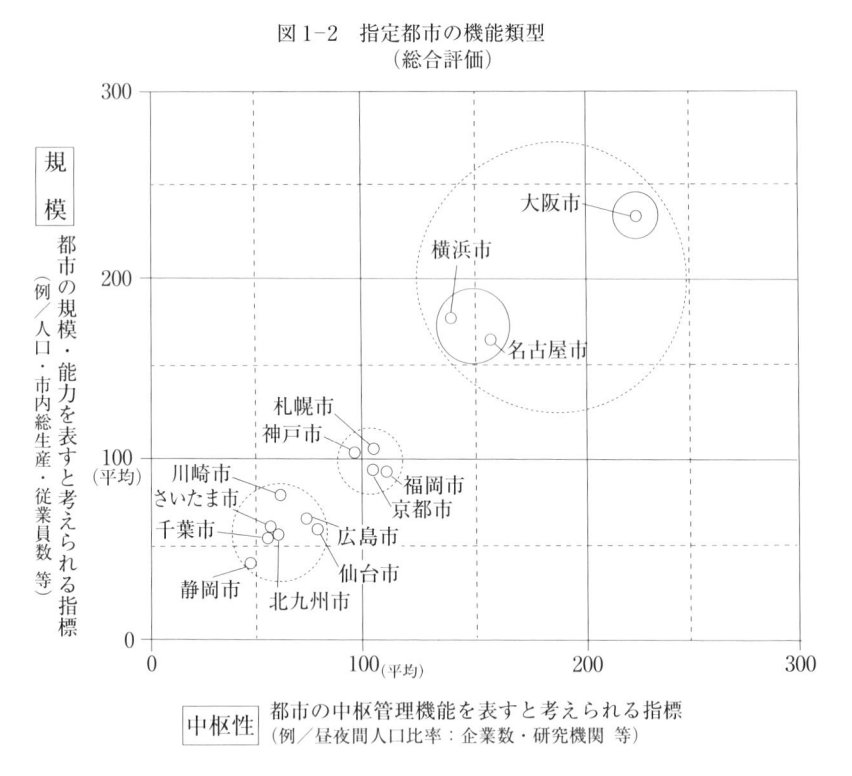

図1-2　指定都市の機能類型
（総合評価）

【規模】都市の規模・能力を表すと考えられる指標（例／人口・市内総生産・従業員数 等）

【中枢性】都市の中枢管理機能を表すと考えられる指標（例／昼夜間人口比率：企業数・研究機関 等）

（資料）　横浜市「新たな大都市制度の提案　中間報告」（2008年3月）
　※　20市のうち，2006年以降に指定された浜松，岡山，相模原，熊本，新潟，堺市を除く。

第1のタイプ(A)は，大阪，名古屋，横浜で日本を代表する大都市。第2のタイプ(B)は，札幌，仙台，広島，福岡，京都，神戸などブロック圏の中核をなす都市群。第3のタイプ(C)は，北九州，川崎，千葉など大都市圏内の中核的都市のほか，平成の大合併で指定された後発の都市群である。

4．政令指定都市制度と行政区

(1) 行政区の意義

行政区は，次の2点が大きな役割となる。

第1に，住民の意向を集約し，それを行政運営に反映させることで，「協働の拠点」として確立させていくこと。百万人を超える人口を擁する政令指定都市においては，市域全体を対象として住民の意見を集約し，それを市政に反映させていくには困難が伴う。このため，より身近な存在である区役所には，「協働の拠点」として住民の意向を吸い上げていく機能が求められる。

ただ，この住民の意向を行政運営に反映させるという視点に立った場合，企画・調整機能の拡充など行政機構の肥大化をもたらす傾向も強いことから，情報ツールなどを用いて定型的な業務に要する政策資源を減じる一方で，その余剰分を企画調整機能に移行させるという視点も重要である。

第2は，区内の施設管理などについては，事業局や行政委員会といった縦割りの枠組みを超えて，区役所に管理権限を移譲すること（効率的・効果的な行政運営に資するという意味で「範囲の経済性」をいかに見出すかが重要となる）。

指定都市においては，これまで一定の人口規模を確保し，権限移譲を受けることで，規模の経済性を発揮することに主眼がおかれていたといっても過言ではないであろう。実際，自治体を取り巻く合併の動きの中でも，2003年4月のさいたま市の政令指定都市への移行をはじめとして，静岡市など指定都市への移行を目指す自治体もみられることからも，大都市特例に基づく事務配分や財源配分とともに，その目的が規模の経済性の発揮にあることは明らかであるといえよう。

しかしながら、地方分権の流れの中では、地域社会に目を向けた行政運営が求められることは必至であり、一定の行政事務権限を行政区に移譲することによって、縦割りの弊害を打破し、「範囲の経済性」を獲得することで、総合行政サービスの提供を可能とし、住民の利便性の向上に資することが求められているといえる。

改革の方向として、指定都市市長会の「特別自治市」構想をみておきたい（資料、前掲）。改革後のイメージとして、図1-3のようなイメージ図を掲げている。

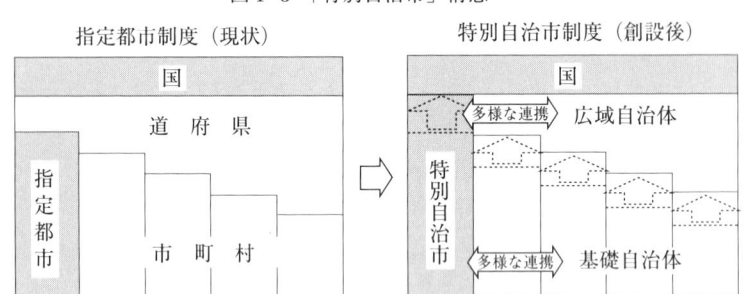

図1-3 「特別自治市」構想

1つの提案は、従来の広域自治体、基礎自治体という2層制の自治構造を廃止し、広域自治体に包含されない「特別自治市」を創設するということ（特別市の創設とみてもよい）。

2つめは、新たな役割分担を求め、なおかつそれに応じた税財政制度を構築するということ。警察業務の移管やハローワーク、義務教育に関する諸権限の移譲など多くの業務移管を行う。その際、大都市特有の課題や行政需要に対応できる税源、財源の確立も求める。

3つめは、特別自治市が大都市圏の中核的役割を果たす視点から、隣接の市町村と多様連携を行うこと。図書館の相互利用、福祉施設の共同設置、道路整備、観光施策、研究所等専門性の高い分野、救急医療、災害対応など、広域性の高い分野の連携を強調。現在の道府県については、道州制という表現は避けているが、空港や交通などより広域圏をマネージしなければならない分野を「補

完性の原則」に基づき担うべきとしている。

4つめに，住民自治，住民参加を進める機能も強化すべきとしていること。

(2) 行政区の改革

ここで重要なのは，「範囲の経済性」の発揮がどのような場合に可能かということである。事業局の出先機関よりも区役所での事務執行が，縦割り行政の弊害を打破し，多様な市民ニーズに総合的に対応できる機構づくりにつながり，市民参画の拡充にもつながるとする意見が大半を占めるものの，区役所という1つの入れ物に入れることで本当に期待される効果が得られるのか，縦割りの事業局の組織と区役所組織の狭間で単なる手続きの増加をもたらすのではないかといった疑問も残る。この点については，各職場の事務執行において必要な情報がどのようなものであるかを理解しておく必要があり，区役所において市役所全体の環境情報と各職場独自の情報の両者を用いて最適な意思決定を行うことが必要なのか，逆に本庁組織で刻々と変化する現場情報を集中・理解し，全体のコーディネーションをすべきかという，2つの視点を踏まえながら，検討することが不可欠である。

行政区を自治区として扱う方向への改革についてだが，区長を準公選すること，及び各区の運営は地域委員会（代議員制）を中心に行うことが考えられる。

行政区の区長は，これまで市役所の職員（局長級か部長級）を単なる支所長として充ててきた。行政便宜上つくられた行政区ならそれでもよかった。しかし，政治参加やまちづくりの機能を行政区に埋めこむなら，自治区にする必要がある。その場合，区長は準公選職とすべきである。

準公選とは，市民が複数候補を選び，その中から市長がその区にふさわしい人材を議会の承認を得て任命する特別職とするのである。しかも，その区長は区担当の執行役員に位置付ける。任期は4年で基本的に再選はなしとする。あくまでも市長のもとで行政を担う執行役員にとどまるという考え方からである。仮に行政区が7区だとすると，市全域を対象に区長候補7人を選挙で選ぶ。その7人の当選者を地域性も加味して議会の同意を得て各区の区長に任命する

のである。

　その区長が執行機関の代表だとすると、もう１つ、区の議決機関として区選出の市会議員（5～10名）とその数の２倍程度（10～20名）の地区代議員で構成される「地域委員会」をおく。一種の区議会に近いイメージだが、地区代議員は必ずしも公選を要件とする必要はない。各界各層、地区割代表などで構成する考え方に立つ。

　要は、行政区の運営について、限られた財源、限られた権限、限られた資源かもしれないが、これを住民参加によって運営しようという自治区の創設をイメージしての考え方である。長期計画の行政区版の審議機関であったり、予算編成や都市計画についての行政区単位での要求機関であったりする。アメリカのロサンゼルス市では２万人単位で地域自治協議会がおかれ、それが市への予算要求や都市計画の審議機能を果たし、本庁の市役所はその意見を最大限尊重するしくみを取っているが、新たな行政区の運営としてそのイメージに近い「地域委員会」制を創設する。

5．都制の意義と歴史

　もう１つの大都市制度は「都制」である。その後、都区制度と呼んでいるが、特別区制度の変貌とあわせ、まずこの制度が誕生した歴史、背景について述べておこう。

(1) 都制の意義

　都制とは昭和18（1943）年に行われた、戦費捻出などを二重行政の解消をねらいに東京市と東京府の合併によって始まった制度である。市町村制度の特例が政令都市制度なら、都制は府県制度の特例と言ってもよい。

　その骨格は府県行政を担う「都」に一定領域の市行政である大都市行政を担わせ、かつ基礎自治体として自治権を持つ特別地方公共団体としての特別区を内包することを求めている点に特徴がある。また、本来は市町村が徴収し市町

村の有力財源となるべき固定資産税を都が徴収し，都区財政調整制度を通じて区部の税財源を都が完結的に調整することも求められている点も特徴的なものである。

地方自治法は「都」を普通地方公共団体の1つとして，また市町村を包括する広域的地方公共団体として位置付けている。この限りでは，都は他の道府県と異なるところはない。

しかし，「都の区は，これを特別区という」（地方自治法第281条の1）とされるように，都には区が設置されることが前提になっており，都が基礎的自治体である特別区の存する区域において，「市町村が処理するものとされている事務のうち，人口が高度に集中する大都市地域における行政の一体性及び統一性の確保の観点から当該地域を通じて都が一体的に処理することが必要であると認められる事務を処理する」（地方自治法第281条の2-1）こと，都と特別区及び特別区相互間の財源の均等化，特別区の行政の自主的かつ計画的な運営を確保するために特別区財政調整交付金を交付することなどの点で，都制度は道府県とは大きく異なっている。

今日の都制度は一般的な制度として他府県でも適用可能であると同時に，この制度は法律上大都市制度の一環としてのものであり，首都としての特別の定めもないことから，首都行政のためにあるということはできない（現在，実定法上，首都圏整備法及び関連法に「首都」という表現があるが，これは東京都を中心とする一定範囲内を首都圏と呼ぶ地域的呼称にすぎない）。このように都制度は他の道府県での適用を排除する制度ではない。いま提起されている大阪都制も可能だという根拠はここにある。さらに2012年8月に大都市特別区設置法の成立により，位置づけはより明確になっている。

とはいえ，もともと都制度はその歴史的沿革からして実質的には東京都のみを対象として設計された制度とも言い得る。人口集中をはじめ，政治，経済，文化など広範囲にわたる巨大な集積が大都市東京を形成し，その大都市東京のための制度として都制度が設けられたことなどを考え併せれば，都制度は首都東京のための制度であるという見方も成り立つ。

府県としての都側からみると府県行政に市行政を併せ持たされる制度となっており，他方，基礎自治体としての特別区側からすると，都区一体論のもとに行われるこの制度下では固定資産税等が都の財源になるなど，本来の基礎自治体としての行政が完結できない不自由な制度という認識が生まれている。

都にとって府県行政に純化できない制度，区にとって市町村行政に純化できない制度，この双子の制度的な矛盾を抱えながら半世紀以上続けられてきたのが，「都制」である。

これを都側から眺めてみると，都制度ということにある。これは都の区域内に特別地方公共団体である特別区（23区）を包括し，府県としての事務のほかに都市の事務のうち統一的に処理する方が効率性の高い事務（消防，上下水，交通など）を行うという内容で，都は府県と市の二重の性格を有しているといってよい。特別区はほぼ普通の都市と同様の事務を処理しているが，税制上も事務権限上の一定の制約があることは既述の通りである。

もとより，この都制は戦前と戦後では本筋として意味することが異なっている。おおざっぱに言うと，戦前のそれは「官治都制」であり，戦後のそれは自治都制である。特別区の自治権が強化され，1975年以降は区長公選制となっていることもあり，現在の都制は都区制度と呼ぶことが多い。都の内部団体ではなく，役割の異なる対等な政府という意味で都区制度なのである。もとよりこうした戦後の都制を自治都制と述べても，必ずしも納得をうることが難しいかも知れない。特に特別区の立場からすると依然都による官治ではないかという反論があるからである。戦後60年の間，幾度となく都と区の抗争を繰り返しながら都制は自治都制の方向へ動いている，この点だけは間違いない。

都制は歴史的には広域自治体と基礎自治体の妥協のうえに形成されてきたものであり，その点，特別市を構想しながら妥協の産物として1956（昭和31）年に生まれた政令指定都市の制度と形成史の点で酷似している。

(2)　戦前の東京都制

戦前の東京都制は，戦時体制のもと昭和18（1943）年に東京府と東京市が合

体して出来たものである。

　東京府の歴史は，慶応 4（1868）年に江戸を東京と改称した時に始まるが，近代地方制度として確立したのは，明治 11（1878）年のいわゆる 3 新法（郡区町村編制法，府県会規則，地方税規則）の制定以後ということができる。

　郡区町村編制法により東京府は，旧朱引内（市街地）の 15 区（現在の千代田，中央，港区ほか）と旧朱引外の 6 郡から構成されることになり，その区域は現在の特別区の存する区域とほぼ同じであった。

　明治 22（1889）年，明治憲法体制下の地方制度として市制・町村制が施行され，東京市が誕生した。東京市の区域は旧東京府 15 区内とされ，従来の 15 区はそれぞれ東京市の内部団体（行政区）として位置づけられた。ただ財産区として法人格が付与され，区会も存続している。このとき，東京市は大阪市及び京都市と共に市制特例の適用を受け，市長は府知事が兼務することとされた。東京市の自治権はこれにより大きく制約された。

　明治 26（1893）年に，現在の多摩地域が神奈川県から東京府に編入された。その理由は東京市の水資源の確保が主な理由とされた。明治 31（1898）年，市制特例が廃止され，東京市も一般市制へと転換した。明治 44（1911）年の市制改正により，区は一部自治区的な性格をもつようになり，その後，大正デモクラシーや普通選挙法改正に伴い，地方制度が改正されていった。

　昭和 7（1932）年，東京府 5 郡 82 町村を東京市に編入し，その部分を 20 区に分割した。これにより東京市は 35 区となった。

　そして昭和 18（1943）年に東京府と東京市を一体化して東京都制が施行された。その理由は戦費の捻出と同時に首都防衛のため府と市の二重行政の弊害を解消しようとしたところにあるが，これはかなり以前から提案されていたものを戦時下の地方に対する国家統制強化の一環として実現したもので，ここに発足した「都制」は著しく中央集権的なものであった。この時，区の自治権も極めて制限された。

(3) 戦後の東京都制

戦後，1946年，都制の一部改正により，区の自治権が拡充され，翌1947年に区は35区から23区に再編され，憲法及び地方自治法の施行に伴い，東京都も他の府県と同様，普通地方公共団体と位置づけられた。この時，区は「特別区」という名称で特別地方公共団体に位置付けられている。区長，区議会とも公選制が採用された。

しかし1952年には，大都市における行政の統一性，能率性を確保する目的でいわゆる逆コースといわれる地方自治法改正が行われ，特別区は都の内部団体に位置付けられ，この時，区長公選制は廃止され，区議会が都知事の同意を得て区長を選任する方法へと変わった。

1962年に東京都の人口は1000万人を突破した。これに伴い，都行政が膨大化したため大都市としての機能を十分発揮しうるよう，都区の事務配分等を見直すと共に特別区の自主性を強化する法令改正が行われている。1965年に福祉事務所等の移管が行われ，そして1975年4月に区長公選制が復活し，区に対する都職員の配属制度が廃止され，保健所設置市の事務の移管が行なわれ，特別区の権限は拡大した。その後，漸次的に事務移管が進められ，1998年の自治法改正を受けて2000年4月より特別区は「基礎的自治体」という位置付けを法的に与えられ，清掃事業の区移管等が行われ，現在に至っている。しかし，都区一体論を象徴する制度として行われてきた都区財政調整制度は依然変わらないまま維持されている。

固定資産税を独自税源に出来ないことなどを理由に，千代田区は千代田市として独立したい旨の表明をしたが，そうした考え方からすると，次の特別区のねらいは，自らの自治体としての地位を市町村と同格の普通地方公共団体に位置付けることにあろう。

2000年以降，地方分権時代の始まりからすると，特別区を市町村と制度上同格の普通地方公共団体に位置付ければ目的が達せられるという性格のものでもない。同時に東京においても，市町村合併の進行で一般の府県自体がまだら模様の行政を強いられる状況が生まれてきていると同じ状況が特別区の独立性

が強まるにつれて訪れている。

　一方では基礎的自治体を中心に狭域自治体の権限強化が進む，他方では広域自治体の道州制化が求められる，こうした隘路に遭遇しているのが1世紀の歴史を刻んできた東京「都制」の現在の姿である。

6．現在の都制（都区）制度

(1)　制度の意義

　特別区制度は，法律上でいえば東京特有のものとしてはいない。大阪都制をつくり，かりに大阪市の行政区を自治権のある特別区としてそれぞれ独立させることも可能である。しかし，現実には東京だけで使われている制度となっている。現在は都区制度とも呼ばれる

　現在，人口約4万人の千代田区から80万人超の世田谷区まで人口格差自体も大きい。戦後，この制度を創設した時，各区を人口20万人と想定し，区部全体で人口400万人を想定人口として本制度は始まっている。しかし，人口の絶対規模は2倍の800万人である。さらに人口過疎から人口過密まで各区の人口格差は大変大きい。

(2)　制度の概要

　こうした実態を踏まえて，まず特別区制度の概要をみておこう。

① 　意義：昭和18（1943）年に東京府と東京市が合体し都制へ（内部団体として35区）。1947年に都が清掃，消防など一部市業務を担い，23区を特別地方公共団体とする都区制度がスタート。1975年以降，区長公選，固有職員の採用体制へ入っている。

② 　制度の特徴：(i)都が消防，上下水，バス・地下鉄など交通，病院，港湾管理を担い，区が保健所など一般市町村にない府県業務も一部事務処理も。(ii)都区財調～固定資産税などを調整3税とし都が徴収。都に45％，区に55％で割合で分配され，区間の財政力調整に使われている。

③ 存在理由：(i)沿革的にみても，旧東京市として「大都市の一体性」確保が必要だということ。(ii)23区の財政力格差を是正し一様かつ均衡のとれた行政サービスの享受が必要であるということ。

(3) 特別区と行政区の相違

東京23区は「特別区」といい，一般の市町村と少し違う。横浜市など政令指定都市におかれる行政区とも違う。横浜市の区は市役所の出先機関だが，東京の区は一般市とほぼ同じ公選の議会と首長をおく基礎的自治体である。

では何が違うのか。1つは権限の面で上下水や消防など市の業務を担っておらず，都が代わって担っている。2000年春までは清掃事業もそうであった。もう1つは本来市の税収となる固定資産税などが区に入らないこと。これは都の歳入となっている。都はこれをもとに都区財政調整制度により45％を自らの財源とし，残る55％を各区に財源が均等化するよう配分している（数年ごとに，この配分比率は見直されており，徐々に区の配分割合が拡大する方向にある）。

他方，この23区を包括し，府県の仕事と消防，上下水など市の業務を併せ持つ制度を「都」制と呼んでいる。都道府県と並べて呼ぶが，じつは一般の県にはない二重の性格をもつのが都である。

この制度は，既述のように第2次大戦のさなか，1943年，東京府と東京市の合体により生まれた。「都制」誕生の背景は，直接的要因として戦時体制が深まる中，国家として首都を防衛し，二重行政のムダを省くことで「戦費」を捻出するためであるが，しかし，一方で都制への移行を強く望んでいたのは東京市でもある。

明治26年以降，じつに半世紀に及ぶ東京市の自治権拡大運動があり，都制実現は東京市の悲願でもあった。当時既に東京市は人口600万人を超える世界第2位の大都市であったにもかかわらず，当時の『東京市制』は人口3万人の市がもつ権限と同じであった。大都市経営の点でも，府市の二重行政の点でも不合理であった。

国側の思惑と東京市側の思惑は全く違うが，しかし，くしくも「都制」へ

の移行という点では一致していたのである。国会は戦費捻出などを念頭に昭和18年の衆議院本会議で次の点を理由にあげ都制への移行を決議している。

第1に，帝都にふさわしい国家的性格の強い，首都東京の体制を確立する。

第2に，府市併存のムダを省き大都市行政の一元的かつ強力な体制をつくる。

第3に，東京市への府知事，内務大臣の二重監督を排除し市の自立性を確立。

第4に，東京市に蔓延していた汚職，腐敗を排除する強力な市政刷新が必要。

こうした二重行政，二重監督の撤廃と市政の刷新が求められ，敗戦が濃厚になる中，首都を国家的支配下におくことが戦争遂行上の至上命令になっていた。

こうして都制の実現は，首都の運営に直接国家の意思を反映させるためだったが，結果として，市制施行以来懸案とされてきた都制への移行論議は終止符を打つ形になった。

旧東京市15区に周辺の5郡82町村を加え，35区体制の大東京市ができたのは昭和7（1932）年だが（戦後統合して23区体制へ，現在の特別区域と一致する），都制移行直前の東京府と東京市のデータ（昭和15年）をみると，東京市は府人口の92％，府税収入の97％を占めていた。残存部は多摩の農村地域と島嶼のみであった。地理的な面積はともかく，人口や税収規模からみて，東京府と東京市はほぼイコールであり，二重行政，二重監督の弊害が顕著であった。

戦後は幾度かの改正を経て，都もほぼ一般の県に，区もほぼ一般の市になっている。しかし制度上，区は特別地方公共団体という地位にとどまり，都区関係に集権的な構造が残っている。これは戦後改革の未決算部分という見方もできる。

(4) 都区制度の背景

なぜこのような関係にあるのか，その理由は次の2点に要約されよう。

第1に，それぞれの区は独立しているとはいえ，いわば旧「東京市」という巨大都市の一構成分子として大都市を一体的に形成してきたという歴史的，機能的な背景があること。

第2に，23区域の850万区民はその属する区の財政力の強弱にかかわらず，

等しい負担と等しい行政サービスを受けることが望ましいと考えること。制度的にはともかく，「見えざる東京市」というなかで，一緒に暮らしているという発想がどこかにありそうである。

だから都は広域自治体として，各区に財源の偏在やサービスの格差が生じないよう調整すべきだというのである。これは，政府が全国の自治体に地方交付税制度を通じてナショナルミニマムが行き渡るよう調整しているのと似ている。地方交付税制度のミニ東京版である。

しかし，この制度ができて既に50年以上が経つ。しかも2000年から新たな地方分権の時代に入った。大都市の一体性といっても千代田，中央，港のような都心区と，世田谷，杉並，中野のような山の手区と，墨田，荒川，葛飾のような下町区とでは地域の特性も違うし，抱えている問題も別である。これを今後も一体的に管理し調整していく意味が本当にあるかどうか。

今後の特別区については，①特別な市をつくる（○○区から各区とも東京○○市）方向と，②一般の市へ移行する（○○区から○○市へ）などの改革提言がある。①の東京○○市に各区を昇格させた場合でも，行政の一体性を要する事務を都に預けるのではなく，各基礎自治体で横断的な何らかの一体性を保つ組織機構が必要だという認識である。

しかし，特別区の区民が普通の「市」になることを望んでいるかどうか。千代田区が「市」になると宣言したこともあるが，成就していない。各区を大都市地域にふさわしい新しいタイプの基礎的自治体として自立させる方向が地方自治にとっては望ましいと思われるが，改革方向はどうか。

区の再編も不可避ではなかろうか。その方向は，1つに23区を8つぐらいに再編し，それぞれを100万程度の政令指定都市にする方向がある。そうするなら現在の都区間にある相互依存関係は解消する。ただ，問題は区民が合併，再編に賛成するかどうかが課題となる。

もう1つは，30万人以上の区を政令市並みに扱う新たな市制度を導入する方向がある。既存の市や区と区別し首都にふさわしい新たな市制という意味から，「京」といった名称はどうか。世田谷京，杉並京である。もっともこれに

は北区が北京，文京区が文京京になるという難点もある。

　さらにいうと，この際，23区全体ないし中心区域の区部を「東京市」として新たな首都市を創設することも考えられる。

　ともかく，大都市地域における広域自治体と基礎自治体の役割分担，統合・再編，財政調整の在り方など都制度全般にわたる見直しが必要となっている。

　都制度自体，政令指定都市制度と同様，歴史的な妥協の産物として成立してきた性格が強く，しかも区側の自治権拡大の運動を半ば認めながら半ば抑え込む形で漸次制度改革が繰り返されてきた経緯がある。

　特別区は基礎的自治体として市になることを目標に清掃事業の移管を求め，事実，2000年改革でそれは実現しているが，いまや清掃事業自体，どこの市町村でも一部事務組合などの広域行政システムを使っている。

　しかし，都から区へ清掃事業が移管されても各区の対応能力はバラバラで（清掃工場を持たない区が半数），結局23区で東京23区清掃一部事務組合をつくり，そこで清掃事業の共同処理が行われている。形は都から区へ事務事業は移管されたが，実質は区が一体処理をしていることで住民からすると何が変わったか実際上理解しにくい現状にある。

　この一例にみるように，他の消防，上下水，都市計画（一部），交通についても基礎自治体の資格要件として事務移譲を求める運動が依然続いているが，果たして広域化した現在において今の市町村の事務分配が適正な内容であるかどうか自体が疑わしい。それにもかかわらず，区は都からの事務移譲を求め続けることが自治権拡大・確立のステップだと認識しているが，その認識がほんとうに正しいのだろうか。

　むしろ救急活動が主体となった消防業務は，広域的に分散配置しされている都立病院（一般的には県立病院）を経営する都（府県）が担うことの方が時代の要請に適うのではないか。救急活動と病院の一体化である。都制度の更なる構想を考えるなら，一般の市町村の事務配分に目を凝らすのではなく，大都市の特殊性に着目した行政の事務分配として都と区がどのような役割分担を持つことが望ましいのかを原点に戻って再構築すべき段階にきていると考える。

都区財政調整制度についても問題が多い。これは地方自治法の規定に基づき，①都と区，区相互間の財源の均衡を図り，②区行政の自主的，計画的な運営を確保するために，都が法定の都税（市町村民税の法人分，固定資産税，特別土地保有税を調整3税に交付金調整額，たばこ税調整額を付加）の一定割合を特別区財政調整交付金として区に交付し，都と区，区相互間の調整を図っている。

特別区の不満は市町村財源である固定資産税を都が一括抑え，それを原資に区の行政に大きく関与してくる点にある。

財調制度をめぐる不満のもう1つは，都と区の事務分担の範囲をめぐる認識の違いである。都区の財源配分の捉え方について，都は特別区域の行財政実態に匹敵する大都市（政令指定都市）の事務のうち都が行うものを大都市事務として財源配分の対象とすべきだとするのに対し，区は一般の市の事務で都が行うもののみが大都市事務であり，それ以外は配分の対象とならない府県事務であるとするのである。この論争の決着の見通しはない。

今後の新たな財政調整制度の課題として，現在のような調整税総額から率をもって配分する方式に限定するのではなく，税目別に配分する（例えば市町村税法人分は都，固定資産税分は区へ総額配分）方式，税率で分ける（税率を一定比率で配分する）方式など，より安定的な配分方式を考えていく必要があろう。

東京の場合，都心部と東部地域，山の手地域では税源が大きく偏在しているのは事実である。現在の行財政水準を維持するには財調制度がなければ不可能な地域が半数を超えよう。それは都心部が他の地域を財政上支える形を意味するが，しかし都心部は業務機能に特化しており居住機能等は周辺の区に依存しているのが実際であり，その点，都心部と周辺の区域は相互依存関係の中で成り立っている。財調制度を維持すべき有力な根拠はここにあるが，しかし都の垂直的な配分方式にも問題があり，特別区分を総額決定後は区長会が区財源調整委員会のような第3者機関をおいて水平配分を行う方式も考えられよう。

7．大阪都構想の視点，論点

(1) 大阪都構想の意義

　ところで，2011年11月の大阪ダブル選挙（府知事選と大阪市長選）の結果を受け，大阪都構想が実現に向け動き出している。この構想は，大阪の地盤沈下を食い止め競争力の強い大都市をつくるため，現在の大阪府と大阪市を一旦廃止し，新たに「都」制へ移行することで大都市経営の合理化を図ろうという改革である。確かにこれまでの大阪は，コア部分を大阪市政が握っており，大阪府全体の行政を担う府政といえども事実上大阪市域には手を出せない二元状態だったし，府と市が設置する類似施設も多くサービスの重複化が見られるなど二重行政も多かった。これをリセットし大阪都に一本化するなら，行財政の合理化も図られる。しかも東京と並ぶ強い大阪ができるなら東京一極集中問題を解決する切り札ともなろう。

　しかし，こうした二元行政，二重行政の問題は大阪に限ったことではなく，神奈川，愛知，京都など大規模の政令市を抱える府県に共通してみられる問題ともいえる。

　いま日本は，市民のコントロールできる基礎自治体の強化と，都市国家の時代に合う大都市一体性確保と強いリーダーシップを持てる大都市経営の体制をどうつくるか，この両立を図れる大都市制度の構想こそが求められている。大阪都構想がそれに応えることができるかどうか。諸外国の様々な大都市制度を参考に，大阪はこれから府域をある程度限定しドイツの都市州のような州（府県）から独立し，その区域に法人格を持つ区や郡を包括し，広域自治体の事務と基礎自治体の事務を併せ持つ「都市州タイプ」の大阪都をめざすのか，それとも東京都の区部が抱える問題を解消し区部と他の市部が並存する，ニュー都制をめざすのか。

　いずれであっても，現行の大都市が抱える日本の制度改革につながる。大阪都構想の実現には，大阪府，大阪市の廃止条例と都制への移行条例を3

議会で決定，関連する地方自治法の国会での改正，憲法 95 条に基づく特定地域に関わる特別法の住民投票での過半数獲得といった 3 つの高いハードルがあるが，これを乗り越え，大都市制度法の創設につながるような大阪モデルの提示ができるかどうか。それが日本，世界をリードするダイナミズムのある大都市のあり方に対する期待感である。

(2) 大阪都構想のねらい

2015 年 4 月までに府・市合体で，司令塔を一本化し「都制」とすることをねらう大阪都構想だが，そのねらいを整理すると次の 3 点にわたる。

① 府・市合体により，広域行政を現在の大阪府のエリアで一本化すること
② 大阪市内に公選の首長を 5 〜 7 人おき，住民に身近なサービスを担わせること
③ その流れのなかで，大阪市役所改革をすすめること

そこで期待される効果として，

① 広域行政の一本化により生み出された節約財，源を成長戦略，景気対策，雇用対策に当て大阪経済の成長を促進する
② 特別自治区を創設し，公選首長を 5 〜 7 人おくことで，地域の自治権を

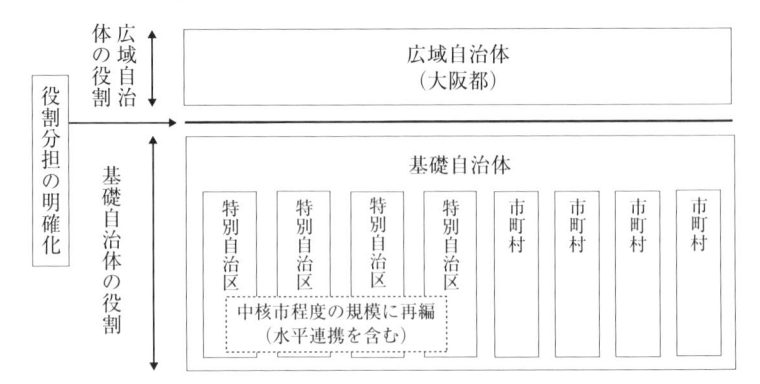

図 1-4　大阪にふさわしい大都市制度（イメージ）

（資料）大阪府議会「大阪府域における新たな大都市制度検討協議会報告書（2011 年 9 月）

強化し地域独自のまちづくりを可能とすること
　③　成長戦略を図ることで経済の活性化を図り，税収のアップした分を大阪府全体の，各市町村に配分し財源を強化すること
　確かにこの構想は，府と市の二重行政，二元行政を是正するために仕事を整理する点は評価できる（イメージは図1-4）。
　しかし，外向けには司令塔を一本化して強い大阪をつくる，内に対しては政令市を分割して市民自治を強化する，さらに周辺市町村には大阪の中心部から上がる税金で大阪全体のレベルアップを図るという，三方両得の考え方が成立するものなのかどうか，である。
　というのも，
　①　都制の施行といっても，国から権限，財源の移譲はなく，コップの中の仕事の入れ替えにすぎない
　②　二重行政の無駄を省いても，上述の3つの実現には大阪市のサービス切り下げが必要
　③　「都」になれば経済成長が起こるという話は脈絡なし。東京は本社が集中している
　④　司令塔の一本化とはいえ，むしろ特別区の公選区長，議会の誕生で多元化する
　⑤　都知事が強い司令塔に見えるのは石原慎太郎ゆえで，青島幸男の時はどうだったか
　⑥　戦時中の東京府市合体当時は人口で92％，税収で98％が東京市ゆえ，二重行政の無駄排除は極めて有効だった。現在の大阪府の場合，大阪市だけだと府全体の人口30％止まり，二重行政の無駄排除といっても効果は限定的ではないか
　⑦　東京の都区制度は，区側からの自治権拡大運動が収まらず，指令塔の役割も不明確である
といった疑問がわく。
　今後の大都市制度を考えると，政令市は市町村の特例，都制は府県制度の特

例にすぎない。むしろ大都市制度法でもつくって,法制度としての大都市制度の確立が急務であり,基礎自治体を強化する特別市の方が分権時代に合うと考える。一方で,明治23（1890）年からの47府県体制は時代に合わず,府県制度解体,道州制移行は待ったなしではないか。行革面からも成長戦略面からも広域府県体制への移行は不可欠である。

8．今後の「大都市制度」考

(1) 歴史的に三度挫折

わが国の大都市制度は明治以降,三度挫折している。1回目は1889（明治22）年に3市特例廃止の時だ。東京,京都,大阪は市制・町村制が適用されず,国家管理の視点から官選知事が市政を担当していた。この3市特例は9年後廃止されたが,そこでは一般市制が適用され,3府に区がおかれるに止まった。

2回目は1943（昭和18）年に東京都制が誕生した時。大正期に入り,上記3市に名古屋,神戸,横浜が加わり,6市による特別市制運動が展開された。府県知事の二重監督を排し,大都市の権限と自治の保障を求める。しかし,自治型の東京市（特別市）の創設に失敗。戦時下,戦費捻出などを理由に東京市を府と合体し官治型東京都制となった。

3回目は戦後（1956年）の特別市制度の廃止と「政令指定都市」の誕生の時である。戦後,地方自治法に,50万人以上で法律により指定する特別地方公共団体（特別市）と規定した。しかし,特別市を抱える府県と市が特別市を認める住民投票の範囲をめぐって対立し（県民か市民のみか）,1956年に条文を削除。妥協の産物として現在の政令指定都市が誕生した（5市）。〈政令〉での指定を決めたのは憲法95条問題を回避（住民投票）するためとされる。

特に戦後,なぜ特別市は生まれ,そして潰れたのかをみると,次の点が浮かび上がる。戦後,GHQの民主化方針の一環として,地方分権の徹底的強化と地方行政の民主化を基本路線とし,当時の地方制度調査会が横浜,名古屋,京都,大阪,神戸市の5大市を府県から独立させ,府県事務と市の事務を併せ行

う特別市制度創設を答申している。これを受け1947年，これまでの東京都制，道府県制，市制・町村制等の諸規定を統合する地方自治法案に特別市制度も盛り込み，同年5月施行した。

しかし，5大市の属する府県が特別市指定に対し，①大都市を分離すると，残存部だけでは行財政運営ができない，②憲法95条の県民投票の過半数賛成を要求し，激しく反対運動を展開した。当時，県民投票をする，と京都市のみが過半数確保の見通しで，他の4市は困難視された。結局，5大市と5府県の対立を特別市に代わる制度を構築することで妥協へ向かい，結果，現在の「府県機能の一部移譲と知事の許認可権の整理」を内容とする政令指定都市の創設へとつながったのである。

このように戦後，〈幻に終わった〉特別市制度だが，それに代わり5大市を特例的に扱う意図で始まった当該「指定都市」制度も，指定要件を順次人口100万人（神戸）から将来100万見込み（仙台）へ，そして合併促進策として70万人（静岡）まで下げた結果，急速に数を増やし，現在の20市に達している。

(2) 世界にみる大都市制度の類型

世界各国では首都に関し，一般都市と異なる特別な法的地位を与える例が多いが，首都以外の大都市についても特別な法的地位を与えるケースが多く見られる。大きくは3つに類型化できるように思われる。

① 〈特例都市〉タイプ：広域自治体に包括され，かつ組織の特例や事務配分の特例により広域自治体の一部を処理する日本の指定都市に近い制度。例えば，フランスのマルセイユやリヨン，韓国の特例都市など。

② 〈特別市〉タイプ：州・府県という広域自治体から独立させ，それと同格の権限を付与。広域自治体の事務と基礎自治体の事務を併せ持つ日本の旧特別市に近い制度。例えば，ドイツのミュンヘン，ケルンなど。

③ 〈都制〉タイプ：その区域内に法人格を持つ区や郡を包含しつつ，広域自治体の事務と基礎自治体の事務を併せ持つ日本の〈都制〉に近い制度。例えば韓国の広域市，ドイツの都市州など。

そのほか，周辺自治体を包摂した大都市圏を形成し広域行政の課題に対処する特例的制度としてカナダの旧メトロポリタン・トロントタイプの広域行政体があり，交通，警察，都市計画，許認可などを広域的に処理する方式がある。

ともあれ，大都市制度を構想する際のポイントは，大都市として対外的には公共政策の実行に強い行財政権限をもつこと，対内的には住民自治をより充実させるコミュニティ行政を強化する行財政権限を与えることである。もとより，この両立は実際むずかしい。

大阪都構想でいうように，例えば，特別区を特別自治区と読み替え，中核市並みの行財政権限を各区に与え，公選区長—公選議会をおく二元代表制の政治機関が区政をリードする仕組みにすると，各区は独自のまちづくり，政策アイディアを競うようになり，各区で構成する大都市区域の一体性を損なう可能性が出てくる。これは対外的に司令塔を一本化しようとして都知事に権限を集中しようとする面でも障害になる。

事実，都知事も選挙で公選され都議会も公選議会として政治機関を構成するが，選挙過程を通じて，都知事と各公選区長が同じ政党等の支持勢力からすべて選ばれるという保障はないし（むしろそれが普通），都議会，各区議会の議員構成においても，都議会と各区議会がすべて同じ支持政党で多数派を構成するという保障もない。すると，都知事の指揮命令で各区が一体として動く構図を描くことはむずかしくなる。

といっても，要は都のもつ対外的な公共政策の権限と区の持つ対内的な公共政策の権限を整然と分離・区別する，いわゆる分権・分離型の大都市制度の内部構造にするなら話は別である。都と区の関わりを相互の仕事が入り組む集権・融合ではなく，分権・分離とするのである。ただ，それでも都としての大都市の一体性を確保しリーダーシップを発揮することがむずかしいかもしれない。

むしろ，区部をある程度一体的にコントロールできる行財政権限を留保するという意味から，都が区に外形上関わるような（例えば財政調整と政策調整の権限を都に留保）集権・分離型の大都市制度構造にする方がよいかもしれない。

(3) 大都市制度の選択

　大都市の自治制度を考える際（ここでは大都市自治体という表現を使う），その基本は，広域的な政策が可能な仕組みと基礎的な住民自治が充実する仕組みとを両立させる方途を構想することである。都制のような方式，特別市のような方式のいずれにおいても，である。

　実際の事務として，国防や司法，外交，通商政策といった国家存立にかかわる事務は国が行うことが望ましいが，それ以外の内政に関し，「ゆりかごから墓場まで」に関するものはなるべく大都市自治体が担うべきと考える。例えば雇用政策と住宅政策，福祉政策を一体化して行えるよう，職業斡旋，職業訓練，生活保護，公営住宅，企業支援，商店街の活性化，病院等医療サービス，高齢者介護，児童福祉などの権限を一括移譲する，義務教育についてもカリキュラム編成から教員採用（給与），配置，学校建設，教育サービスの提供も一体的に行えるようにする，保育所，幼稚園，認定こども園など幼児サービスの一体化，パスポート発給，都市計画（国道から県道，市道の一貫管理），市民警察，一般廃棄物処理，上下水道，公共施設管理，戸籍等の住民関連事務，観光政策など。

　そこで日本の政令指定都市，東京の都区制度を新たなものに変えていくという視点から考えると，その選択肢は名古屋市の研究（同「道州制をみすえた新たな大都市制度に関する調査研究報告書」平成19年2月）などにもあるように，幾つかの選択肢が考えられる。

① 現行の指定都市を強くする「大都市特例」を強化するタイプ
② 道州（府県）との二層制を前提に大都市特例を大幅に行う「スーパー政令市」タイプ
③ 道州（府県）と同格の市（特別自治市）ないし独立州となる「都市州」タイプ
④ 現行の府県の単位に，内部に特別区を抱えた「都制」へ移行するタイプ

これを現在のわが国の大都市に当てはめて考えると，

　1つは，現行政令市の類型Cに相当するグループ（地方中核や大都市圏内中核）については，「大都市特例」を強化するタイプを適用すると考えることができる。

後発の70万規模の合併自治体なども，現行政令市の継続及び一部権限の見直しを図るとすれば，図1-5のイメージとなろう。

　2つめは，現行政令市の類型Bに相当するグループ（ブロック中心市）について「スーパー政令市」として扱う考え方をとることができる。例えば札幌，仙台，広島，福岡等は府県制度ないし道州制移行後も二層制を前提とした上で大都市特例の大幅な上乗せで対応できる。図1-6がそのイメージである。

　3つめは，政令市類型のAグループで独立した都市州（移行期は新「特別自治市」）のタイプである。横浜，名古屋といった200万人を超える大都市は道州（府県）と同格の市ないし準ずる市をつくる。東京23区部を東京市にすべきという提案があるが（東京商工会議所），これも含めて考えられる（図1-7参照）。同区域では州議会と市議会議員の兼務もあってよい。

　そして4つめだが，大阪都構想を受け入れる形で，現在の「都制」を充実させるタイプである。道州制以降後の扱いがむずかしくなるが，大阪都構想の主

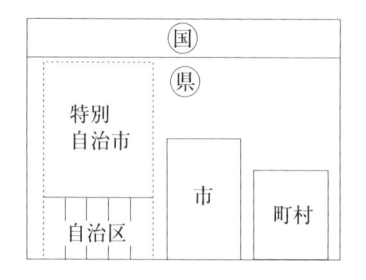

図1-5　特例政令市　　　　　図1-6　スーパー政令市

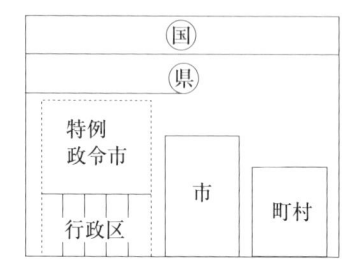

図1-7　特別自治市　　　　　図1-8　都（都区）制度

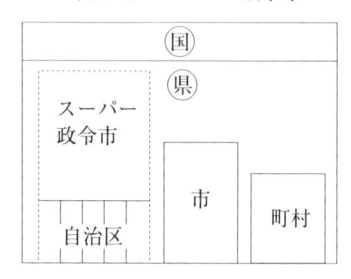

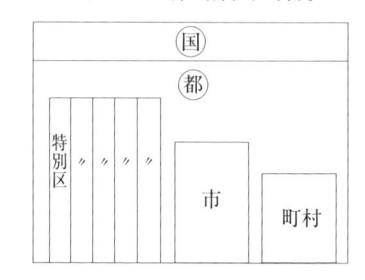

張によれば，面積が日本で2番目に小さいのでの現在の大阪府区域をひとつの都市として「大阪都」と扱うという考え方からすれば，仮に関西州ができても，大阪都は（基礎自治体をベースにしない都市州として）独立広域自治体と扱うことができよう。それをイメージすると図1-8のようになる。

　ここでいう「都」は，広域自治体及び基礎自治体の機能を併せ持つ。都内部に5～7程度の自治団体としての特別自治区と一般市町村が併存する形である。

　いずれにせよ，今の財政状況からしてもムダを省き広域戦略の可能な統治機構に組み替えるには，近い将来，道州制への移行は避けられない選択と思われる。その際，いま述べた基礎自治体を強化していく第1～3タイプであれ，第4の都制タイプであれ，道州と同格は扱うかどうかはともかく，事実上，道州から独立した「特別市」ないし都市州として，大都市経営の広域行政主体として強い権限の地方政府として扱っていく必要があろう。

　ただ，その際，団体自治の規模は大きくし強い権限をもつ地方政府をつくるとしても，他方で住民自治は小さい単位でコミュニティ，まちづくり活動の単位とする基礎的な自治区など，事実上柔らかい二層制の市とする必要があろう。地方自治を重視し，基礎自治体，広域自治体，国の役割は補完性の原則と地域主権の原則を踏まえた制度設計が必要となろう。このように大都制度とそのガバナンスの確保は地方自治の今後に欠かせない要素となる。

　ともかく，これから国と地方双方の行政を効率化し，世界的な都市間競争に勝てる体制，国の成長に貢献できる体制の構築は不可欠である。特別市ないし都市州が教育や警察，交通，河川管理などの権限を持てば，首長の判断で市民サービスの向上や行政コストの削減，危機管理が迅速に行えるし，産業政策や観光政策など成長戦略を実践できる可能性が生まれる。また，大都市特有の政策を進めるため市町村税と道州税を一元化した「都市州税」を新設する一方，それらの財源の一部を全国に行き渡る道州間の水平的な財政調整の仕組みのもとで水平調整する仕組み，つまり大都市のダイナミズム発揮による成長の果実が全国に行きわたる制度設計の欠かせないことになる。

　確実にいえることは，20世紀と21世紀の日本の大きな違いとして，農村国

家から「都市国家」への変貌をしっかりと見定めることである。従来の農村国家スタイル，途上国スタイルのまま国（中央）が地方の面倒をみるといったパターナリズム（父親的温情主義）を続ける限り，この国の活力は生まれない。稼げる所に稼がせる――。これからは，大都市自治体を自立した地方政府とし，それぞれ政策競争とダイナミズムで日本の再生をめざすべきなのである。日本の国際競争力を高めるには，官僚主導の高コスト体質を改め地域主権の低コスト体質に転換していく必要がある。地方分権，道州制の推進と並行して大都市のダイナミズムを最大限活用できる大都市制度の創設が欠かせない。ここから大都市制度法の制定を主張するものである。日本，世界をリードする基幹的な大都市のダイナミズムを強く伸ばす制度的な政策措置を講じることが日本の再生の近道といえよう。

注
1) 総合研究開発機構『大都市圏の将来』（総合研究開発機構，1979年）10頁。

参考文献
本田弘『大都市制度論』（北樹出版，1995年）。
佐々木信夫『新たな「日本のかたち」―脱中央依存と道州制』（角川SSC新書，2013年）。

第 2 章

道州制の構想と諸論点

1. 問題の所在——なぜ道州制か

　本章では，近代国家日本におかれてきた都道府県制度を廃止し，それに代わり新たに広域自治体として「道州制」を導入することに関する諸論点と課題について考察したい。

　わが国において「道州制」問題は，何度も浮上しては消え，消えては浮上してきた問題である。戦前の1927（昭和2）年に田中義一内閣のもとで「州庁設置案」が，敗戦直後の1945（昭和20）年に地方総監府設置案が，その後，第4次地方制度調査会答申をはじめ，経済界や国，自治体，民間団体など様々な機関，団体から種々の道州制（ないし地方制）構想が繰り返し提唱されてきた。いまだ実現しない「幻の改革構想」といってよい。

　もとより，それぞれ「道州制」という呼称を用いているが，その中身は多種多様である。道州制を明確に定義するのはむずかしいが，それぞれの案に共通しているのは「現行の都道府県の区域より管轄区域の広い道ないし州と呼ばれる新しい機関または団体を設置しよう」[1]という構想である点である。

　最近の動きとして，2006年2月に第28次地方制度調査会の「最終答申」において，現行の47都道府県制度を廃止しそれに代わる広域自治体として9～13の道ないし州を置くことが望ましいと具体的に提案されたところである。それを受け安倍内閣（第1次）では2006年9月以降道州制担当大臣がおかれ，そのもとに道州制ビジョン懇話会が設置され，3年以内に道州制ビジョンを公表すべく準備が進んでいる。2007年4月から設置された地方分権改革推進委

員会でも「道州制」が改革の柱となっており，政党レベルでも自民，民主両党の憲法改正案に道州制が謳われ，自民党道州制調査会の第2次中間報告（2007年6月）では2015年から2017年の間に道州制導入に移行すると具体的目標まで示されている。この動きは今後，わが国の新たな「国のかたち」として結実していくのであろうか。

これまでの経済界や地方制度改革の一環として提案されてきた動きと異なり，今回の「道州制」導入の動きは政治の舞台で本格的に論議されるようになっている点である。その背景には，地方分権改革が本格化しそれに伴い平成大合併による市町村数が大幅に減少し府県機能の空洞化が著しいこと，交通通信手段の革命により広域生活圏，経済圏が成立しもはや明治半ばにつくられた47の府県の区割りは時代に合わないこと，800兆円にも及ぶ債務残高を抱え未曾有の国家財政危機を救う改革手段として考えられていること，さらに主要政党が憲法改正として道州制を掲げその改正に向けた具体的な動き（国民投票法など）が始まったことなど，複合的な要因が織り成すようになっていることである。

これらの動きが1つの改革方向に収斂していく時，道州制移行が現実のものとなるかも知れない。その時間軸はそう遠いとは思えない。20世紀の中央集権体制から21世紀は地方分権体制の国づくりが新たな方向であるとする改革方向が大まかに国民合意として存在する点から，以前と違い道州制導入が現実味を帯びる社会環境が整いつつあると思われる。

しかし，制度設計以前に道州制を導入すべきだという国民世論が沸騰しているかと言えばそうではない。その中身についても熟度は低く，「道州制」と一言でいっても各方面から提案されている制度内容は多義的であり，また国政選挙での最大の争点に浮上するまでには至っていない。そうした状況から道州制への移行は時期尚早で，都道府県連合など現行の府県制度の見直しで対応すべきだという意見も根強い。政府与党からは平成大合併の一段落する2010年以降，道州制導入の動きを加速すべきだという意見が根強いが，都道府県の公選職を構成団体とする全国知事会や全国都道府県議会議長会の意見は半分に割れたまま1つの方向に収斂するには至っていない。端的にその捉え方の違いをい

うと，大都市を抱える都市的都府県と過疎地を抱える農村的県では，賛否を含めそれに対する認識が大きく異なっているというのが現状であろう。2012年12月の政権交代によって安倍内閣（第2次）が誕生し，自民，公明，維新，みんなの各党が道州制基本法の提出で足並みがそろってきており，2013年中には同基本法の成立とそれに伴う有識者会議が発足すると思われる。

　ともあれ，明治23（1890）年に47府県制度がスタートし120年余が経過する中，経済環境も産業構造も交通通信手段も大きく変わり，府県の果たす機能も大きく変化している。平成大合併という市町村再編が完結した後，都道府県から市区町村に大幅に事務の移譲と行財政権限の移譲が行われ基礎自治体が強化されると，府県制度の見直しは必至となる。市町村への事務事業，権限移譲後，そこでなしえない業務を府県の役割とし，さらにそれで解決できない分野を限定し国家が担うべきだという「補完性の原理」に立った地方分権改革が進められている。これまでの中央集権体制下で繰り返されてきた道州制論議と，いま始まった分権時代に入った中での道州制論議を同一線上で捉えることはできないと考える。

　そこで以下では，現在のわが国の道州制論議はどのような定位にあるのか，第28次地方制度調査会の最終答申（2006年2月28日）（以下，第28次地制調答申と呼ぶ）などを素材としながら，現行の都道府県制度の機能，逆機能などを検証しながら，道州制をめぐる諸論点と課題について考察してみたい。

2．「道州制」論議の背景

　わが国で現在交わされる道州制導入論議の背景は，大きく3点に要約されよう。第1は，分権国家をめざす地方分権改革の一環として，第2は，800兆円を超える債務大国の財政再建策の一環として，第3は，自民，民主両党が導入を盛り込む憲法改正論の一環として，である。以下でその背景を分析してみるが，とりわけ先行する第1との関わりで平成大合併の進捗と府県機能の空洞化について詳しく検証してみたい。

(1) 地方分権改革の一環として

　2000年の地方分権一括法の施行による機関委任事務制度の全廃，2004年度から2006年度にかけた三位一体改革による補助金，交付税の見直しと税源移譲，そして2007年4月から3年間にわたる地方分権改革推進委員会の設置など，わが国の地方分権を進める改革の動きは着実に進みつつある。同委員会でも道州制を視野に事務移管論が改革の柱となる。

　地方分権の受け皿として，まず市町村の再編を行い，それが一段落したら次は都道府県の再編であるという改革シナリオが明示的に語られ始めている。2000年から2010年にわたって2本の法律の下で行われる平成の大合併とされる第3次市町村合併（明治の大合併，昭和の大合併に次ぐ）は現在再編途中にあるが，それでも既に3232市町村が1719市町村まで減り（2013年4月現在），政府与党が目標とする1000市町村に向かっているとみることができる[2]。

　ここまでの平成大合併について前期とされる合併特例法下の合併動向（2000年4月から2006年3月）の特徴をみると，3232市町村が1821となったが，2004年度，2005年度の最後の2年間で1310の市町村が消えるという「なだれ現象」が起きたことである。

　その特徴を筆者なりの観察にもとづき整理・分析すると，以下の5点にまとめられる。

① 合併特例法による財政支援策（交付税と特例債措置）が合併促進に有効に効いたこと。

② 数を減らしたのは，圧倒的に「町村」だということ。この結果，それまで「村」のない県は兵庫，香川の2つであったが，「村なし県」が13にまで急増したこと。

③ こうした村のなくなった県ほど，市町村の減少率が高いということ。広島県では86市町村が23に，愛媛県では70が20に，長崎県では79が23といった具合に急減し，市町村が5割以上減った県が，日本海に面した地域と瀬戸内海に面した地域に偏っていることである。細長い日本列島において西日本で合併が進み，東日本地域で進まない「西高東低」の形となっ

ているのも特徴的である。

④　市町村の減少が，必ずしも人口規模の拡大につながっていないということ。1番多いのは人口1万人から2万人未満で，3, 4番目でも1万人未満，5000人未満の規模の小さな市町村が多い。人口20万人以上の特例市，中核市，政令市は96となったが，全体の市の5%たらずで，合併が進んだといっても法律上「市」の要件とされる人口5万人に達しない市が7割以上を占めている。ただ，面積が広がった関係から，「市」の区域に住む人々が88%となり，「町」に住む人が11%，「村」に住む人が1%となった。

⑤　今回の合併で自治体の適正規模が確保されたかどうか，分からないということ。明治の大合併は小学校を持てる800人以上，昭和の大合併は中学校を持てる8000人以上を数値目標としたが，今回は何の数値目標も示されていない。結果，規模をめぐり地元に混乱が生じた。

こうした平成の大合併を受けて今後都道府県との関わりで，次のような点が問題となる。

第1に，県内の市町村数の激減によって，はたして少数の市町村を管轄する府県が必要かどうか，その存在理由が問われることになる。例えば鳥取県や香川県といった小県の場合。

第2に，府県内の政令市，中核市，特例市など都市制度適用の市の数が増え，それらへの府県業務の移管が大幅に行われると，これほどまでに府県機能が空洞化してしまった府県が要るかどうか，存在理由が問われることになる。例えば横浜，川崎市に次いで相模原市が政令市になり，中核市，特例市もある神奈川県や静岡，清水市の合併，大合併で誕生した浜松市を抱える静岡県，大阪市に次いで堺市が政令市に昇格した大阪府などの場合。

第3に，市町村合併を機に，第2期分権改革の勧告などを受け，あるいは独自に都道府県条例によって都道府県の事務権限を大幅に市区町村に移譲する都道府県が全国的に広まった時，これらの都道府県では事務権限の空洞化が進む。これほどまでに事務権限が空洞化してしまった都道府県を存続させておく必要があるかが問われることになる。

要するに，これまで府県の役割は①広域的・統一的な事務，②市町村の連絡事務，③市町村の補完，指導，④広域プロジェクトの実施という4つであるが，このうち，②，③の役割は急速に役割が縮減し空洞化していく可能性が高い。その一方で①，④の役割はむしろ強化されることが望まれ，環境政策にせよ，産業政策，観光政策など単独の府県で行うより，府県間を越えて「より広域的な対応」が効果的であるという議論が高まってこよう。

府県制度について，府県機能の空洞化と更なる広域化という二極分化が起こっている。

(2) 財政再建の一環として

わが国の財政状況は財政危機ではなく，財政破綻といった方が適切ではなかろうか。

バブル経済崩壊から10数年間，政府は税収不足と景気対策のすべてを借金で賄ってきた。景気対策と称し，安易に借金で公共事業に即効性を求めてきた財政運営によって，積もり積もった借金の山は国債，地方債，借入金を合わせ1000兆円（2013年度末）に及ぶ。国民1人約800万円，家族4人で3200万円の借金という計算である。

平均的サラリーマン（40歳）の年収が約700万円だが，彼らの借金能力の限界は年収の5倍（3500万円）までとされる。すると，もはや日本のサラリーマンは公的借金の返済だけで一生を終わる計算となる。個人として住宅ローンなど組めないホームレス社会の到来とも言える。

さらに，これが数年度以内に国だけで1000兆円を超える見通しである。EUの加盟条件を定めたマーストリヒト条約に，健全な財政状況の指標として，国，地方の公的債務残高がその国のGDP（国内総生産）の60％以内という指標があるが，この指標からするとわが国は150％であり，数年以内に200％を超えることになる。デフォルト国家化が現実味を帯びる。

この解決には中長期を要するが，現在のような公務員給与や公務員数の5％削減，あるいは事務事業の数パーセント削減といった微減政策で対応できる生

易しいものではない。総じていうと，160兆円規模の財政機能の25〜30%を削減しなければ対応不能である。

　国，都道府県，市町村を合わせ40〜50兆円規模の財政削減を実現するにはどうすべきか。道州制への移行を前提に政府機能を全体として3割程度縮小すべきだという意見である。

　とくに経済界においては，全て機能をリセットする道州制の導入しか道はないという意見が強い。さいわい，「官から民へ」の改革が進行中で，公の分野の官独占を排除し，民間参入を大幅に拡大しようという流れが定着しつつある（NPM改革）。政府機能を3分の1カットしても，公の分野を官民協力で運営することは可能ではないかという見方である。

(3)　憲法改正の一環として

　自民，民主両党の憲法改正案には地方自治の充実が掲げられている。民主党の考え方は道州制導入を前提に基礎自治体を300市にすべきだという。自民党の憲法調査会でのまとめをみると，「地方自治」の項目について以下のような認識を示している。以下，同党のプロジェクトチームの論点整理案から引用しておこう。

1　共通認識

　地方分権をより一層推進する必要があるという点については，異論がなかった。また，地方分権の基本的な考え方や理念を憲法に書き込む必要があることについても，大多数の同意が得られた。

2　改正意見

　現憲法第8章（地方自治）に関する改正意見は，次の通りである。

　いわゆる「道州制」を含めた新しい地方自治のあり方について，(1)法律の範囲内での課税自主権の付与等自主財源の確保，(2)自己決定権と自己責任の原則，(3)補完性の原則など，その基本的事項を明示すべきである。その際には，住民による自発的な自治，必要最小限の行政サービスの保障などの観点

に留意すべきである。

3 今後の議論の方向性

近年の通信交通のスピード化に伴い，住民の生活圏は広域化する傾向にある。従来の都道府県は以前ならば十分「広域」自治体であったが，今では，大きな市で県に匹敵する区域を有するものも出てくるようになっている。一方で，農山漁村の中には過疎化で消滅の危機にある地域がいくつもあり，その地域に根ざす伝統や文化が絶えてしまうおそれが出てきている。こうした問題に対して，現憲法は何の解決策も用意していないのではないだろうか。

こういった観点から，今後とも，「道州制」（その前提としての「市町村合併」や中央政府と道州政府による統治権限の適切な分配のあり方等）や，地方財政における受益と負担の関係の適正化などに関する議論を進めていく必要があると考える[3]。

憲法改正の手続法である国民投票法が2007年度の通常国会で可決成立した。3年間の猶予期間をおいて，憲法改正へ具体的提案が国会で行われることが想定される。憲法第9条など国際社会との関わりで大きな争点になる項目は別として，内政のあり方として「地方自治の充実」についてはそう大きな争点とはならず，改正手続きが踏まれる可能性がある。とした場合，府県制度改革の根幹として道州制移行が明記されるのではなかろうか。

ともかく，平成大合併を契機に府県は一方で「空洞化」にさらされ，他方，府県機能の純化の過程で「広域連携」の要請に遭遇することになる。府県はこれから，府県固有の仕事である広域的事務，大きなプロジェクトの実施について，より「広域化」という軸を基礎に隣接府県と協力する形をとる必要が生ずると同時に，国のブロック機関との二重行政の批判や同ブロック機関や国の本省機能の移管要請が強まり，府県再編と道州制がセットで行われていく，1つの道筋が考えられる。

もとより，今後の道筋について「『平成の市町村合併』が都道府県の再編成を不可避にする可能性はきわめて低いように思われる」。ただ「今後の第2次

分権改革において都道府県から市区町村への事務権限の大幅移譲が進められれば，そのとき都道府県の合併か道州制への移行かという選択は現実味を帯びることになろう」[4] という慎重な見方もある。

　ともかく，わが国の歴史において，府県制度の見直しは第3段階に入ったとみてよい。表2-1のように第1段階での府県は明治憲法下の府県制度で官選知事を有する国の総合出先機関としての性格が強かった。第2段階でのそれは戦後憲法下の公選知事制に切り替わって以後の府県制度だが，2000年3月まで続いた中央集権体制を前提とする機関委任事務制度下の府県制度である。完全自治体とはいうものの，団体自治は空洞化した府県制度であった。

　そして2000年4月以降，地方分権一括法の施行等，地方分権下の府県制度はどうあるべきかである。大臣の地方機関として位置づけられた知事制ではなくなったが，いまだ2000年以前の制度が残ったままである。この第3段階に入った府県制度をどうするか，それが道州制の導入との関連で大きな焦点となってくる。

表2-1　府県制の歴史

区分	府県（州）の性格	首長	議会
戦前	国の総合的出先機関	官選知事	諮問機関
戦後Ⅰ	機関委任事務の執行	公選知事	議事機関
戦後Ⅱ	地方分権下の自治体	公選知事	立法機関

3．道州制の制度設計をめぐって

　ここでのねらいの1つは，道州制導入を想定した場合，制度設計についてどのような論点が所在するかを明らかにしようとする点にある。以下，幾つかの論点を提示してみたい。

⑴　道州制の導入理由

　まず導入理由について考察しておこう。第28次地方制度調査会「最終答申」は，道州制導入の制度設計にあたり，その検討方向を次の3点にまとめている[5]。

　第1．地方分権の推進及び地方自治の充実強化。道州制を導入する場合，補完性の原理及び近接性の原理に基づいて，国，広域自治体及び基礎自治体の間の役割分担を体系的に見直し，都道府県から市町村へ，また国から道州制への大幅な権限移譲を行うことが重要である。その際，基礎自治体の財政基盤を充実し，基礎自治体及び広域自治体たる道州が総合的な行政を行える仕組みとし，地域における政策形成過程に住民が参加できるようにする。

　第2．自立的で活力ある圏域の実現。道州が圏域における主要な政治行政主体としての役割を果たせるよう，国と地方の事務配分を抜本的に見直し，それに見合った税財政の仕組みを備えた制度とすべきである。結果，圏域の諸課題について主体的かつ自立的に対応できるようになれば，圏域相互間，さらに海外諸地域との競争と連携が一層強まり，東京一極集中の是正と自立的で活力のある圏域の実現が期待できる。

　第3．国と地方を通じた効率的な行政システムの構築。国から道州への権限移譲や法令による義務づけや枠づけを緩和し，道州が企画立案から管理執行まで一貫してその役割を果たせるようにし，国，地方を通じた行政の効率化と責任の所在の明確化が図られることである。

　そうした視点に立って，道州制の中身として以下のようなポイントを示している[6]。

① 　地方公共団体として都道府県に代えて道州を置き，市町村との二層制とする。

② 　東北，関西，九州などブロック広域圏を単位に，9から13の道州につくり変える。

③ 　道州への移行は全国同時が原則。ただ，国との協議によって先行も可能とする。

④ 　都道府県の事務は大幅に市町村へ移し，国の事務は出来る限り道州へ移

す。
　⑤　事務の移譲に伴い，国から道州へ税財源を移す。
　⑥　地域の偏りが少ない税目の充実で分権型の地方税体系を実現する。
　⑦　道州の執行機関として長を置き，直接公選とする。多選は禁止する。
　⑧　議決機関として議会を置き，議員は直接公選とする。

　この提案は，アメリカやドイツなど連邦国家にみられる独立した州とは違うが，ともかく，アメリカのカリフォルニア州1州の面積しかない日本に，もはや47の都道府県は要らないというわけである。筆者もその考え方は受け入れるべきと考える。ただ，一般国民からすると夢物語のような話で，これだけをもって国民全体に道州制導入が望ましいとコンセンサスを形成するには説得力が弱かろう。

　日常，あなたの出身地はどこですか？　と聞かれると，多くの人は「○○県」と答えよう。甲子園での高校野球も県代表として戦う。それだけ，私たちの生活に都道府県という制度はなじんでいる。47都道府県制度は国民生活の中に定着している。政治，経済，文化，教育，スポーツ，産業など人々の多くの活動も，現行制度を前提に成り立っている。それだけにこれを廃止し，新たな「道州」に切り替えようということなら，そこには誰もが納得する理由がなければならない。

　道州制の制度設計として詰めるべき諸課題が以下のように多岐にわたる。

(2)　道州制の形態をめぐって
　これまでも道州制を導入する提案は経済界や地方制度調査会からたびたび出されてきた。東京一極集中問題の解決策として首都移転論議とセットで話が進んだ時期もある。
　しかし，そのたびに①そもそも国民は，道州制を望んでいるとは考えにくい。②制度を変える前に，現行の都道府県で広域連合をつくったらどうか。③あまり区域を拡大すると，住民の声が届かなくなる。④各州の間で格差が広がり，勝ち組，負け組がはっきりする。⑤あまり州の権限を強くすると，国家全体が

バラバラになる。

といった，主に①から⑤の理由を基に時期尚早だとして葬られてきた。

各提案は，国と都道府県，市町村とは管轄区域の異なる道または州と呼ぶ新しい団体（機関）を創設しようという点では共通しているが，道州をどのような性格・組織・機能にするかについては構想ごとに異なっている。その対立の図式を筆者なりに整理してみた（表2-2）。

表2-2 道州制のパターン

類型	知事	議会	役割	自治権
地方庁	官選	公選	不完全自治体	△
道州制	公選	公選	広域自治体	○
連邦制	公選	公選	独立地方政府	◎

ひとくちに道州制といっても，その形態は様々である。

1つは，議会を公選としながらも国の大臣に相当する官選知事ないし任命制の知事をおき，自治権の小さな「地方庁」とする。

2つめは，憲法改正をせず，府県に代えて，都道府県の合併と国の出先機関を包括し，国からの行財政権限を移譲することで権限の大きな広域自治体としての「道州」とする。

3つめは，憲法を改正し，アメリカ，ドイツ，ロシアのような連邦制に移行し独立した地方政府としての「道州」とする。

大分類では概ねこの通りと言えるが，西尾勝はより詳細に5つに類型化している[7]。

　ⅰ．連邦制を構成する単位国家としての「州」，「邦」，「共和国」等を想定している構想。
　ⅱ．国の直下に位置する，国の第一級地方総合出先機関を想定している構想。
　ⅲ．国の第一級地方出先機関としての性格と広域自治体としての性格とを併せ持つ融合団体を想定している構想。

ⅳ．都道府県よりも原則として広域の，都道府県と並存する新しいもう1つ一層の広域自治体を想定している構想。

ⅴ．都道府県に代わる新しい広域自治体を想定している構想。

　第28次地制調の答申はⅴに相当し，筆者の分類でいう第2の道州制に当たる。
　筆者の分類で説明すると，これまでも，あるいは今後も国家の統制を確保したい中央政府は第1の形態（地方庁）を主張する傾向にある。自民党の道州制推進本部の中には，新しい道州を国の各省庁の地方出先機関であると同時に，これまでの都道府県に代わる広域自治体の性格を併せ持つ団体にしようという意見がある。首長の公選制を明示せず，任命制という方法も選択肢に入れるなど，呼称はともかく第1形態の「地方庁」の主張に近い。
　しかし，これでは戦前の府県に似た不完全自治体の復活で，戦後改革の民主化の流れに逆行し，「国の事務」と「自治体の事務」とを明確に区分した最近の分権改革の流れにも逆行しよう。
　他方，徹底した地方分権を進め，究極の分権国家を主張する一部の地方と推進学者は第3の形態（連邦制）を主張する。例えば連邦制を主張する恒松制治はこう述べる。
　「市町村という基礎的自治体の上部機関は『くに』である。それを邦と呼んでも，道，州と呼んでもよいが，全国を10ぐらいの単位にし，それの連合体を連邦国家とすることによって地方自治は住民の手に握られることになる。（中略）邦ないし道州は国内的問題のすべての権限を持ち，地域に適合した行政を管理する。邦の連合体としての連邦国家は国際的問題と国内的調整のための行政を行う。（中略）そのためには連邦制という，発想の大転換が国民の中から湧き起ることが必要である。」[8]
　ただ，この連邦制については憲法改正が必要だし，狭い国土の日本で独立州を認めるほどの独立性が必要かどうか説得性に欠けよう。
　いずれの形態にも，長所，短所はある。現在，国会議員の間でも「市町村合併の次は道州制」という声は強く，今後とも内閣の主要な改革テーマになるこ

とは間違いない。

　第28次地制調「答申」は，地方庁などを連想させる自民党の動きをけん制し，これまでの諸形態をめぐる論争に終止符を打つ形で，第2の道州制（完全自治体としての道州制）を提案したとみてよい。道州制が集権化を進める手段になってはならない。分権化を進める手段としての道州制であることが制度設計上，不可欠である。国の機関の所掌事務と職員を自治体に移管すれば，国の行政機構は縮小され，国家公務員数は削減される。国を身軽にするという行政改革の1つの目的はそれで達成される。しかし，それが直ちに地方分権の推進につながるという保障はない。

　肝心なことは，これまで「国の事務」とされてきた事務権限について改めて精査し，この機会にこれを「自治体の事務」に変更した方がよいもの，あるいは「自治体の事務」に変更しても何ら支障がないものと認められるものをしっかり選別することである。

　同時に広範な立法権を持つ道州制とする場合，州議会の構成をどうするかも重要となろう。州議会の規模によるが，選挙制度をどうするか，現在の都道府県議会のように中選挙区制を維持するのか，それとも小選挙区制ないし比例代表制を入れるのか，ないしそれらを組み合わせるのかも重要な論点となろう。

(3)　道州制の所掌事務をめぐって

　「道州」の所掌事務の範囲をどうするかも，重要な論点である。国と地方の役割分担をめぐる議論は昔からある。長い議論の過程，改革過程を通じて徐々に明確になりつつあるが，道州制移行時は従来の「集権融合型」のスタイルではなく，「分権融合型」のスタイルに変えていく必要がある[9]。

　事務分担については次のような考え方がある。

　第1の考え方は，国の各省庁の地方出先機関の所掌事務のすべてを移管するというもの。

　第2は，国の各省庁の地方出先機関の所掌事務の全てと都道府県の事務の一部を移管するというもの。

第3は，国の各省庁の地方出先機関の所掌事務の大半と都道府県の事務の一部を移管するというもの。

ここで都道府県の事務の一部とわざわざ述べるのは，都道府県から市町村に移譲可能な事務を全て移譲した「残りの事務」を一部と表現している。

第28次地制調は道州制「答申」の別紙2の付表で，役割に関しメルクマールを示している[10]。

○道州制に移行しても，なおかつ国が担うべき事務として，
① 国際社会における国家の存立に関わる事務（外交，国防，危機管理など）
② 全国的に統一されるべき基本ルール，地方自治に関する準則で国が関わるべきもの
③ 国家規模でのネットワーク形成，事業構築をはかるべき事務（幹線網の整備など）
④ 国家として取り組むべき高度な科学技術，希少資源に関する事務
⑤ 国の行政組織の内部的管理に関するもの

○道州制に移行した場合，道州が担うべき事務として，
① 事務事業の規模，範囲が府県区域内に止まる場合は道州に，2以上の場合は共同で
② 国全体のネットワーク形成を除く大規模事業，影響が広範囲に及ぶもの
③ 国の策定する指針についても，道州が企画立案から管理執行までできるようにする
④ 国はナショナルミニマムの基準設定に重点化し，それ以外，道州が基準設定を行う
⑤ 役割分担が法令上一の主体に専属させられていない施策でも道州に一元化する
⑥ 国の施設でも基幹的，国家的なものを除く施設管理を担う
⑦ 都道府県から大臣への報告，連絡事務は廃止する

⑧　都道府県の事務で国が広域的見地から調整，関与している事務は原則廃止する
⑨　国が緊急時の生命，安全，危機管理に関し指示する事務は道州に存置する

　具体的に国から権限移譲される事務として，国道の管理，1級河川の管理，保安林の指定，大気汚染防止対策，地域産業政策，自動車登録検査，職業紹介，危険物規制などを挙げている。
　もとより，事務権限の移譲もさることながら，より重要なことは道州への「立法権」の移譲である。立法権の移譲は政策・制度の企画立案権の移譲といってもよい。その方法として，西尾勝は「国庫補助負担金とこれに付随する補助要綱・補助要領等を出来る限り廃止するとともに，法令等を大綱化・大枠化し，細目のルール・メイキングを道州または市区町村の条例に委ねることである」[11]。
　もとより，西尾も指摘するところだが，問題はこの法令等の大綱化・大枠化を誰がどのようにして法令等の所管官庁に迫るかである。政治主導によって地方分権，道州制を推進しなければならない理由は，ここにもある。

(4) 区割りをめぐって

　次に一般国民が最大の関心を示すと思われる争点は，区割りについてである。過去にもいろいろな区割り案があったが，第28次地制調は3つの区割り例を示している。
　第1は，9道州という区割り例である。これはほぼ国のブロック機関の管轄区域に相当する例で北海道，東北，北関東甲信越，南関東，中部，関西，中四国，九州，沖縄の9つ。
　第2は，11道州という区割り例である。北海道，東北，関西，九州，沖縄は上記と同様だが，そのほか北陸，北関東，南関東，東海，さらに四国，中国という11の区割り。
　第3は，13道州という区割り例である。上記例をベースとし，さらに東北

を北東北と南東北に，九州を北九州と南九州に分けて13としている。

　このうち，いずれの例でも「東京」をどう扱うかに腐心している。道州の区割りは9つの区割り例でいうと人口を約1000万人，経済規模で40～50兆円(国内総生産)，1人当たり税収で50～60万円が概ね標準となっているが,その場合,東京，埼玉，千葉，神奈川の4都県をあわせた南関東は1人当たり税収こそ他の区域と均衡しているが，人口で3500万人，経済規模で164兆円と3倍から4倍の規模になっている。

　そこで「答申」の区割り例の説明の中で，「東京圏に係る道州の区域については，東京都の区域のみをもって一の道州とすることも考えられる」[12]と注釈を加えている。

　もとより，必ずしも人口や経済規模だけに着目し，平均化するように区割りを行うことが望ましいとも言えない。東京圏を構成する4都県は1つの大都市圏として一体的に活動しており，日常の生活圏として相互補完関係から成り立っている。これを分離した場合，果たして広域政策はうまくいくのかどうか。

　4都県で環境政策として共同で行っている「ディーゼル車規制」の例を1つみても，国土面積のたった3.6％を占める東京圏を分割することは道州制の移行価値を損ねる可能性がある。ただ，東京一極集中の結果，税収等が極端に東京圏に集中しているだけに，税制などを通じてそれをどうバランスさせるかは大きな課題であることは間違いない。

　ただ，東京圏の場合，人口や経済規模が飛びぬけて大きい州になる可能性のほかに，現在の東京都区部に適用されている変則的な大都市制度である都制の扱いをどうするかという問題も抱えている。一般市町村と異なる特別区制度をこの際，いったん解消し，ある規模の市に再編成するか，あるいは首都市として新東京市を創設するか，いろいろ選択肢はあろうが，埼玉，千葉，神奈川と異なる制度を持つだけに別途議論を要しよう。

(5) 制度の柔軟性，移行方式をめぐって

　道州制を全国一律の「標準型」に統一するのか，それとも東京圏や北海道，

沖縄といった特殊な背景を持つ区域については「特例型」を認めるのか，東京特別州のような例外を認めるのか，その際，かつてのワシントンD.C.のような政府直轄区域といった統治形態の例外まで認めるのか，議論すべき課題は多い。

また第28次地制調は区割りを一方的に政府が決めることを避けようと，区割りを定める手続きを重視する姿勢を示している。

すなわち，①国は道州の予定区域を示す，②都道府県は，その区域の市町村の意見を聴き，一定期限内に，協議により当該予定区域に関する意見（変更等）を定めて，国に提出できる，③国は，当該意見を尊重して区域に関する法律案等を作成するとしている[13]。

基礎自治体，都道府県の意見を最大限尊重する形で区割り案が確定していくことが望ましい。しかし，はたしてそうした「下からの参加」方式でまとまるかどうか。平成の大合併は「自主合併」を大原則として進められているが，民主性を尊重するあまり，区域がまだら模様のような合併状況になっていることにも目を向ける必要がある。「合流しない宣言」の県が出てくる可能性も否定できない。それでよいのだろうか。

西尾勝は区割りの進め方について，以下のような見解を述べている。

「新たに設置される道州が国の第1級地方総合出先機関であれば，国の判断に委ねるべき事項であって，法律で区画割を定め，一斉に道州を設置すればよい。しかし，新たに設置される道州が自治体であるときに，これを国の一方的な意思のみによって設置することが許されるのであろうか。まして第28次地方制度調査会の道州制答申のように，都道府県を廃止しこれに代えて道州を設置する場合には，道州の設置に先立って都道府県を廃止することになるが，戦後60年にわたって自治体として認められてきた都道府県を，その意向にかかわらず国の一方的な意思によって廃止するなど乱暴な措置がはたして許されるのだろうか。憲法解釈上は許されるとしても，妥当な立法政策とは思えない。(中略）新たに設置する道州を自治体としての気概と体質をもったものに育てていくためにも，その区画割の決定と個々の道州の設置は関係都道府県の協議と合意に基づいて行うべきである」[14]。

この見解と筆者はそう意見を異にしないが，もし同氏の意見が「条件の整った区域から順次道州に移行すべきである」ということなら疑問を挟まざるを得ない。「条件が整う」自主合併方式は民主的であるが，それによって百年の大計をもった新たな「国のかたち」をつくることができるだろうか。各県の市町村がまだら模様のように合併し，虫食い状態のように小規模町村が点在する平成の市町村合併の轍を踏むべきではない。

漸進的な移行方式ではなく，関係都道府県の意向を尊重しながらも，最終的には道州設置法（仮称）といった一般法の制定によって，全国一斉に移行する方式が望ましいのではないかと筆者は考える。

(6) 市町村と道州の関係をめぐって

基礎自治体と道州の関係をどう設計するかも重要な問題である。その1つの問題は，道州制へ移行する際，都道府県から市区町村への所掌事務の移譲をどう進めるかという点にあり，もう1つは20にまで増えてきた政令市，さらに中核市，特例市といった都市制度の適用されている自治体と道州の関係をどうするかという点である。さらに第3の点として，小規模町村と道州との関係をどうするかという点である。

第1の問題は，当面，道州制への移行を前提としない場合にも問題となる。地方分権改革の第2期改革の大きなテーマがこれだが，仮に平成の大合併が2010年頃終息し，ほぼ次の時代の市町村の形が出来上がった段階で，まず規模と能力に応じた行財政権限の移譲と事務の移譲が問題となる。これがどの程度行われるかにもよるが，その次の段階として都道府県が行ってきた業務で道州に移管するものと市町村に移管するものが振り分けられることになろう。後者の部分について，道州制移行を前提とした大幅な市町村移管が行われることになろう。

第2の問題は，とりわけ現行制度の中で府県の業務をすでに移管され業務として担っている政令市と道州の関係をどう扱うかである。

もとより，一口に「政令市」といっても人口70万人規模の市から369万人

の大都市まである。全国を代表する横浜,名古屋,京都,大阪,福岡といった全国区都市と,札幌,仙台,神戸,広島といったブロック圏都市もあれば,最近合併して政令市になった新潟,さいたま,静岡,浜松市,あるいは千葉,川崎,堺市といった地方中核都市ないし大都市圏内都市もある。制度上は同じ扱いを受けているが,はたしている都市機能は大きく異なる。これを広域自治体となる道州との関係でどう扱うのか。

これまでは政令市,中核市,特例市という3つの都市制度が適用されている市の各府県に占める人口の割合をみると,北海道で44％,神奈川県で81％,静岡県で52％,愛知県で56％,大阪府で73％,福岡県で53％となっている。県内の半数以上が府県行政を市が担う制度下で市民が暮らす状況にある。大都市圏等の府県ではすでに府県業務の多くが市に移管されていることになる。この現実をどうみるか。

名古屋市は「道州制を見据えた新たな大都市制度に関する調査研究」の一環として,道州制が導入された場合の「新たな大都市制度」のパターンを4つ示している[15]。

① スーパー指定都市（現行の政令市を維持しつつ,大都市特例を強化する）
② 新特別市（規模能力と中枢機能の高い政令市を特別市に移行させ,権限を強化する）
③ グランド大都市（大都市の影響力の及ぶ都市圏の広域調整機能をもつ大都市）
④ 都市州（道州から独立した都市州とする）

こうした提案も参考に今後,道州から独立した特別市的「市」を創設するのか,残された一般の政令市をどう扱うのか,さらに中核市,特例市をどう扱うのか議論を要する。

第3の問題は,これとは対極にある問題で小規模町村と道州の関係をどう扱うかである。

平成の大合併の過程で第27次地方制度調査会に西尾私案なるものが提出され,話題となった。さらなる合併を求めても残るであろう小規模町村に「特例町村制」を導入すべきだという提案である。西尾勝はその後著書『地方分権改

革』のなかで詳しく解説している。

「自らの責任において合併しないと決断した町村等々，小規模町村が依然として相当数残存することは避けられない。これらの小規模町村に都道府県から更なる事務権限の移譲を行うことは不適切であるのみならず，これまでにすでに国から義務付けられてきた広範囲の事務権限の執行を今後とも引き続き義務付けていくことは大きな無理が生じているように思われる。」

「そこで，これら小規模町村について，国から義務付ける事務権限の範囲を窓口業務等に限定し議員を無報酬にするなど総じて身軽な自治体に改める，特例団体制（特例町村制）の創設を検討すべきである。」「これら特例町村には義務付けないことになった市区町村の事務権限については，都道府県が垂直補完するか周辺市区町村が水平補完するか，いずれかの仕組みにすべきである。」[16]というものである。

多くの批判も受けたことも関係しようが，この案はいまだ形になっていない。しかし，地理上の理由等から小規模町村が残ることは事実として認めざるを得まい。とすると，西尾私案でいう垂直補完か水平補完かの方式論はともかく，何らかの形で市町村業務の補完機能を果たさざるを得ない。すると，道州という，いま以上に広域化した自治体に果たして補完機能を求めることができるだろうか。現行の府県業務の多くが市町村に移管されるとすれば，なおさらのことである。とすると，近隣市町村の水平補完しか選択肢がなくなる。はたしてそれでうまく行くのか，大きな検討課題である。

4. 道州制と税財政制度

道州制の制度設計のなかで，もっともやっかいな問題は税財政制度の構築であろう。地方交付税制度をどうするかとも関連し，現行制度でも格差問題は捉え方によって多様な意見がある。道州制移行反対の主要な理由として，財政力格差の拡大を懸念する声も強い。

例えば，租税民主主義の立場からすれば，受益と負担はどこに住んでいよう

と原則的にはイコールなはずである。しかし実際は島根県や鳥取県と東京都では税還元率で10倍近い開きがある。税還元率は島根県を3.0とすれば，東京都は0.3。人口の多い地域の比率が低いのはある程度分かるが，ここまで差が開くと，還元率の高い地方には国に対する依存心が次第に強くなってくる。逆に還元率の低い都市住民には，どうせ自分の地域には返ってこないというシラケ気分が蔓延することになり，政治的な無関心が広まってしまう。

　こうした税財政基盤の大きな格差がある中で，どうすれば道州制をスムーズに導入できるか。道州制導入で税制システムの最大の変化は，道州を構成する各州が独自の課税権を持つと言うことだ。この場合，自立が大前提となる。その自立には自分以外のものから助けを受けず，支配も受けず，自分だけでやっていくという意味と，もう1つ，自律と表現されるように，自分の気ままを抑え，自分の立てた規範に従ってセルフコントロールを続けるという2つの意味が大切となる。

　1つ参考になるのはドイツの税システムであろう（以下での制度紹介は廣田全男の論文を参考としている）[17]。

　ドイツは連邦国家なので，日本の導入しようとする道州制と異なり，極めて自立性が高いが参考にはなる。基本法（連邦憲法）第30条によると，国家事務は基本法に明示されていない限り，州の権限に属するという制限列挙主義をとっている。

　国（連邦）の主な事務は，国防，外交，通貨政策，社会保険，交通（連邦自動車道，ドイツ鉄道，航空交通）などで，州の主な事務は文化，教育，地方自治，警察，社会扶助，産業振興などとなっている。

　連邦と州と市町村の税収構造は，それぞれの固有税（連邦税，州税，市町村税）が約28%で，残る約72%が共同税である。

　共同税は「協調的連邦主義」といわれる考えから生まれたもので，連邦と州の共同事務という概念（例えば，大学の拡張・新設，地域経済の構造改善，農業構造の改善など）があり，州の仕事でも生活関係の改善のため連邦の協力が必要な場合，これを州と連邦の共同事務とし，あるいは市町村が関わる場合，それに

かかる費用は共同税から支出しようという考え方を取っている。

例えば賃金所得税は連邦が42.5％，州が42.5％，市町村が15％，利子所得税は連邦44％，州44％，市町村12％，法人税は連邦と州が50％ずつといった具合である。州間，市町村間といういわゆる地方間の格差是正も連邦が調整する垂直的調整ではなく，自治体が自主調整する水平的調整という方策をとっている。

日本では地方6団体が現行の国が調整する地方交付税に代わって，これを共有税として地方6団体で調整する水平調整をしようと提案したのは，ドイツの共同税の発想が背後にあろう。

わが国で道州制を導入する場合，どうしても避けられないのが，現在の事務配分，権限配分が国，都道府県，市町村で「融合」して状態を変え，それぞれが一定程度「分離」独立して処理される状態に変えないと，こうした税財源配分ができない。

これを応用して考えると，わが国の場合，次のようなシステムも可能ではなかろうか。

まず，直接税を徴収する機関である税務署を，国の機関ではなく，それぞれの課税権を一括委任する国，州，市町村の共同設置機関（独立行政法人の組織形態とし，本庁を国民税庁，出先を税務事務所とする）とする。次に，国税，地方税といった区分をなくし，すべての税を共有税（国民共有税）とし，国民税庁に一括プールする。そこから一定の率に基づいた額を国，州，市町村に拠出する形とする。

州は殆どの課税自主権（減税権を含む）を持つことになり，州内における税負担の平等を満たし，税目・税率を自由に設定できる。その配分率は，国，州，市町村の役割分担を考慮すると，例えば州が40％，国20％，市町村40％といった設定が考えられる。

もとより，消費税などの間接税は州及び市町村の税とする。現行の地方交付税を「地方共有税」に変えるべきだという提案が地方6団体からなされているが，現行の税制度を前提とすると望ましい選択肢と考えられるが，州間財政調整は国民共有税の配分段階で一定の格差是正を行うことが出来るのではない

か。また，消費税を仮に11％とすると，6％を地方共有税として財政調整の財源とする，残る5％を各自治体の固有財源とするという考え方もあろう。

5．むすび──道州制の課題

　以上，幾つか主要な論点をめぐって道州制に関する議論を進めてきたが，改めて道州制について私論を述べておきたい。

　表現をかえるが，第28次地制調が述べる道州制導入の理由などを整理すると，おおむね次の3点にまとめられる。

　第1は，日本を分権国家に導くためである。

　確かに，これまでの中央集権体制は，全国に格差のない，統一的な公共サービスを提供するには効果的だった。統一性，公平性，国の強い指導力の発揮という集権体制のメリットを遺憾なく発揮した国づくりが行われてきた。この点を筆者は近代化過程の日本では不可欠な選択だったと評価している。

　しかし，それが行き過ぎて，画一的な，金太郎飴のような国となり，権力の集中する東京だけが肥大化する形になってしまった。そこで今度は，地域の個性を生かし，地方が主体となって政策づくりができるような，地方分権国家をめざそうという訳である。

　第2は，広域化時代へ対応するためである。

　明治半ばに始まる現在の47という区割りは，馬，船，徒歩が交通手段であった時代のものである。農業が中心で，人口の1番多い県は新潟県であり，東京都などは9番目であった。しかし，その後の変化は凄まじいものである。高速交通，情報通信網の発達で，いまやヒト，モノ，カネ，情報が激しく地域間を移動するボーダレス社会となっている。地域の経済力も強く，北海道はオーストリア，首都圏はイギリス，中国はベルギー，九州はオランダ並みと欧米の中規模並みの経済規模となっている。

　一方で広域政策の要請も強く，1都3県でディーゼル車規制が，秋田，青森，岩手の北東北3県で産業廃棄物対策が行われるなど，環境，防災，観光，産業

振興は府県を超えた広域対応が大きなトレンドになり始めている。現行の府県行政は政策の広域化の面から見ても，市町村合併により府県行政が空洞化していく面からも，その限界が明確になりつつある。

第3に，行財政を効率化し小さな政府をつくるためである。

すでに800兆円の借金を抱えた日本は，小手先の改革では再生不可能である。国，地方を通じ，全体として予算も仕事も公務員も，3分1ぐらい減らさないと，財政再建は不可能な状況にある。そうしたことから，都道府県と国の出先を統合して「道州」をつくる。そこに国から権限を移し，また県から市町村に権限を移すことで，行政のムダを省き，住民が統制できる，小さな政府をつくろうという訳である。政府機構の簡素化と効率化がねらいとなる。

道州制について形態に関する論争に終止符を打つ形で第28次地制調答申があり議論は一歩前に進んだと思われるが，しかし，実際の道州制導入となると，例えば，

①国家公務員の半数以上が身分移管を迫られ，

②国は河川，港湾，道路など公共事業の権力を失い，

③予算編成の骨格を州に奪われる，ことになる。

果たしてこれに，国の省庁官僚や国会議員が賛成するかどうか。

そこで，道州制導入にメリットを強調する賛成意見と，逆にデメリットを強調し反対する意見とを項目的に整理しておこう。

(1) 道州制導入への賛成（メリット論）

① 行財政基盤を強化する（県庁職員，国の出先機関職員の大幅削減など）。

② 行政サービスが向上する（フルセット行政の回避，スケールメリット働く）。

③ 魅力ある地域形成，都市圏が形成できる（特色ある地域圏による都市間競争）。

④ 経済生活圏と行政圏の一致させる（地方政府の一元化で広域戦略が可能）。

⑤ 大都市圏の一体的運営で経済活力も向上できる（首都圏はイギリス並み）。

(2) 道州制導入への反対（デメリット論）
① そもそも国民は，道州制を望んでいるとは考えにくい。
② 制度を変える前に，現行の都道府県で広域連合をつくったらどうか。
③ あまり区域を広げると，住民の声が届かなくなる。
④ 各州の間で格差が広がり，勝ち組，負け組がはっきりする。
⑤ あまり州の権限を強くすると，国家全体がバラバラになる。

さらにいうと，
① そもそも国民は道州制導入を望んでいるか（府県制度は日常生活に定着している）。
② 道州間格差，特に財政格差をどう解決するか。
③ 国会議員，官僚，府県知事・議会が果たして賛成するか。
④ あまり州を強くすると国全体がバラバラにならないか。
⑤ 一体いつ頃導入するか，政治主導の内閣はできるか。

など，様々な課題が横たわっている。

とはいえ，現実に北海道を道州特区に指定し，国からの権限移譲を前倒しする，青森，秋田，岩手の3県は合併を前提に広域連携を強めるなど具体的な動きが始まっている。

つねに受身でしか動かなかった地方が主体的に自らの在り方を模索し，実績を積みながら次代を創造しようという動きは歓迎されよう。北東北のみでなく，府県合併が可能となった地方自治法に基づき，各地に府県再編の大きなうねりが始まる可能性も否定できない。

いろいろ課題はあるが，まず政府は道州制基本法をつくり，内閣に道州制基本設計委員会を設置し，さらに国と地方で事務分担，税財源の配分などを詰める道州制実施設計委員会などをつくることで，国民に対し道州制イメージを示すことが必要と思われる。

道州制問題は，新たな行政制度をどう創設するかという制度設計の問題であると同時に，国，地方が抱える構造的な問題をどう解決するかという改革手段の問題である。

後者の点でいうなら道州制導入は，2000 年改革で十分実現できなかった国から都道府県への大幅な事務権限の移譲と，都道府県から基礎自治体への大幅な事務権限の移譲とを，これを機に一挙に実現する絶好の改革チャンスである。

　そうすれば，国の各省庁の主要な任務は，地域温暖化をはじめとするグローバルな諸課題の解決にむけた国際折衝に純化され，人々の日常生活に関わる内政事項の大半は身近な自治体の任務とすることが可能となる。

　今後，市町村合併がさらに進み，県の役割は空洞化していく。地方分権が進み，財政はますます厳しくなり，人口減少時代へ突入したのは確かな現実である。若い人たちが夢を持てるような新しい国づくりは，どうしても必要な段階にきている。先進諸国で一般的な州制度への移行を学生ら若い人たちは歓迎しているようにも見える。

　ただ閉塞感の強い政治状況の中で，はたして強力に道州制を推進できる内閣をつくれるのか，地方分権改革すら充分政治主導でできない中で道州制など無理ではないかという意見もあろう。しかし，るる述べたように問題は山積しており，他の選択肢によって問題解決が可能ならともかく，その明確な他の選択肢がない中で道州制問題は避けて通れない問題ではないかと考える。政治学，行政学研究の一環としても道州制研究の深化が望まれる。

　注
1）　西尾勝は，「（道州制とは）都道府県よりも原則として広域の機関又は団体を新たに創設しようとする制度構想の総称」と包括的に述べている（同『地方分権改革』東京大学出版会，2007 年）151 頁。
2）　平成大合併をはじめわが国の市町村合併については，佐々木信夫『市町村合併』（ちくま新書，2002 年）『地方は変われるか』（同，2004 年）『自治体をどう変えるか』（同，2006 年）に詳しく述べている。
3）　自民党憲法調査会・憲法改正プロジェクトチーム「論点整理案」（2004 年 6 月 10 日）。
4）　西尾・前掲（注 1）150 頁。
5）　第 28 次地方制度調査会「最終答申」（2006 年 2 月）。
6）　同上「最終答申」参照。
7）　西尾・前掲（注 1）152 頁。
8）　恒松制治編『連邦制のすすめ』（学陽書房，1993 年）10-11 頁。

9) 佐々木信夫『自治体をどう変えるか』（ちくま新書，2006年）239-250頁。
10) 第28次地制調・別紙2。
11) 西尾・前掲（注1）163頁。
12) 前掲（注5）第28次地制調・別紙1。
13) 前掲（注5）第28次地制調「最終答申」10頁。
14) 西尾・前掲（注1）158頁。
15) 名古屋市『道州制を見据えた「新たな大都市制度」に関する調査研究報告書』（2007年3月）122頁。
16) 西尾・前掲（注1）136頁。
17) 廣田全男「ドイツの行政制度」『比較行政制度論』（法律文化社，2000年）参照。

参 考 文 献

松本英昭監修『道州制ハンドブック』（ぎょうせい，2006年）。

田村　秀『道州制・連邦制』（ぎょうせい，2004年）。

David Wilson and Chris Game, *Local Government in the United kingdom*, 2ed. London: MACMILLAN, 1998.

第 3 章

大都市制度と道州制

1. 道州制論議の多義性

　本章では、大都市と道州制の関係、とりわけ大都市東京との関わりについて考察してみたい。

　さきにもふれたが、日本で「道州制」と呼ばれる構想は、これまで何度も浮上しては消え、消えては浮上してきた。しかも、その中身は、一括りに「道州制」と呼んでも、多種多様なものである。

　構想の最初は昭和初期に遡る。戦前の1927（昭和2）年に田中義一内閣のもとで「州庁設置案」があった。戦後まもなく1945年に地方総監府設置案（昭和20年）が、その後、第4次地方制度調査会答申（昭和32年）をはじめ、経済界や国、自治体、民間団体、シンクタンクなど様々な機関、団体から種々の道州制（ないし地方制）構想が繰り返し提唱されてきた。その数はざっと100を超える。

　しかし、いまだに実現しない。ある意味、「幻の改革構想」といってよい。もとより、幻のように消えてしまうものかといえば、そうではない。地域主権国家をづくりをめざすなら、究極のかたちは「道州制」しかないとの見方もある。事実、2013年から具体化へ向け動き出す様相にある。

　多種多様な「道州制」構想ゆえ、それをひとことで定義するのはむずかしいが、共通点は「現行の都道府県の区域より管轄区域の広い、道ないし州と呼ばれる新しい広域自治体を設置する」という点にある。中身自体は道州が自治体なのか、国の出先機関なのか、連邦制的な道州なのか、首長は官選なのか民選なのか、担当業務はどのようなものか、構想ごとにみな違うといってもよい。

そうした中，最近，政府の審議会が本格的に道州制を提言したのは 2006 年 2 月，小泉内閣に提案した第 28 次地制調答申ではなかろうか。そこでは道州制を次のように位置づけている[1]。

「広域自治体として，現在の都道府県に代えて道または州（仮称，「道州」）を置く。地方公共団体は，道州及び市町村の二層制とする。

道州は，基礎自治体にあたる市町村と適切に役割分担しつつ，地域における行政を自主的かつ総合的に実施する役割を広く担うものとする。」

これがどのような意味を持つのか。これまでの道州制論議は，現在の道又は数都府県の区域に一定の総合的な権能を持つ行政主体を設けることを，広く道州制と捉える考え方があった。東北，近畿，九州といったブロック単位に国の総合出先機関「○○地方府」（現在の各省庁の地方支分部局を統合した組織）を設けることも道州制としてきた。いわゆる中央集権的な道州制という性格のものである。

それらと一線を画する形で，実現可能な地方分権的な道州制として提案したのが 28 次答申で，現在の都道府県に代えて広域自治体としての道州を置くというものである。

これをより進めて「地域主権型道州制」という提案が行われている[2]。政府の道州制ビジョン懇談会（中間報告）は，これを「新しい国のかたち」と位置づけ，「中央政府の権限は国でなければできない機能に限定し，日本の各地域が，地域の生活や振興に関しては独自の決定をなしうる権限を行使できる"主権"をもつ統治体制」，それを道州制と位置づけたのである。

2．東京圏をどうする

ところで道州制を設計する場合，区割りにせよ，財政にせよ，制度にせよ，東京ないし東京圏をどう扱うかは非常にむずかしい問題である。ここをどう設計するかに合意が生まれると，あとの設計はしやすくなろう。その点，東京問題は難問中の難問といえよう。

日本の過疎問題の対極にあるのが東京問題である。人口はもとより，政治，行政，経済，文化，教育，情報などの中枢機能が集中し，雇用機会，税収も多い。過集中，過集積問題が東京問題であり，それに伴う過密問題も東京問題といえる。

　もとより一言で「東京」といっても，人によって指すエリアは異なる。地方都市から眺める人は，東京，埼玉，千葉，神奈川の1都3県を「東京」という場合が多い。この東京圏は国土面積のたった3.6％だが，国民の約4分の1に当たる3500万人が住む。

　行政エリアとして東京という場合，「東京都」を指そうが，それは国土面積にたった1％，人口の約1割の1300万人が住む地域である。

　東京都のGDPは92兆円と国家全体のGDPの5分の1近い。税収も地方税の都道府県税収総額19兆円のうち，2割近い3.4兆円である[3]。

　国税収入総額54.8％のうち，4割にあたる21.5兆円が東京都で徴収されている。

　ちなみに，主要な国税5税の約3割を自治体の財源保障と財源調整に充てている「地方交付税」（法定税率分14.4兆円）の約4割（6.3兆円）が東京都から徴収されている（平成19年）。

　もう1つ，東京23区を「東京」とする見方がある。東京都1300万人のうち，800万人が居住し，約6兆円（府県税と市町村税の合計）の税収。国税収入も23区は20.6兆円と東京都エリアの国税収入の95％を占めるコア。戦前の旧東京市が核となっており，都民の中でも多摩地域を除く23区を「東京」とみる潜在的な意識がある。

　さらに，東京の都心区を「東京」という見方もある。都の行政で問題になるのが都心一極集中の問題。幾つかの副都心を育成する多心型都市構造への転換論がそれだが，仮に千代田，中央，港，新宿の都心4区を「東京」というと，東京都税収の4割強の1.5兆円がここに集中し，国税にあっては約3割の14.1兆円がこの都心4区から徴収されている。

　このように「東京」といっても指すエリアは様々だが，東京をどう定義する

かにかかわらず，道州制論議の中でもっとも難問中の難問は，東京ないし東京圏をどう扱うかにある点は間違いない。そのむずかしさについて西尾勝は次のように述べている[4]。

(1) 東京圏の道州の人口と財政力が突出して巨大であり，他の道州との均衡を失することになりかねないこと。すなわち，①関東圏（1都6県ないし7県）を区画とすれば，人口4千万人を越え，総人口の3分の1以上を占めてしまう。②東京圏（1都3県）の区画にしても，人口は3千万人に達し，総人口の4分の1を占める。かりに東京圏を抜き出す場合，関東圏内の周辺各県をどう区割りするかが問題となる。

(2) 他の道州と同様に，首長制の政府形態を採用し首長を直接公選した場合，東京道州知事の政治的権威は国の内閣総理大臣のそれと肩を並べるものになりかねないこと。

すなわち，①この問題は首都圏への人口集中が著しい国，例えば韓国のソウル，バングラデシュのダッカなどに共通する問題となる。②首都圏の自治体では，国政上の野党が実権を握ることが稀ではない。③首都圏の警察を国の直轄とするか，自治体警察とするかが問題となる。④要するに，東京圏の道州は，他の道州と政府形態，所掌事務の両面で特例措置が必要となる。

(3) その区割りの如何に関らず，23特別区の区域について，現行の変則的な都区制度をそのまま維持するのか否かが問われざるをえない。換言すれば，その際，道州管内の基礎自治体の再編問題に直面せざるをえない。

①道州制に移行するため，事前に東京都と周辺各県との自主合併をするとき，対等合併方式なら現行との都区制度は維持できない，編入合併方式なら維持できようが，周辺県の反発は強かろう。

②すると，東京圏の道州設置は，国の設置法に頼らざるをえない。かりに東京圏を標準型の道州ではなく特例型の道州とするなら，その設置法は憲法95条の地方自治特別法に該当し，関係諸都県の住民投票に付さざるをえない。

③23特別区の再編でも，意見は様々。都心3区論，都心5区論，東京市構想，その場合も直轄市へといった意見など様々である。

　同氏の意見は，こうした理由から東京圏の道州制のあり方は簡単に論じられないというのである。実際，28地制調も道州制ビジョン懇も東京特別州的な扱いをしない限り，東京が突出してしまうという見方を示している。その点，本指摘は問題の核心を突いている。
　ところで東京問題を行政制度の問題として捉えると，それは23特別区問題といえる。東京23区には通常の府県と市町村との関係と異なり，都区制度という構造の中で東京都と特殊な関係がある。かつて都制といわれたこの制度は，都区財政調整制度にひとつ表れている。本来であれば基礎自治体である23特別区の税源となる固定資産税，市町村民税法人税分，特別土地保有税を東京都が徴収し，55％を23区間の財政力格差の是正や財源保障に充て，残る45％を都の実施する消防，上下水，交通などの事業に投入している。
　都は府県業務と基礎自治体の一部の業務を実施する二重自治体である。特別区は限定された目的を実施する自治団体に使われる特別地方公共団体に止まっている（一般の市町村より自治権が弱い）。
　こうした特殊な行政関係にある地域が実は日本経済の牽引力をもっている。このところに道州制一般論として東京を片付けることができないむずかしさがある。
　戦時下の昭和18年に東京府と東京市が合体し東京都となって以来，区制度を内部に抱える「都制」（戦後は都区制度と呼んでいる）を使い続ける首都東京の自治制度は，21世紀の地方分権時代にふさわしい自治制度なのか，シャウプ勧告の市町村優先の原則を貫こうとすればするほど，区を包括する集権的な都制度（都区制度）は分権的地方自治の実現とは大きく矛盾したものと映る。横浜，名古屋，大阪が特別市へシフトする構想を暖める中，首都東京の自治制度が現在のままでよいとは考えにくい。首都に基礎自治体である「市」がない国，これが日本である。これは戦後改革の未決算部分と言わざるを得ない。

3. 現在の大都市制度

　ところで，日本には都制（都区制度）の系統のほか，もう1つ政令指定都市という大都市制度の系統がある。これは1956年に制度化されたが，当初5大市（横浜，名古屋，京都，大阪，神戸）でスタートしたが，現在20となっている（2013年4月現在）。

　もとよりこれは戦後，法律上認められながら実施されなかった「幻の特別市」制度と引きかえに，妥協の産物として生まれた「大都市に関する特例」にすぎない。地方自治法をはじめ個別法において，人口100万人以上の基礎自治体に行政裁量によって府県の権限の一部を上乗せする特例扱いを積み重ねてきた仕組みにとどまり，大都市の持つ潜在力を十分発揮するにふさわしい制度とはいいがたい。

　すなわち制度の根幹が一般市町村と同一の制度で，自治制度上，大都市の位置づけや役割が不明確である。また事務配分は特例的で一体性・総合性を欠き，府県との役割分担が不明確なため二重行政，二重監督の弊害が大きい。さらに役割分担に応じた税財政制度が存在しないといった構造的な問題を抱えている。

　大都市には，交通，道路，エネルギー，上下水，食糧，防災，犯罪防止，テロ対策など日常生活の安心，安全の確保や危機管理はもとより，企業活動をコントロールする経済的規制や産業政策，観光政策など，多くの課題を抱える。大都市経営の主体となる都市自治体には，膨大で複雑な行財政需要に的確に応え，高い政策能力を発揮できる仕組みが必要である。それには，単に府県行政と大都市行政の二重行政の是正やその一元化，大都市に対する国・県の二重監督の解消といった旧来の「大都市の特例」のレベルではなく，明確に大都市を府県（州）区域の権限外と位置づけ，大都市（圏）をマネージメントするための固有の行財政権限を有し，「大都市制度法」のような単独法で規定した「制度」とする必要があろう。

世界を見渡すと，首都を含め核となる大都市に特別な法的地位を与える例が多い。それは大きく3つに類型化できる[5]。

第1が，フランスのマルセイユやリヨンなど，州・府県という広域自治体に市が包括され，かつ組織の特例や事務配分の特例で広域自治体分の一部を処理するもの。日本の指定都市に近い制度（特例都市タイプ）。

第2が，ドイツのミュンヘンなど，広域自治体のもとで，それと同格の権限が付与され，広域自治体の事務と基礎自治体（市町村）の事務を併せ持つもの。戦後わが国で構想された特別市に近い制度（特別市タイプ）。

第3が，韓国の広域市やドイツの都市州など，州から独立しその区域内に法人格を持つ区や郡を包摂し，広域自治体の事務と基礎自治体の事務を併せ持つもの。日本の「都制」に近い制度（都市州タイプ）。

道州制との関連でいうと，例えばスペインでは，自治州 – 県 – 市町村の三層制をとっており，独裁政権崩壊後，1978年憲法によって自治州（17）に対する権限移譲が進んでいる。その方法は1つに自治州設立後5年が経過した時点で自治憲章を改正して権限を拡大する，もう1つに自治憲章の改正によらず，国が組織法により自ら属する権限のうち移譲に適したものを自治州に移すやり方である。各州には州議会と自治州内閣（議院内閣制）があり，州知事を州首相と呼ぶ習わしがある。

こうした個性的な自治州の成立は魅力的なものだが，日本ではどうか。ともかく上記の世界の大都市の類型化を日本に照射すれば，①現行の指定都市を強くする「大都市特例」強化策，②道州（府県）との二層制を前提に大都市特例の大幅な上乗せを行う「スーパー政令市」，③道州（府県）と同格の市（特別市）ないし独立州となる「都市州」の選択ということになるのではないか。

筆者も委員を務めた横浜，名古屋，大阪3市共同設置の大都市制度構想研究会は，数年以内に府県と同等の権限を持つ「新・特別市」に昇格し，道州制が実現すればそれぞれ「都市州」に移行すべきだとする提言をまとめている。

これは，国と地方双方の行政を効率化し，世界的な都市間競争にも対応して国の成長に貢献しようというものである。教育や警察，交通，河川管理などの

権限を都市州が持てば，首長の判断で市民サービスの向上や行政コストの削減，危機管理が迅速に行える。

　大都市特有の政策を進めるため市町村税と道州税を一元化した「都市州税」を新設。それらを財源に大都市部の税収が全国に行き渡る道州間の水平的な財政調整の仕組みも構想する。国債費の元利払いも応分の負担を引き受けるなど，ダイナミズム発揮による成長の果実が全国に行きわたることが可能になる。

4．都制（都区制度）の現状

　東京23区のあり方を考える時に，参考として首都など諸外国の大都市制度を考察しておこう。表3-1にワシントン，ロンドンなど主要国の首都制度を掲げた（ニューヨークは首都ではないが，東京区部とほぼ同規模の大都市であり，区制度が存在するゆえ，掲示した）。

　これを見ると，首都は何らかの大都市制度を採っていることがわかる（市の内部に自治団体ないし自治体が区として存在する場合が多いこともわかる）。

　戦後まもなく，東京は将来400万人の区部人口になるだろうと予想していた。そこで1区を20万人程度になるよう，35区から23区に合併再編し，1947年に現在の23区体制が出来上がった。しかし，戦後60年余を経て現在，区部人口は850万人と2倍以上に膨れ，モスクワ，ニューヨーク並みの都市となっている。その間，区部の人口集積は大きく変動し，都心区部はビジネス拠点として昼間人口増を限りなく続け，周辺区部は夜間人口の受け皿として住宅都市の性格を強めていった。結果，千代田区3.8万人，世田谷区83万人と20倍以上の格差をもたらすことになった。こうした半世紀の変動から区部再編は待ったなしにある。

　もともと国政の当初のシナリオ通りなら，2005年から槌音が高まり2010年には首都機能の移転が完成する予定だった。那須塩原なのか岐阜なのか移転先はともかく，もし首都移転が行われていたら，特別区制度は解体の動きを強めていたであろう。昭和18年まで首都市であった東京市の残影を引きずる現在

の特別区制を維持する根拠は失われたはずだからである。

　しかし，首都移転の可能性は消えたと見てよい。それは移転費用や適地の問題ではなく，都民も国民もどうやら首都移転を望んではいないということがはっきりしたからである。

　とするなら，首都移転なき東京の今後の首都像はこれでよいかどうかである。アメーバーのように首都圏は拡がり，3500万人が住む世界最大の大都市圏ができている。

　しかし，その都市経営主体は明確でない。明治23年以後，47府県体制はそのまま推移しており，都県間の壁が厚い中，首都圏全体のビジョンすら描けない状況にある。首都圏はある意味で無政府状態にある。このことが世界ワーストワンの成田空港を使う始末となり，世界都市はおろか，極東の1地方都市に転落する危機に首都圏は立たされている。

　道州制への移行をにらみ，様々な提案があるが，しかし，東京をどうするかは問題点の指摘に止まっている提案が多い。

　例えば，自治体の現場にあたる23特別区では，特別区長会の諮問機関として，2003年10月に特別区制度調査会（会長・大森彌 東大名誉教授）を設置し，今後の23区体制のあり方について調査研究を進めてきた。第1次報告(2005年10月)，そして第2次報告（2007年12月）に出されている。

　経済団体である東京商工会議所から，東京23区を一体とした新たな「東京市」を創設すべきとの提言，経済同友会からは「東京特別州」の提言がある。

　これらの動きから推察すると，東京特別区のあり方について大都市制度としては，第1に現行の23区を前提にその自治権強化と連合自治体を創設することで広域化に対応しようという動き（特別区制度調査会）と，第2に現行の23区制度を廃止し，23区部を特別市である「東京市」に大きくシフトさせようという動き（東京商工会議所），第3に東京特別州として道州と同格の州にすべきだという3つに大別できよう。

　もう1つ，日本の大都市制度はひとつの歴史を持っている。明治21の市制発足以来，大都市には何らかの特例を認めるよう運動してきた歴史とも言える

第Ⅰ部　大都市制度と道州制

表 3-1　諸外国

			イギリス	フランス
			ロンドン	パリ
国の地方自治制度の概要			【大都市圏】〈一層制〉 基礎自治体：大都市圏ディストリクト（36） 【地方圏】〈一層制と二層制が混在〉 〈一層制〉 基礎自治体：ユニタリー（46） 〈二層制〉 広域自治体：カウンティ（34） 基礎自治体：ディストリクト（238） 【ロンドン】〈二層制〉 広域自治体：GLA 基礎自治体：ロンドン区（238） 　　　　　　シティ・オブ・ロンドン（1）	〈三層制〉 広域自治体：レジオン／州（22） 広域自治体：デパルトマン／県（96） 基礎自治体：コミューン（36,781） 【パリ】〈二層制〉 広域自治体：イル・ド・フランス州 広域自治体＋基礎自治体：パリ
各都市の概要		基本的性格	広域自治体（GLA）	基礎自治体と広域自治体の位置づけを併せ持つ
		面積（km²）	1,579	105
		人口（人）	751万人（2006年）	215万人（2005年1月）
		人口密度（人／km²）	4,757	20,510
		議会（議員の選出方法、議員数、議員の任期）	公選、25人、4年	公選、163人、6年
		長（選出方法、任期）	公選、4年	議会による互選、6年
	事務	消防	○	×（軍の消防隊が管轄）
		上下水道	×（民営化）	○
		清掃	×（区及び事務組合）	○
		交通	○	○
		都市計画	○	○
	大都市の特例	事務配分	一般的なカウンティの事務のうち、総合的計画の策定等一部の事務を実施	基礎自治体の事務と広域自治体の事務を実施（警察権限は国に留保）
		税財政制度	GLAはロンドン区に対する課税徴収命令権を有する	なし
		その他	なし	特例的行政区の設置 （パリ、マルセイユ、リヨン）
都市を構成する団体の概要		名称（団体数）	ロンドン区（32）、シティ（1）	区（20）
		基本的性格	基礎自治体	特例的行政区
		最大・最小面積（km²）	56.32／3.15	8.48／0.99
		最大・最小人口（人）	339,800／7,900	191,800／17,750
		議会（議員の選出方法、議員数、議員の任期）	公選、2,072人、4年	公選、517人、6年
		長（選出方法、任期）	公選もしくは議会による互選、4年 ※シティは1年	議会による互選、6年
		事務	・福祉、住宅、教育など地区行政サービス全般を担う	・区の土地利用などに関する意見の陳述 ・託児所、児童公園の管理 ・戸籍、選挙等（国の機関として実施）
		課税権	○	×
		立法権	○	×
地域自治組織		名称（団体数）	パリッシュ（GLAはなし）	近隣住区評議会
		構成員数	5～20人程度	10～20人など
		事務	・行政サービスの提供（歩道整備、街頭維持管理、公衆浴場等） ・開発許可等に係る市からの協議を受ける	・コミューンからの諮問を受け、地区に係る事業の計画・実施・評価に関して意見を陳述

第3章 大都市制度と道州制

の大都市制度

			アメリカ	日　本
			ニューヨーク	東京
国の地方自治制度の概要			連邦制。50の州それぞれが独自の憲法を有し，州によって地方自治は異なる。ニューヨーク州は以下のとおり 〈二層制〉 広域自治体：カウンティ（ニューヨーク市を除き57） 基礎自治体：シティ（62），タウン（932），ヴィレッジ（553）等 【ニューヨーク】〈一層制〉 広域自治体＋基礎自治体：ニューヨーク市	〈二層制〉 広域自治体：都道府県（47） 基礎自治体：市区町村（1,777） ※市町村数は平成21年3月末現在 【東京】〈二層制〉 広域自治体：東京都 基礎自治体：区（23），市（26），町（5），村（8）
各都市の概要	基本的性格		基礎自治体と広域自治体の位置づけを併せ持つ	広域自治体（東京都）
	面積（km²）		789	622　※区部合計
	人口（人）		825万人（2006年7月1日）	872万人（2008年6月8日）※区部合計
	人口密度（人/km²）		10,448	14,024　※区部合計
	議会（議員の選出方法，議員数，議員の任期）		公選，51人，4年	公選，89人（区部選出議員）4年
	長（選出方法，任期）		公選，4年	公選，4年
	事務	消防	○	○
		上下水道	○	○
		清掃	○	×（収集・運搬・特別区・中間処理：一部事務組合，最終処分：東京都へ委託）
		交通	○	○
		都市計画	○	△
	大都市の特例	事務配分	基礎自治体の事務と広域自治体の事務を実施，学校区の事務も実施	基礎自治体の事務のうち一部の事務を行う
		税財政制度	なし	基礎自治体の税目のうち一定税目を課税し，55％を特別区に配分
		その他	行政区の設置	なし
都市を構成する団体の概要	名称（団体数）		区（5）	特別区（23）
	基本的性格		行政区	基礎自治体
	最大・最小面積（km²）		284.12／59.05	59.46／10.08
	最大・最小人口（人）		2,523,014／478,876	861,120／44,565
	議会（議員の選出方法，議員数，議員の任期）		なし	公選，889人，4年
	長（選出方法，任期）		直接公選，4年	直接公選，4年
	事務		・区内の市サービス提供の監視 ・行政サービスに対する苦情の受理 ・市の土地利用計画の策定	・基礎自治体として住民に身近な行政サービスを提供
	課税権		×	×
	立法権		×	×
地域自治組織	名称（団体数）		コミュニティ委員会	地域自治区（都内はなし）
	構成員数		50人以下	10～20人が7割
	事務		・公聴会による住民ニーズを吸い上げ ・市の行政サービスに関する評価 ・地域開発の地元計画案の策定	・市町村に対する意見具申（公の施設の設置，地域福祉，地域の環境保全など）

（資料）　東京都「都区のあり方検討委員会」幹事会配付資料から一部抜粋。

が，これまで特別市を認めよと言いながら，実際には戦後10年余，特別市制度は法律上存在しても適用されなかった事実をみてもわかるように，市を強くすることには消極的であったことがわかる。戦後，日本の大都市は，1つは特別市の変形としてスタートした「指定都市」の系列として，もう1つは昭和18（1943）年の「東京都制」の流れを汲む「都区制度」である。

この政令指定都市と並ぶ大都市制度としての都区制度は，太平洋戦争中に施行された東京都制に起源をもつ。戦争激化に伴い，戦費捻出と首都防衛の観点から東京府と東京市の二重行政の解消をねらいに1943年7月に東京都制が施行された。これにより東京市は東京都に吸収され，旧東京市の35区は都の内部団体に位置づけられた。当時東京都長官も他の府県と同様に，官選であった。いわゆる官治的自治制度としての「都制」の誕生である。

戦後は新しい憲法及び地方自治法の施行に伴い，東京に大都市特例制度としての都区制度が適用されることになった。35区を23区に再編し「特別区」とし，地方自治体となった。もとより，他の普通地方公共団体としての市町村と異なり，特別地方公共団体と位置づけられる特別区であった。しかし，当初，区議会はもとより区長も公選であった。

だが，1952年に区長公選制が廃止され，都知事が区議会の同意を得て任命する形となった。いわゆる都の内部団体としての特別区制度の誕生である。その後，自治権拡充運動が続き，ついに1975年に区長公選制が復活した。

これを機に，都職員を区に配属する「配属職員制度」も廃止され，区は独自の職員採用に踏み切り，人事権も確立したのであった。そして1998年に自治法の改正が行われ，特別区は法的に基礎自治体と明確に位置づけられ，平成12年には清掃事業の移管が行われ基礎自治体の体制を整えていったが，しかし依然，一般の市町村とは異なる特別地方公共団体に位置づけられている。普通の自治体と認められるよう，特別区の自治権拡充運動が続いている。

5．都制（都区制度）の問題点

　しかし，依然，特別地方公共団体としての特別区と，一部市の役割を担う東京都の間には様々な問題が存在する。東京23区の基礎自治体と広域自治体である東京都の行政関係をどう改めたらよいか，自治権拡充を求める特別区側からの問題提起が続く。それを超えて，東京商工会議所のいうように特別市としての「東京市」に改めるという道筋も考えられる。

　東京23区は「特別区」といい，機能的には市町村と同じだが，行財政制度としてみると一般の市町村とは大分違う。横浜市など政令指定都市におかれる行政区とも違う。横浜市の区は市役所の出先機関だが，東京の区は一般市とほぼ同じ公選の議会と首長をおく基礎的自治体である。では何が違うのか，要点を述べると次の通りである。

　その1つは，特別区は権限の面で上下水や消防，交通などの市の業務を担っていないこと。都の業務とされており，2000年3月までは清掃事業も都が担当していた。

　もう1つは，本来市の税収となるべき固定資産税や市町村民税法人分，特別土地保有税が区に入らないこと。これは都の収入となり，都はこれを調整3税と称し，都区財政調整制度により45％を自らの財源とし，残る55％を各区の財源が均等化するよう配分している。

　このように23区を内側に包括し，府県の仕事と消防，上下水など市の仕事を併せ持つ制度を都区制度（広義の「都」制）と呼んでいる。一般に都道府県と並べて呼んでいる，東京都はじつは一般の県にはない府県と市町村の二重の性格をもつのが現在の東京都である。

　制度上，2000年の地方自治法の改正で特別区は「基礎的自治体」と明記されたが，依然，普通地方公共団体ではなく，特別地方公共団体とされ，都区関係に集権的な構造が残っているのである。

　なぜこのような関係が残っているのか。その理由を挙げると，次の2点に要

約される。

　第1に，それぞれの区は独立しているとはいえ，いわば旧「東京市」という巨大都市の一構成分子として大都市を一体的に形成してきたという歴史的，機能的な背景があること。

　第2に，23区域の800万余区民はその属する区の財政力の強弱にかかわらず，等しい負担と等しい行政サービスを受けることが望ましいと考えること。

　このように，23区は基礎的自治体という制度的な位置づけとは別に，「見えざる東京市」というなかで，一緒に暮らしているという発想がどこかにありそうである。事実，23区域は大都市として一体的に活動している。

　だから都は広域自治体して，各区に財源の偏在やサービスの格差が生じないよう調整すべきだという発想になる。これは，国が全国の自治体に地方交付税制度を通じてナショナルミニマムが行き渡るよう調整しているのと似ている。地方交付税制度のミニ東京版である。

　しかし，この制度ができて60年を超える。しかも2000年から新たな地方分権時代が始まり，しかも都道府県制度を廃止し，道州制へ移行しようという流れになりつつある。さらに23区部の内部構造を見ても，仮に大都市の一体性といっても千代田，中央，港のような都心区と，世田谷，杉並，中野のような山の手区と，墨田，荒川，葛飾のような下町区とでは地域の特性も違うし，抱える行政課題も大きく異なっている。しかも人口規模は千代田の約4万人に対し世田谷の80万人と格差は極端である。

　昼間人口比率でいうと，千代田区などは夜間人口約5万人に対し昼間人口は120万人を超える。昼夜人口比率25倍近い。これを今後も一体的に管理し，財源を調整していく意味が本当にあるか。

　特別区制度調査会がまとめた特別区改革の要点は次の3点にある[6]。

① 　都区制度を形づくってきた大都市の「一体性」という考え方と，各区固有の自治をどう調和させるか。今後も，この「一体性」という概念を維持する必要があるのか。

② 　首都たる東京市として特殊な扱いが求められてきた歴史的沿革からく

る,「首都性」について再検討する。法的に首都制度が未整備なことがあいまいな形となっている。
③ 市町村優先の原則からみて,都区間の役割分担が適正か,都区財政調整制度の見直しを検討する。上下主従の都区関係から対等協力の関係に置き換える改革がいる。

筆者は,当面ここ数年でやるべき基本的な都区改革の方向として,都を府県並み,23区を市町村並みの"普通の関係"にまず置き換えることではないかと考えてきた。都政は府県行政へ純化,さらに首都圏広域行政にシフトする。その次に,区に対し大都市行政を担うに必要な政令指定都市並みの行財政権限(都が配分する調整3税の方式は,23区が自ら水平調整する方式に変更)を付与し,区政強化の視点を打つ出すことだと考えてきた。

しかし,道州制論議の高まりを受け,そうした従来の延長線上で都区関係の改革を議論すべき段階を超えつつあるとも思う。道州制の中でもっと骨太の東京構想が必要になってきている。

6. 都区制度をめぐる改革構想

今後の都区関係について,現在,4つの提言がある。1つは特別区制度調査会の都市連合,東京商工会議所の東京市構想,経済同友会の東京特別州構想である。さらにもう1つ加えるなら,東京区部のあり方に限定されないが,道州に代えて首都圏連合という考え方もある。

(1) 都市連合構想
2003年10月から2007年12月まで続いた特別区制度調査会では,第1次,第2次の提言を行っている。ここでは,最終の答申と思われる第2次の提言内容を概説しておこう[7]。

同提言は,まず①集権体制としての「都の区」の制度の廃止を提唱している。戦前の大東京市の残像が払拭されない現行の都区制度を清算すべきであると

の考え方をまず打ち出し，特別区が「都の区」であるという実態は変わらないとし，今後，東京大都市地域の住民自治を充実していくには，広域自治体と基礎自治体の役割をさらに明確に区分し，都が法的に留保している市の事務のすべてを特別区（後に述べる東京○○市）が担い，都区間で行っている財政調整の制度を廃止することとしている。

同時に，これまでの②「行政の一体性」という考え方から脱却すべきだという考えを鮮明にしていることである。

平成12（2000）年改革の際も，23区の存する区域は「行政の一体性」を確保する観点から，都が市の事務の一部を区に代わって一体的に処理するという考え方が継承されている。この「一体性」という観念自体が，これまでの集権体制としての都区制度を支えてきた基本観念である。もし，その一体性的な考え方が必要なら，それは区相互間で工夫すべきことだとして，都の主張する「一体性」論を排除しようとしている。

③基礎自治体間で新たなシステムを構築することとしている。23区を前提に，相互に主体性，自律性を確保しつつ，対等協力の立場から必要な領域を相互補完することで広域的，統一的課題に答えていくべきだとしている。

そこで出てきたのが，次のような新たな構想である。

第1. 各「区」を「東京○○市」とすること。内部団体をイメージする区という呼称を使わず，一般市に類似した市制度を導入するとしている。

第2. 「東京○○市」で対等協力の立場から「基礎自治体連合」をつくるということ。具体的なイメージとして次の図3-1を提示している。ある種の広域連合の発想である。広域的な事務については，ここで共同処理するなら，23の区（市）の主体性を失わせる必要はないという考え方である。

第3. 基礎自治体連合で自主的に財政調整を行う税財政制度を設けることとしている。現行の都が区に配分する財政調整（垂直的財政調整）ではなく，区相互で調整する財政調整（水平的財政調整）に変えるべきだという主張である。

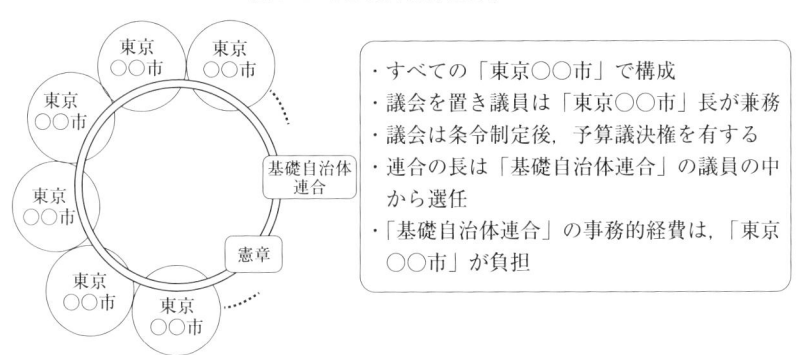

図3-1 「基礎自治体連合」のイメージ

・すべての「東京○○市」で構成
・議会を置き議員は「東京○○市」長が兼務
・議会は条令制定後，予算議決権を有する
・連合の長は「基礎自治体連合」の議員の中から選任
・「基礎自治体連合」の事務的経費は，「東京○○市」が負担

・憲章は基礎自治体間で協議し，各議会の議決を経て，住民投票による承認。

（資料）　第2次特別区制度調査会報告の図示の一部抜粋。

こうした提言は現行制度を大きく破壊しない中での1つの「進歩的な形」であるといえよう。道州制が導入された場合にも，この東京○○市を基礎自治体とし，その連合体として創設される基礎自治体連合の制度は，関東州，東京州いずれになっても対応できる制度だとしている。

(2) 東京圏連合構想

一方で，道州制移行はそう実現できるものではない。むしろ連合方式によって東京圏の問題解決をしたらどうかという有力な考え方もある[8]。

1．東京圏の道州の区域は社会経済的に実態から見て，1都3県とする。
2．そこでの道州は1都3県の広域連合機構とする。これまでの1都3県は存続させ，道州の広域連合機構は，東京圏計画の策定をはじめ，国の出先機関から委譲される事務権限のうち，広域的な事務権限のみを所管する。
3．東京圏の道州の広域連合長は東京都知事が兼任する。
4．警察機能は分解し，警備警察と刑事警察の一部（政治犯罪，企業犯罪，暴力団，麻薬取締など）は国家警察の直轄とし，道州ないし府県警察は市民生活を犯罪から守る刑事警察と交通警察，保安警察を担う。

5. 都心5区を統合し東京市を設置。その他の18特別区は市に改め，東京都を東京府に戻す。東京市は政令指定都市とし，管内に行政区を設置する。

　要するに，道州制にメリットがあるとすれば，それは東京一極集中に対する地方圏の対抗力を強化することにあるので，東京圏の道州制を今後強力なものにしてはならないという考え方。

　こうした提案は23特別区都市連合の首都圏版ともいえる。現実的な提案として一定の支持もあろう。ただ，広域連合は政治機能の統合ができないだけにリーダーシップに欠けるきらいがつよい。誰がリーダーシップをとるかによるが，公選の首長，議会が4つもある中で「連合」を組織することが，実際問題として本当の問題解決につながるかどうか。

　少なくとも市町村の広域連合が余り成果を上げていないこと，広域行政の体験が余りにも少ない都道府県，現行の府県制度の壁の厚さからみて，「道州的連合」にどこまで期待できるか，23区都市連合も同じ疑問を抱えているといってよい。

(3)　「東京市」構想

　これに対し，東京商工会議所の提言は東京23区を廃止し，それを基礎に新たな「東京市」(特例市)をつくろうという大胆な提言である[9]。

　考え方の1つは，道州は東京都単独ではあまりにも狭小であり，広域的課題に応えることはむずかしいとし，道州制導入は原則として東京，神奈川，千葉，埼玉の1都3県がひと括りであるべきだということ。

　第2は，現行の政令市は「特例的な市」として道府県下に位置づけられているため，特例的，部分的な県の権限の移譲に止まっており，道府県との役割が非常に曖昧なため，二重行政，二重監督の弊害や役割に見合う税財源が配分されていないなどの問題があるとし，そうした制度の選択は望ましくないとしている。

　第3に，横浜，名古屋，大阪もそうだが，東京は大都市として隣接地域はもとより，日本全体を牽引しているゆえ，特別市のような東京市をつくることが望ましいとする。必ずしも，東京市の在り方について明確な提示（ビジョン）

はないが，提言の本文から一部引用しておこう．

―（23区を母体として創設される東京市は）大都市としての役割を明確に規定し，道州の区域に包含されるが，市域内の問題は市が主体的，総合的に解決できるよう，包括的な事務権限と税財源を確保すべきである．また，大都市が周辺市町村と協力して解決を図るべき課題については，道州との調整により大都市が広域連携機能を持つことも検討すべきである．（中略）東京市はこれまで特別区であったこと，また規模が非常に大きいという特性を考慮した制度設計が必要である．（中略）わが国の国際競争力を高め，世界的地位向上を図るためには，一元的な社会資本整備，治安維持，危機管理対策を行える権限とそれに対する財源が確保される制度についても検討する必要がある．――（同提言2-4頁）

(4) 東京特別州構想

経済同友会は『東京特別州』という考え方を提言している[10]．

表3-2のような道州の区分と道州間の比較を示した上で，他の道州との財政調整も視野に入れた提言である．

表3-2 税収，GDP，人口の道州間比較（2007年度）

単位：兆円，100万人

	北海道	東北	東京の取り扱い			東海	北陸信越	関西	中国	四国	九州
			1都7県	1都3県	東京単独						
税収（清算後）	0.6	1.1	7.4	5.6	3.4	2.6	1.0	2.9	1.0	0.5	1.6
税収（清算前）	0.6	1.0	7.8	6.0	3.7	2.5	1.0	2.9	1.0	0.4	1.5
GDP	18.5	33.3	195.6	147.1	92.3	69.7	29.8	81.3	29.9	13.5	48.7
人口	5.6	9.5	42.7	28.6	12.8	15.1	7.7	20.9	7.6	4.0	14.6

（資料）経済同友会「道州制移行における課題」（2010年）

まず23特別区を一体的に「東京特別州」に改編する．23区の歳入の一部は，全国の道州間の水平的調整財源に充てる．各区が担っている基礎自治体の役割

は「現在の23区を前提とせず，行政事務の役割に応じて適切な規模に再編する」というもの。多摩地域を中心とする市町村は東京特別州から外し，関東州なり南関東州なりに組み込む。

東京特別州にする理由を財政面からいうと，GDPの約5分の1を占めることや「都道府県の税収総額の5分の1 (3.4兆円)，国税収入の約4割に当たる21.5兆円が都の税収でこの相当部分が23区から徴収されていること」を挙げ，東京特別州の妥当性を強調している。

ただ，東京特別州が富裕団体視されないよう同州の歳入の一部を他の道州の財政調整に回す考えを示す。もとよりそれは現行の地方交付税制度のように国が地方の財源を保障する（歳出保障）という考えはとらず，あくまで歳入に関わる税収格差の是正に限定し，しかも国の関与を認めず，道州間の水平的な財政調整の仕組みを採るとしている。

先の東京商工会議所の「東京市」構想は，こうした東京市富裕論に答えておらず，都と特別区の扱いを財政上どうするかが課題となっていた。東京市構想はあくまでも東京都（ないし東京州）の内部の基礎自治体という位置づけだから，市の財源を道州間の財政調整に回すという考え方は取りにくい。その点，東京一極集中に対する批判をかわす構想としては，東京特別州が説得性は高い。しかし，現在の23区を再編するといっているが，それが州の基礎自治体なのか州の内部団体（行政区）なのか，明確になっていない。

こうしたことから「歳入ばかりに注目して，行政需要や多摩を含め東京に住む人のことが考慮されていない」「東京への一極集中を是正しようとするあまり，東京の持つ国際競争力を抑制し，かえって日本経済全体の成長を阻害するものであってはならない」といった批判にさらされている。

7.「東京都市州」の構想

◇東京都市州

さて，最後にこれらとは別に筆者の考え方を述べておこう[11]。

東京商工会議所の提言は，道州制の区域は1都3県であることを前提とし，東京市は23特別区でいうもの。1番素直な区域割りのような感じもするが，イギリスと同規模の経済力をもつ関東州を誕生させることに国民的合意が得られるかどうか。また，ニューヨークと同規模とはいえ，800万人超という巨大人口を抱える東京市を創ることで地方自治がうまく展開できるかどうか。経済界の見方としては分かるが，検討すべき点も多い。

　それより，もう少し区域を絞り込んで千代田，中央，港，新宿，渋谷などJR山の手線に関わる連坦地域を合併し200万人規模の「新東京市」をつくるという発想もあるのではないか。もう少し外延を拡大し，山手線に絡む区部を包括し300万人都市を新東京市とする考えも成り立つ。横浜市が現在369万人だが，この規模は基礎自治体として維持するには大きすぎるように思う。内部を18区に分けているが，これを行政区ではなく自治区にしていく課題もあるが，敢えて新東京市を創設する際，大振りな基礎自治体を自ら創設する必要があるかどうか疑問な点もある。

　あるいは23特別区の分割は行わないという前提に立つなら，道州制移行と同時に市ではなくドイツの都市州のように「東京都市州」として23区部を完全に州と同格の新自治体と位置づけることも考えられる（図3-2）。これは経済同友会の東京特別州の考えに近い。

　この東京都市州は，首都州といってもよい。1都3県の大都市圏を一体的に大都市経営としてマネージメントする考えを捨てることも現実対応として望ましいとは考えない。とするなら，東京商工会議所の特別市としての「東京市」より，この際，道州制移行とセットで東京都市州を構想してもよいと思う。

　その都市州の内部はこれまでの特別区を生かす形でより自治権の強いものとする。州政府と特別区自治体の役割分担は，住民に近い行政は基礎自治体にという「近接性の原則」と基礎自治体ができないことに限定して州が行う「補完性の原則」の組み合わせで考える。

　こうした考え方をもう少し全国規模で入れると，この1都3県（関東州）のなかにもう1つ，横浜都市州があることも考えられる。また中部州には名古屋

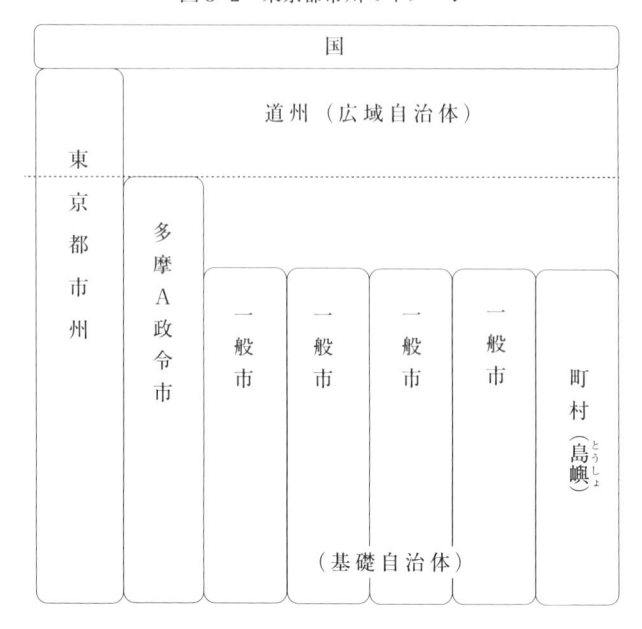

図 3-2　東京都市州のイメージ

国
道州（広域自治体）

東京都市州 ｜ 多摩A政令市 ｜ 一般市 ｜ 一般市 ｜ 一般市 ｜ 一般市 ｜ 町村（島嶼(とうしょ)）

（基礎自治体）

都市州が，関西州には大阪都市州があることも想定される[12]。

　というのも，大都市を国際競争力の核と捉えるという発想が欠かせないからだ。道州間の国内均衡論ばかり唱えているうちに，日本経済全体が力を失ったのでは何にもならない。

　行政サービスの分野では均衡論は一定程度必要だが，民間ビジネス分野は強いものをより強くする発想も欠かせない。東京一極集中ではなく，多極分散型の大都市集中は経済政策としては欠かせないのである。

　東京圏，中部圏，関西圏を支える東京 23 区，横浜市，名古屋市，大阪市は人口，経済，情報，文化など特に高度で大規模な集積を持ち，広域的で重層的な生活圏，経済圏における中枢と市として周辺市町村を牽引し，日本全体の経済活動を牽引しているのが大都市。その 4 つの区域（市域）を都市州として独立させるか，特別市にするか，それにもたせる権限にもよるが，道州と同格の基礎自治体と

をつくるという意味では「都市州」と選択が望ましいのではないか。そのうち，東京の一定区域を首都州と位置づける考え方である。

ただし，かつてのワシントンD.C.のような政府直轄地区の考え方は取らない。あくまでも自治体としての首都州という位置づけである。

注
1) 第28次地方制度調査会「道州制のあり方に関する答申」(2006年2月)。
2) 道州制ビジョン懇談会「中間報告」(2008年3月)。
3) 以下の数値は経済同友会「道州制移行における課題」(2010年5月)より引用。
4) 西尾勝「道州制ビジョン—東京圏をどうする」『都政研究』(都政研究社, 2009年)。
5) 佐々木信夫「大都市活性化に固有の行財政権限与えよ」日本経済新聞／経済教室 (2009年3月18日付)。
6) 特別区制度調査会「中間のまとめ」(2005年11月)。
7) 同調査会「第2次報告」(2007年12月)。筆者が要点を整理した。
8) 西尾・前掲（注4）参照。
9) 東京商工会議所「道州制と大都市制度のあり方 (2008年9月11日)。
10) 経済同友会「道州制移行における課題—財政面から見た東京問題と長期債務負担問題」(2010年5月)。
11) 佐々木信夫『新たな「日本のかたち」—脱中央依存と道州制』(角川SSC新書, 2013年)。
12) 筆者も委員を務めた横浜, 名古屋, 大阪市共同設置の大都市制度構想研究会は「日本を牽引する大都市—都市州創設による構造改革構想」(2009年2月)を提言している。

第 4 章

「東北州」の構想

1. はじめに

　本章は道州制の地域事例として，実際の地域として東北を取り上げ東北州の構想について，述べようとするものである[1]。

　道州制一般論と東京問題を論じた第 2, 3 章と異なり，東日本大震災が発生した以後の東北の復興を念頭に書くなど，大きく背景が異なってきている点に留意されたい。

　これまでわが国の道州制論議の背景とされてきた①分権国家論（市町村合併の次は道州制で浮上），②財政再建論（省庁，府県の再編，簡素化で財政再建），③憲法改正論（自民，民主両党とも地方自治の視点で道州制移行を起案）とは，全く異なる事態の発生，つまり④大災害復興論（東北州を先行し，大災害復興の視点から日本再興を図る）として道州制を論じようとするものである。

　また従来，道州制については区割り案，財政調整案などが多く論じられてきたが，肝心の道州政府の内容については殆ど論じられておらず，具体案すら示されていないのが現状である。これでは国民への理解も浸透しない。いずれの理由をとるにせよ，国家改革の切り札とされながら，実際に議論の進まなかった理由の 1 つはここにもあろう。

　そこで本章では，東北地域を対象に東北州ビジョンを構想し，道州政府の具体的中身（政治制度や選挙，行政の仕組み，州公務員制度など）について試論の形ではあるが個別具体的に論じている。それが，わが国道州制論議をより一歩現実のものへと近づける道筋と考えるからである[2]。

2．なぜ東北州なのか

　さて，まったくの想定外であったが，2011年3月11日に発生した東日本大震災は，未曽有の大災害となった。長期不況に苦しむ日本にとって未曽有の危機とされ，それは地震，津波，そして原発事故と三重苦を生む事態となり，岩手，宮城，福島の沿岸部の南北500kmに及ぶ広範な地域で多くの犠牲者を出し，家屋をはじめ職業など生活基盤そのものを失う事態となった。

　すでに復旧，復興に向け，様々な緊急対策がとられているが，事態の好転にまでには至っていない。短期的にはもとより，中長期的に復興に向けた本格的な取り組みが求められている。しかも，今回の大震災からの復興は単なる「復旧（元）」ではなく，次代を睨んだ地域の「創造」としての取り組みでなければならない。

　今回の地震，津波災害は東北各県にわたっている。復興に関して，課題や施策，事業等が各県に共通し，広域の地域で一体的な取り組み，又は各県にわたる調整の必要があるものが少なくない。また国の機関との関係で各県にわたり一元的に対応することが必要なことなどを考えれば，当面の復旧対応としては，法律上可能な「広域連合」を各県合同で設け，復興基金もこの広域連合に設けて対応する必要があるかもしれない。

　しかし，それは当座の話であって中長期的な問題解決の方法ではない。東北6県は太平洋側と日本海側にそれぞれ面し，相互依存が強い関係にある。今回の被災地域への対応は太平洋側を日本海側が支援する構図が強かった。今後の「新たな東北の創造」の視点に立つなら，「災い転じて福となす」の考えから人口1千万人近い人々が暮らす東北地域を1つの地域経営圏と捉え，東北州として一体的に経営する発想が不可欠である。

　これは大震災からの復興に関わる一面だが，より長期で当該地域の地域圏経営を考えるなら，東北地域の経済力を強め，空港，港湾，道路，公共施設などの社会資本の有効性を高め，国際的にも競争力のある「希望の東北」を構想す

る必要がある。それには6県がタテ割りで個別に動く東北ではなく，1つの州政府のもとで一体性を発揮できる「東北州」への道が望ましい。

　大震災からの東北の復興を考えると，6つの県がバラバラにではなく，日本海側と太平洋側に面した6県が「東北という1つの地域経営体」として，幅広い権限とみずからの税財源のもと，国に依存することなく，国にコントロールされることなく，地域づくりと公共サービスの供給を進め，自らの力で復旧，復興，新たな創造に向け活性化していくことが不可欠な状況にある。地方分権改革をさらに進め，道州制移行を視野に改革を本格化することが日本再生の採りうる唯一の選択肢と考える。東北州構想を提言する理由はここにある。

　わが国では，こうした東日本大震災への対応以外にも，既に大阪副首都，中京都構想，九州府構想など新たな道州制への動きが始まっている。また2011年5月より衆参両院の議員159名による超党派の「道州制懇話会」が組織化され，具体的な立法化へ向けた議論が始まっている（2013年3月，166名参画）。

　言うまでもないが，〈国のかたち〉を変える，この大ぶりなこの改革は政治主導以外に実現しない。国会で超党派による論議を深め，国民世論の形成と各県知事，政令市長，地方議会との連携を深め，本腰でその可能性を探る時期にあることは間違いなく，その点，国会の動きは時宜を得たものと評価される。

3．新しい「国のかたち」

　民主党に政権交代する前（2009年以前），「2018年までに47都道府県を廃止し，約10の道州に再編する」という自民党政権下での政権公約があった。しかし，その後の民主党政権の誕生でこれが凍結された。だがそれも政権のメンツを云々する状況ではなくなった。その理由は次の3点にある。

　第1に，未曾有の大震災，大津波，原発事故からの「大震災復興」が待ったなしの状況にあり，併せて国力の低下を防ぎ，総力を挙げて経済の活性化を図る必要があること。

　第2に，1000兆円超の政府債務返済に，大胆な政府システム（国，府県，市町村）

の簡素化で経費削減を図る「財政再建」が待ったなしであること。

　第3に，21世紀は中央集権ではなく地方分権改革を進め，地域が主体となって国づくりを行う「地域主権国家」の形成が不可欠であること。

　実際，地方分権改革において2000年以降，国と地方を上下主従関係に固定し各省大臣が知事，市町村長をあたかも部下のように差配する機関委任事務制度は全廃され，「地域のことは地域で決める」体制への移行が始まっている。その受け皿づくりとしてまず市町村合併が行われ，この10年でその数は半減した。一方で，政令市，中核市，特例市といった府県機能を併せ持つ都市自治体が増え，東京23特別区を含め，いまや国民の半数超が事実上一層制の大都市地域に暮らす様相となり，従来の府県行政は農村部を除いて著しく空洞化している。

　廃藩置県からちょうど140年が経つ。この間，社会経済，産業構造，交通手段，情報通信は激変し，馬，船，徒歩で移動し農業が中心であった時代につくられた47という府県の区割り自体，政策面でも経済活動でも壁となり阻害要因にすらなっている。

　グローバリゼーションが進む中，司令塔は東京のみがセンターという国のかたちではなく，多様な広域圏（州）が個性的に地域形成を競い，切磋琢磨することで対外的もダイナミズムを発揮するような日本全体の活性化は不可欠である。もはや米カリフォルニア州の1州の面積しかない日本を47に分割し統治する意味は失われているといってよい。

　道州制導入の論議は長らく続いてきたが，人口絶対減社会に突入し，日本経済全体が低迷するなか，地方分権の時代を迎え，平成大合併で市町村が半減し，府県機能そのものの空洞化する中，議論から実行への段階にきている。5年前，政府に道州制担当大臣がおかれ，2008年3月にはそのもとに設置された道州制ビジョン懇話会が中間報告として「地域主権型道州制」という，新しい国のかたちを提言し，その実現へ向け具体化する方向になった。その動きは，地域主権の国づくりを掲げる民主党政権の誕生で加速するかと見られたが，今述べたように議論は一時的に凍結され棚上げされている。

しかし，そこに起こったのが，東日本大震災であり，それに伴う原発大事故である。さらに大都市と府県機能を合体する大阪都構想，中京都構想が出されるなど，地方制度そのものを根幹から揺さぶる動きも加わってきた。大増税が喧伝される中，ムダを省き賢い政府機能の再構築が強く求められている。国，市町村を含め，もはや47都道府県体制の大胆な見直しは待ったなしの状況に遭遇しており，政治の強いリーダーシップで新たな〈国のかたち〉をつくる段階にきている。

中央政府の機能を国でなければできない事柄に限定し，日本の各地域が地域住民の生活や地域の振興に関し独自の決定をなしうる権限を有し行使できる「主権」を持つ統治体制，これを「地域主権」の国と定義するなら，道州制はまさにその根幹をなす姿と言えよう。

東京一極集中の中央集権体制ではなく，47都道府県に代わる新たな約10の道州と基礎自治体が独自の権限と税財源を持ち，それぞれが自己決定，自己責任のもと，自立して地域圏の経営に当たる体制こそが21世紀日本の新たな国のかたちといえる。

同時に，道州制は「道州制ありき」の議論に陥ってはならない。「国のかたち」の議論は制度としての国のかたち論も大事だが，それにどのような中身を埋め込むかの議論も大事だ。小宮山宏はその著『日本「再創造」』のなかで，次のように述べている。

「人口減少と急激に高齢化する社会，それにともない老朽化していく都市インフラ，活力を失った地方都市，荒廃する農地，拡大する財政赤字，新たな負担となった地球環境問題への対応など，日本が直面する課題は枚挙にいとまがない。これらの問題を同時に解決するためには，池田勇人内閣（1960～1964年）の「所得倍増計画」，田中角栄内閣（1972～1974年）の「日本列島改造計画」に代わりうる，新たな国づくりの方向を示すビジョンを作る必要がある。それが「プラチナ社会構想」である」と述べている[3]。

その中身は「グリーンイノベーション，シルバーイノベーション，ゴールデンイノベーションの結果，エコで，高齢者を含むすべての人がいきいきと社会

参加でき，人生百年時代の一生を通じて人が成長し，雇用が保証される快適な社会である」「つまり市民が主体となり自治体の場として，市民と産官学が連携して暮らしをよくしていこうというのがプラチナ社会構想である」というのである[4]。

こうした社会のあり方もふまえた道州制論議でなければならず，東北州のあり方論もそうでなければならない。ただ，本稿の性格は行政制度に主眼をおくものであり，紙幅の制約もあることから，そこまでは多くを踏み込まない。

4. 分権国家と東北州構想

以下，道州制に関わる幾つかの論点について，場合わけをして論じてみたい。

(1) 道州の性格

まず道州制の性格付けについてである。これまで道州制の制度設計において道州の「性格」をどう位置付けるか，多くの議論があった。下記の表4-1のように①，②，③の類型化が可能だが，東北州の場合，第28次地方制度調査会および道州制ビジョン懇談会の中間報告に沿う形で，憲法改正を伴わない，下記の②地域主権型道州制を道州の性格付けとすることが望ましいと考える。

表4-1 道州制の類型

類　型	知　事	議　会	役　割	自治権	呼び方
①地方庁	官　選	公　選	不完全自治体	△	中央集権型道州制
②道州制	公　選	公　選	広域自治体	○	地域主権型道州制
③連邦制	公　選	公　選	独立地方政府	◎	連邦制型道州制

(2) 道州制の基本原則

道州制は次の基本原則に沿って構想されなければならない。

①道州は地方分権を推進する，②道州は都道府県に代わる広域自治体で，

市町村を補完する，③国と地方の役割を抜本的に見直し，内政に関わる事務は基本的に地方が総合的，主体的に担う，④国の地方支分部局は廃止し，企画立案を担っている中央省庁そのものを解体再編する，⑤内政に関する道州の決定権を確立するため，国の法令内容は基本事項にとどめ，広範な条例制定権を確立する，⑥各州が自主性，自立性を発揮できる地方税財政制度とすること，⑦区域割りは地理的，歴史的，文化的条件や地元の意見を入れ決める。

東北州の場合も，そうでなければならない。

(3) 東北州の区域

以下で議論する「東北州」とは図4-1の地図にあるように現在の東北6県を区域の対象としている。道州制の区割りはいろいろな案があり，それ自体，政治的紛争を呼び起こすテーマだが，東北州に限っては，北海道を加えろとか，新潟県を加えろとかいう案はほとんど見当たらず，区域割りとしてはほぼ合意の得られやすい区域である。

図4-1　道州制の区割り（9道州）

その前提に立って，上記の基本原則を踏まえて東北地域を考えると，まず呼称としては，府県に代わって州とし，この地域を「東北州」と呼ぶ。その区域は現行の青森，岩手，秋田，宮城，山形，福島の6県を1つの「州」単位とする。総人口966万人，総生産36兆円で経済規模は九州地域と同様，概ねオーストラリア並みとなる。

日本海側に面する県と太平洋側に面する県とを1つの広域の州圏とすることで，それぞれが持つ特性を生かし，かつ相互補完，相互依存を強めより魅力的な地域圏を生み出す。

(4) 旧県の呼称

47都道府県の区域割り，その県名が人々の生活に定着しており，愛着もある。さらに高校野球の甲子園代表なども県代表として戦っている。そこで県名を残す工夫がいる。全国的に州名のもとに「関東州埼玉」「近畿州滋賀」「九州鹿児島」というように州のもとにカウンティ（広域郡）の呼称として旧県名を使用するようにしたらよいと考える。

そこから東北州の場合，旧6県を東北州青森，東北州岩手，東北州秋田，東北州宮城，東北州福島，東北州山形とする。伝統を有するスポーツ対抗戦などはそこを単位とすることで日常活動として定着した府県は生かされる。

(5) 州政府は広域自治体

道州は独立した自治体である。そこで東北州政府は基礎自治体の区域や従来の県境をこえる課題に対応する広域自治体とし，産業政策，環境政策，交通政策をはじめ広域性の高い政策領域を担当する内政の拠点とする。併せて州区域内の市町村を補完性の原理に基づき補完，支援する役割を担うものとする。

(6) 州＝地方政府

日本国憲法第92条の「地方自治の本旨」からも理解されるように，地方自治は団体自治，住民自治を車の両輪とする。そこから，東北州は地方自治法で

規定する普通地方公共団体とし，地方政府と呼ぶ（東北州政府）。そこでは公選の州知事を執行機関，公選の州議会を議決機関とする「二元代表制」の政治制度を採用するものとする。

(7) 州と国の関係

　州と国は役割の異なる対等な政府であり，お互いの事務・事業が競合しないように調整し，必要に応じて政策連携，事業連携を果たし，協力する関係を保つ。大震災からの復旧，復興，新たな東北づくりを最大の課題とする東北州の場合，国の復興庁との連携をはじめ各省庁との連携，調整は極めて重要であり，今後緊密な協力関係を保つこと必要がある。

(8) 州条例と法律

　道州制は各州が自らの責任と判断で多様な地域圏を構築していくことをねらいとしている。従って，国家存続に関わる事項や国際的，全国的に統一基準を必要とすることや，食糧需給，資源エネルギー政策に関わることなどを除いて，原則として国の法律を州政府が制定する条例で上書き修正できる，「上書き修正権」を大幅に認めるものとする。

　東北州の場合，復興に関わる特例を多く必要とすることから上書き権を最大限活用する。

(9) 州都の考え方

　簡素で効率的な州政府を実現するため，州知事（首長）及び州の行政機関（本庁）と州議会議事堂は近接地に置く。そこを州都とする。

　ただ道州制へ移行すると，各州の州都が大都市におかれた場合，州都一極集中がおこるのではないかとの懸念を抱く向きが多い。確かにその可能性は否定できない。ならば，州都は一極集中の弊害を生まないよう，必ずしも既存の大都市に囚われず，むしろ，州全体からして利便性が高く，将来発展する可能性のある中小都市を選択することも視野に入れておく必要がある。

東北州の場合，西日本など他の地域（州）と比較し，大都市とされる政令指定都市は仙台市1つだけである。ここを州都とした場合，大都市一極集中を生む可能性が高い。それだけに，他の中核市，特例市など一定の都市機能を備えた都市から州都を選択する考え方が望ましい。

5．道州議会と議員

　議会制民主主義を基礎とする道州制において，州議会の構成は極めて重要となる。それに関わる幾つかの論点について述べておきたい。

⑴　東北州議会の役割

　二元代表制を政治制度とする道州制において，東北州政府における立法機関，決定機関として州議会を置く。

　現行の都道府県議会も①条例，予算等の審議・決定，②執行活動に対する監視・統制，③政策などに関する条例の提案，④住民への報告，意見の集約といった役割を期待されているが，現状は十分役割が果たされておらず課題も多い。

　道州制における州議会には，国から権限，財源が大幅に移譲され，管轄区域が広範な圏域に及ぶことから，立法機関としての役割が強く求められる。上記の①～④の役割は項目的には変わらないとしても，いずれについても内政の拠点にふさわしい役割強化が必要であり，それに関わる体制整備，法制度改正が求められる。

⑵　州議会の構成

　道州制における州議会は一院制とする。東北州議会の場合もそれに従う。東北州内の人口は約900万人であることから，州議会議員の選出は議員1名当たり人口10～12万人を基礎に選出という考え方に立ち，東北州議会の定数は80名とする。

被選挙権は 25 歳以上とし，州内に 3 ヶ月以上居住していることを立候補要件とする。

(3) 州議会議員の選出方法

州議会議員の選出方法は，州全体の比例代表と中選挙区代表の 2 種類とする。比例代表は 20 名，中選挙区代表を 60 名とする。後者についての選挙区は人口比で旧県に人員を割り当て，幾つかの選挙区を設定して選出するものとする。

(4) 州議会議員の身分

市町村議員に対する考え方（非常勤，特別職）と異なり，州議会議員は現在の国会議員と同様，常勤の州特別職公務員と位置づけ，任期は 4 年とし，歳費（給与）を支給する。その活動は常勤議員にふさわしい内容とし，定例議会を隔月開催で年間 150 日間，その他，必要に応じ臨時議会を開くなど，州議会に課せられた立法，決定機関としての役割をしっかり果たすよう求める。

歳費の額は，州内勤労者の平均年収の上位 20％の平均額とする。これはニューヨーク市議会などの議員報酬の考え方の援用である。それ以外に立法活動に必要な調査費，通信費，交通費などを支給する。

政策スタッフとして，非常勤の政策秘書を一定の予算内で 3 名まで雇うことができる。

(5) 立法，政務調査の費用弁償

広範な専門的，政策的知識を必要とする議員の活動をサポートするため，政務調査費を支払う。ただし従来の個別議員への支払い形式は取らない。1 議員月額 50 万円を限度とし，立法，政務調査に要した費用の明細書を添付し，毎月事務局へ請求するものとする。

(6) 州議会の委員会

州議会，ないし常任，特別各委員会の充実強化のため専門家を多く委嘱する。

例えば，特定の政策課題について専門家を招聘し，専門的な見地から立法調査の研究を委嘱することができる。また州議会として「○○調査会」とか「○○専門委員会」といった集団からなる付属機関を設置し，政策や改革について諮問することができる。その意見を議員立法として活用する。その委員の身分は地方自治法でいう専門委員とする。

(7) 州議会事務局のスタッフ

州議会事務局のスタッフを充実し，法制局も州議会の機関としておく。双方併せて事務局定数を 100 名程度とする。事務総括を行う者を州議会局長とし，執行機関の補助機関である副知事と同格の特別職に位置づける。議会職員は現行のような執行機関からの出向に依存せず，独自の採用を行い，人事的な自立性を保つ。

なお，法制局スタッフは法科大学院や行政大学院出身などの専門能力，知識に優れたものから採用する。ただし常勤は少数とし，非常勤の専門スタッフを多く活用する。

6. 道州知事と公務員

議決機関である州議会と並んで，執行機関としての州知事，およびその政策スタッフとしての副知事，局長の構成も重要となる。

(1) 東北州政府の執行機関として「州知事」を置く。

州知事は東北州政府の執行機関である。公選の州知事として強いリーダーシップの発揮が期待され，国や他の州，州内の市町村との連携，調整に止まらず，グローバルな地域間競争を勝ち抜く様々な政策を実現することが求められる。

とくに東北州の場合，大震災からの復興，新たな東北づくりという他の地域にはない特別な課題を抱えており，とりわけ強い政治力の発揮が期待される。

(2) 州知事の任期は4年とする。

　州知事の任期は4年とする。州知事の被選挙権は30歳以上とし，立候補について住所要件は求めず，広く国内外からの立候補を求め，優秀な人材の確保に努める。

(3) 州知事は直接公選とする。

　州知事は住民による直接公選とする。制度上は直接公選制のほか，議院内閣制を採り議会内から議員を州知事に選出する方法も考えられるが，日本国憲法は「地方公共団体の長は住民が直接選出する」（第93条2項）と規定しており，これに従い直接公選とする。

　すでに戦後地方自治において，都道府県知事の直接公選制は国民の間にも定着しており，優れた実績もある。この例に倣い，東北州知事も直接公選とする。

(4) 州知事の選挙制度

　東北州知事は東北州全体を選挙区として選出される。ただ，州知事の選出はこれまでの県知事と比べ選挙区域も大幅に広くなることから，候補者の政策，資質などを有権者に衆知するための時間的，空間的な余裕を確保する必要がある。

　現行の都道府県知事の選挙では17日間の選挙期間が与えられているが，州知事の場合，これでは不十分であり，30日間とするなど制度改正が望ましい。また直接公選を有意義なものとするため，候補者同士の討論機会を増やし，インターネットなども活用するなど，新たな選挙方法を工夫することも必要である。

(5) 多選の禁止（2期8年）

　州知事は，規則制定や行政執行権，予算編成や執行権，契約執行権など州行政のトップとして大きな権限を有することになる。

　同時に，権力の独裁化，腐敗を防止する観点から議会権限の強化や監査制度，行政監察など様々な抑止策が講じられなければならないが，基本的に州知事は2期8年までと多選制限を行うべきである。東北州知事も再選は2期8年まで

とすることが望ましい。

多選制限については，立候補の自由など基本的人権の保障に抵触する云々の議論もあろうが，アメリカ大統領等の例からしても，多選の弊害を除去するための多選制限は政治権力の抑制装置として必要不可欠である。

(6) 州知事の補助機関①＝副知事体制

州知事の執行権限は広範囲に及ぶため，それを支える政策スタッフの政治的任用も必要である。まず州副知事については5人とする。うち1人を筆頭副知事とし，州知事が欠けたときの法定代理者と定める。

州副知事は知事の最高ブレーンの役割を担い，特定部局を所管する大局長制といった役割分担は取らず，5人のブレーンで州知事を支える仕組みとする。その選出方法だが，州副知事の半数以上は州知事選挙の際，選挙公約として特定候補者を有権者に提示し，州知事就任後，それらを含めすべての副知事を州議会の同意をえて任命することとする。

(7) 州知事の補助機関②＝局長（執行役員）体制

政策スタッフであり執行ラインの責任者として，10名以内の局長をおく。このポストは政治的任用職とし，民間企業でいう執行役員に相当する州の役員扱いとする。公務員法でいう特別職とし，2年契約を原則に任期制とするが，業務実績に応じ再任を認める。また，担当局を代わるなど人事異動の対象にもなる。

局長は内部起用，外部起用にかかわらず，65歳を定年とし，その任用は州知事の人事権に委ねる。特別職だが，副知事と異なり，局長任用に関しては州議会の同意を要しない。

(8) 州知事の補助機関③＝部長以下の職員体制

州知事は行政執行を事実上担う補助機関として，一般職の州職員を採用する。その中から部長，課長，係長など必要なポストに職員を任命する。州公務員制度については別途定める。

7．道州の公務員制度

　州行政は政治機関の決定に基づき，州公務員の手で行われる。国家公務員と地方公務員という２本立てのわが国に，もう１つ「州公務員」という制度を構想する必要がある。これには多くの論点があるが，幾つかの論点に限って論じておきたい。

(1)　州公務員制度

　国家公務員，市町村公務員とは別に州公務員制度をおく。その場合，採用，昇進，退職など一連の公務員制度は今のキャリア制度に準ずる幹部候補コースの総合職とそれ以外の一般職コース，専門職コースの３類型とする。その場合，一定割合の公務員を幹部ポストに充てる場合，オープンシステムのアメリカ型の公務員制度を採用する。ほか一般職や専門職コースについてはこれまでわが国が採用してきたクローズドシステムのイギリス型公務員制度とする。

　また，現在の県職員，国家公務員の出先機関で働く公務員の一定割を州公務員として身分移管する。それ以外は基礎自治体である市町村に身分移管をする。

(2)　東北州の公務員数

　東北州の公務員は，現行の６県公務員数と出先機関の公務員数の合計した数の半分程度に縮減する。行政大学院や法科大学院出の公務員を幹部に登用する道をつくる。特別職の局長には内外から有名な人材を登用する方策をとる。

　州の本庁と州の出先機関であるカウンティなどの公務員割は１対５程度とする。かりに東北州公務員を定数６万人とするなら，１万人を本庁で５万人を出先機関に配置する。

(3)　公務員の労働３権

　現在のわが国の公務員は基本的に労働３権を制約されている。それは民間労

働者と「公務」は労働内容が異なるという考え方による。しかし，実際は民間組織で働くものと，公務組織で働くものと，組織目的こそ違うが，労働内容に大差がないのが現実である。

そこで，州警察官など治安維持などに携わる公務員を除き，労働3権を付与することが望ましい。給与勧告制度などはとらず，労使の協議で賃金や労働条件が決まる形とする。

8．東北州の行政機構

ピラミッド型の官僚制を基本形態とする州政府組織にするとして，本庁内部と出先機関の形をどうするか，様々な論点があろう。幾つかのポイントを述べておきたい。

(1) 州政府の組織

州政府の組織は，国や県の機関を取り込む必要があるが，出来る限り，簡素で効率的な組織とし，意思決定の迅速性を重視してフラットな組織とすべきである。

具体的には東北地域には国のブロック機関をはじめ約30の出先機関がある。原則これを廃止し，市町村の移管するもの，廃止するものを除き東北州の行政機関として整理統合する。

東北州政府の場合，旧6県の行政機関及び職員，国のブロック機関ないし出先機関及び職員を包括しようが，職員同士の連携強化，一体化を図るために，国，県など出身組織に囚われずに適切な人事配置，人事評価が行われる組織となるよう工夫しなければならない。

(2) 州政府の本庁は10局体制

州政府は本庁とカウンティに当たる広域出先機関からなる。本庁は10局体制とし，各局には必要に応じて「部」を置くものとする。この10局の執行局

図4-2　東北州政府の組織図

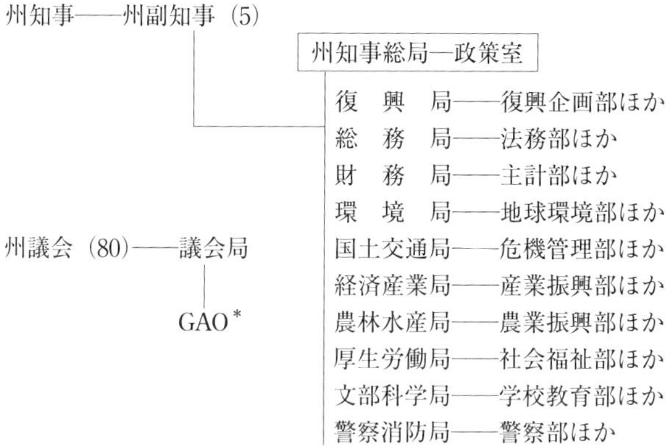

```
州知事──州副知事 (5)
        │         ┌─州知事総局─政策室
        │         │ 復　興　局──復興企画部ほか
        │         │ 総　務　局──法務部ほか
        │         │ 財　務　局──主計部ほか
        │         │ 環　境　局──地球環境部ほか
州議会 (80)──議会局 │ 国土交通局──危機管理部ほか
                  │ 経済産業局──産業振興部ほか
              GAO*│ 農林水産局──農業振興部ほか
                  │ 厚生労働局──社会福祉部ほか
                  │ 文部科学局──学校教育部ほか
                  │ 警察消防局──警察部ほか
```

＊GAO は監査，行政監察局からなる州議会の付属機関である。

のほか，大臣官房に相当する州政府の内部管理を担う「州知事総局」をおく。

州知事総局長は，国の官房長に相当する役割を担い，州知事の命を受けて職務に当たる。州知事総局に州戦略を束ねる「政策室」を置き，数名の政策審議監のもとに政策チームを組織する。

執行局は復興局，総務局，財務局，環境局，国土交通局，経済産業局，農林水産局，厚生労働局，文部科学局，警察消防局の10局体制とする。各局に特別職の局長を1名おく（図4-2）。

執行局の行政組織はピラミッド型の官僚組織とし，局長→部長→課長をライン組織とし，必要に応じ局長補佐，部長補佐といったスタッフ組織をつけるものとする。

なお，各局には以下のような部を置くものとする（例示にすぎない）。

　　復　興　局　：　①復興企画部，②復興事業推進部，③復興管理部
　　総　務　局　：　①法務部，②人事部，③文化部など
　　財　務　局　：　①主計部，②主税部，③管財部など
　　国土交通局　：　①危機管理部，②港湾部，③道路部，④河川部，⑤国土
　　　　　　　　　　開発部，⑥運輸部

環境局：①地球環境部，②廃棄物管理部，③自然環境部，④エネルギー政策部
経済産業局：①産業振興部，②中小企業部，③観光振興部など
農林水産局：①農業振興部，②漁業振興部，③林野振興部など
厚生労働局：①社会福祉部，②年金部など
文部科学局：①学校教育部，②地域文化部など
警察消防局：①警察部，②消防部，③緊急対策部など

(3) 州の出先機関（カウンティ）

　州政府が行う様々な施策がすべて州本庁だけで決定されると，遠隔地域の住民や基礎自治体が，州政府と物理的，心理的距離を感じてしまう。そこで州内にも地方分権の考え方を入れ，州内を幾つかのカウンティ（広域郡）に分け，そこに州政府の地域事務所をおく。

　東北州の場合，基本的に旧6県単位がイメージされるが，岩手，福島など面積の大きな地域圏もあることから，州全体を10～12程度のカウンティに区分する。

　カウンティの地域事務所は当該地域の広域的政策を執行する。例えば，防災，治山，治水，商工業，農林水産業の推進，観光政策，環境対策，医療体制の整備などである。

　同時に，地域事務所は，基礎自治体と広域行政に関する調整や，小規模な基礎自治体と周辺基礎自治体との共同事務や事務委託の調整も行う。例えば，基礎自治体が行う一般廃棄物対策の調整，道路・河川行政の調整，福祉施設整備の調整，教職員の人事交流の調整などである。

(4) 空港，基幹港湾，幹線道路の広域管理

　州内の社会資本の有効活用を図る。そのためファシリティ・マネージメントを確立する。これらを執行管理する組織として，州本庁の国土交通局の出先機関としてカウンティ単位に国土交通管理事務所をおく。

日本の各州には，旧県単位に多くの空港や港湾，さらに高速道支線，国道，県道など多くの社会資本がある。これをそれぞれの州が有効に生かし，施設の新増設，改修，管理，廃止などを一体的に管理するファシリティ・マネージメントの施行が求められる。

　東北州の場合も，空港だけでも北から青森空港，三沢空港，能代空港，秋田空港，花巻空港，仙台空港，庄内空港，山形空港，福島空港の9空港が存在する。基本的に州内のハブ空港は，既存の空港を拡張整備する形で太平洋側と日本海側に1つずつ置く。その他は州内の移動の利便性，経済活動の効率性を高める観点からコミュータ空港としてネットワーク化し，有効に生かす。

　港湾も州内の基幹港湾を太平洋側，日本海側に1つずつ指定し，整備拡張することで対外貿易の拠点性を高める。その他の港湾は国内産業，州内産業の育成の視点で強化する。

　道路についても，基本的に市町村が管理する生活道路を除いた，幹線道路や準幹線道路は高速道支線，国道，県道の区別なく州道とし，一体的に管理し，ネットワークと拠点性を高めることで道路のもつ産業経済，国民生活にプラスに寄与する必要がある。

9. 道州の税財政制度

　行政活動を支える税財政制度をどうするか，独自の議論を要しよう。しかも各州間の財政格差が大きい場合，どう調整するかも重要な問題である。また州税制がそれぞれ異なる場合，新税等の存在を加えると議論はより複雑になろう。そこで現行税制を前提に州財政に入れ替えるという枠組みの中で，アウトラインを述べるにとどめておきたい。

(1)　税財政の基本原則
　道州の政府機構は簡素で効率的なものでなければならない。その道州の根幹を支える税財政制度については次の原則による。

①国，道州，市町村それぞれが役割に応じた財源を確保する，②消費税は道州の基幹税と位置づける，③財政調整，財源補償を行うため「共同財源」を創設する，④現行税目に基づいた税源配分を行う。

(2) 東北州の税財政は，①税源の偏在が少ない消費税を全額州財源とする，②所得税の国と州の共同財源化，③法人税の国と州の共同財源化を図り，④現行の相続税は市町村の財源とする。

(3) 東北の復興資金（30兆円）
大震災からの復興資金（30兆円）を以下のように調達し，自主的な活用を図る。
まず30兆円の調達は，①国債整理基金10兆円，②労働保険特別会計5兆円，③4Kバラマキ中止で3.6兆円，④社会保険料，厚生年金保険料，医療保険等未納金12兆円，⑤JT株をはじめ国有財産（公務員宿舎等）の売却で数兆円，⑥天下りの整理廃止5兆円。
この東北州の復興資金について，国は提供するが干渉せず，国は東北州に助言するが指示・強制はせずの原則に立つことである。

(4) 国債等借金の処理
国の借金（約800兆円）は国が全額処理する，市債，県債などの地方債（約200兆円）は道州及び市町村が処理する。国有財産（道路，空港，河川など）は州が買い取り，州道，州空港，州河川として管理する。ただし，公有財産の所管替えの考えから，事実上バランスシートは売り買いなしの＋，－ゼロとする。

(5) 財政調整のあり方
現在の財政規模を前提とするなら，東北地域における道州と市町村が担う行政の歳出総額は概ね8兆円である。
現行の税目，税率をベースにいうと，現状の税源配分は地方交付税も国の歳入とみなすと，国が55.2％，地方が44.8％となっている。

道州制において地方交付税に相当するものとして法人税について7割近くを国と州の共同財源とみなし，所得税について3割を国と州の共同財源，4割を市町村財源とし，消費税を全額州財源とすると，概ね国の歳入は14%，道州の歳入は37%，市町村の歳入は33%で，共同財源が16%ということになる。
　ナショナルミニマムを共同財源で保障し財源調整すると，国の歳出は約15%，道州の歳出は約34%，市町村の歳出は約51%となる。
　東北州の場合，共同財源で調整しない場合，道州，市町村歳入の合計が約5兆円，同歳出の合計が約8兆円となり，自主財源比率が60%台前半に止まる。これを共同財源でナショナルミニマムを保障する観点から調整すると，東北州の州・市町村の歳入は6兆6千億円規模となり，自主財源比率が80%台前半まで高まる。
　といったように，財政格差の問題は税技術的には共同財源の創設で相当程度調整可能である。道州制が勝ち組，負け組を生み，東北州は後者に属する可能性が高いという「間違った神話」は杞憂に過ぎないことになる。

(6) 道州税の創設

　もとより，いま述べた税財政は現行の税目，税率を前提とした税源移譲，財源調整の話であって，道州制移行後は各州とも独自財源を生むための道州税の創設が相次ぐものと思われる。歳出の大幅カット，スリム化と同時に，独自税制を創設することで東北州の新たな姿「希望の東北」を生み出すことは十分可能である。それには広域地域圏としてのどのような産業政策を行うか，何を強みに戦うかが大きな課題となってこよう。

10．残された多くの課題

　2009年の9月，わが国で戦後初の政権交代が行われた。経済重視，官僚依存，中央集権体制による分配政治からの決別，生活重視，脱官僚，地域主権体制への"チェンジ"を訴えた民主党に，8割近い国民が期待し支持を与えた。

しかし，それから3年3ヵ月後，2012年12月の総選挙で大敗し政権は自公政権に戻った。果して，これがうまく機能していくかどうか。期待から失望へ深い政治不信の淵に陥っているのが現在の日本である。マニフェストを次々撤回し，自民，民主の政策的違いは見えず，与党経験の乏しい政治集団であった民主党によって日本政治は，混迷をより深めたようにみえる。

その間隙を縫うかのように，2010年の参議院選挙では続々と新党，小党が雨後の竹の子のように立ち上がった。さらに2012年の衆議院選挙でも同様の傾向が続いた。これら新党が共通して訴えるのも生活重視，脱官僚，道州制であった。旧来から道州制を公約してきたのは自民党だが，なぜか既成政党と一線を画すると言いながら，新党も自民党と同じ路線にある。生活重視，脱官僚となると，これは民主党と同じ路線。微妙なねじれだが，政権党はどうあれ，これから政治がめざすのは生活重視，脱官僚，分権国家としての道州制という「新しい国のかたち」の実現が共通項の認識にあるとみてとれる。

とはいっても，道州制は「県の名称」がなくなる話なので，私は反対です──地方でよく聞く声である。また，道州制を行政制度の話だと見ている人が結構いる。時期尚早といっての反対論も少なくない。

確かに47都道府県制度を廃止し，それに代えて「道州」という新たな州政府を10程度おく話だが，それは道州制の一面に過ぎない。道州制は行政制度の話にとどまらず，政治の改革であり，税財政を大きく変える話なのだ。しかも広域化時代にふさわしい広域経済圏の新たな設定であり，広域的な地域づくりの話である。中央集権体制に巣食うムダの壮大な事業仕分けを行う話ともいえる。つまり，あたらしい「国づくり」の話なのである。

もとより，そうした話の割に，国民一般が道州制を論議することは殆どない。地方分権も同じで，「地域のことは地域で決める」といっても，それは役所の話だろうと耳をふさいでしまう。ほんとうにそうか。お任せ民主主義から脱却しない限り，国家による増税も汚職もムダな税金の使い方も止まらない。誰が損をしているか，いうまでもなく国民である。

この国は政治家任せでも，官僚任せでも，企業人任せでも変わらない。他人

任せでは変わらないのである。今後総選挙のたびに，大増税がセットされよう。それを是とするか，それとも国のかたちを変えることで増税を忌避するか，その選択が国民一人ひとりに問われる。

　その点，道州制論議はもはや絵に描いた餅でも，夢想の物語でもない。人々が選択するかどうか，実行を決断する時にきている。東日本大震災はわが国に新しい国づくりに大きく舵を切れと教えているともみえる。プラチナ社会の議論とあわせ，集権的な仕組みから大胆な分権的仕組みに変えることで日本再生を図る，そうした時期に来ているのである。

　注
1) より包括的には，佐々木信夫著『道州制』（ちくま新書，2010 年）として公刊している。さらに『新たな「日本のかたち」―脱中央依存と道州制』（角川 SCC 新書，2013 年）でより掘り下げている。
2) 国会の衆参両院議員からなる超党派組織「道州制懇話会」（2011 年 5 月，159 名の議員で発足）に対し，有識者委員として加わっている筆者が求めに応じ私論として述べた内容を多く含むものである。ただし，本稿はそれと重複する部分も含め筆者が試論としてまとめたものであり，論考に対する責めはすべて筆者が負うものである。
3) 小宮山宏『日本「再創造」』（東洋経済新報社，2011 年）154 頁。
4) 小宮山・同上書 159 頁。

第Ⅱ部

地方分権とその改革

第 5 章

地方分権とガバナンス

1. 大震災復興とパラダイム転換

(1) 復興庁構想のあり方

　2011年3月11日に発生した東日本大震災は,未曾有の大災害となった。地震,津波,そして原発事故と三重苦を生む事態となり,復旧,復興に向け,緊急対策はもとより,短期,中期,長期の本格的な取り組みが求められている。しかも,大震災からの復興は単なる「復旧（元）」ではなく,次代を睨んだ地域の「創造」としての取り組みでなければならない。

　今回の地震,津波災害は太平洋沿岸部を中心に南北500kmと東北各県から茨城県まで及んでいる。復興に関し政府は,復興構想会議の議論を踏まえ復興計画をまとめ,第1次,第2次,そして第3次補正予算と次々に予算を追加し被災地の復興に向けた歩みを加速している。しかし今回の大災害は,①面的な広がりからして課題や施策,事業等が各県に共通し,広域的・一体的な取り組み,ないし各県相互の調整が必要なものが多いこと,②行政機関としても国の本省及び出先機関と各県,被災市町村との一体的,一元的に対応すべきことが多い点が特徴的である。

　こうした点から,復興体制のあり方が問題となる。政府はすでに復興庁という復興本部に当たる行政機関を東京に置き,被害の大きかった岩手,宮城,福島の3県に復興局（出先機関）を,さらに被災市町村に窓口として復興事務所を置く,といった「復興庁構想」を掲げ,2012年4月からの発足をめざしていた。

　しかし,こうした従来の本省→地方局→出先事務所→県→市町村という

5層にも及ぶ集権的な仕組みをつくることで問題が解決するだろうか。この場合，被災市町村の立場からみるとこうなる。まず問題点なり要求を市町村に置かれた出先事務所ないし県に陳情請願し，それを各県に置かれた復興局（支分部局）がまとめ，そしてそれを復興庁（本部）に伝え，それを復興庁が権限と財源の実施権限を有する国土交通，農水など各省に伝え，そして各省の本省がそれから地方出先機関に予算配当をし，工事等を命ずることになる。

さて，問題はどうか。復興庁の性格は調整官庁とされる。こうした権限なき調整官庁としての復興庁を，しかも現地（東北）ではなく霞が関（東京）に置くことでスピーディに機能するのか。これが政府のいう「ワンストップサービス」に当たるだろうか。

ワンストップサービスは現地主義，現地即応を意味する言葉で，国民にもっとも近い身近な市町村の窓口に住民が訪れた場合，納税行為でも住民票発行でも役所1階の総合窓口一本で迅速に対応する仕組みを指すものである。即時性，即効性を要素とするワンストップサービスの考え方を国が復興庁体制に使うこと自体，あまりにも実態とずれている。

(2) 地方分権と震災復興

もし，その概念を文字通り生かすなら，復興庁は予算，法律の実施権限を持つ官庁とし，被災地の現地（例：仙台市）に置き，大臣，副大臣，政務官及び事務次官ほか官僚機構をすべて現地に常駐させ，彼らが現地からの陳情請願を受けるのではなく，自ら「御用聞き」として常時現場に出向き，意見，要望を聞き，それを直ちに自らの権限で問題解決のために実行に移すということではないか。これなら復興庁構想でワンストップサービスという用語を使うことも許される。

従来，自治体と違い，国の行政機関はこうした仕事の仕方を経験したことはない。地方分権とは現地主義，即応主義を意味する。とするなら，復興庁は御用聞きに加え，実施権限の多くを市町村に委ね，それをバックアップする方が，地方分権の理念に適っている。

もう1つ，ピンポイントの問題対応はそれで解決可能としても，より中長期的，広域的な地域再生という視点でみると，それでは不十分である。

　東北全体の広域圏としての地域再生をめざすべきだという点である。東北6県は太平洋側と日本海側にそれぞれ面し，相互依存関係が強く，今回の被災地域の対応も太平洋側を日本海側が支援する形が多く見られた。この日本海と太平洋に面した6県を1つの「地域経営体」とみなし，幅広い権限とみずからの税財源のもとで，日本海側と太平洋側を太く結び付けるインフラ（道路等）を整備し，自らが地域づくりと公共サービスの供給を進め，自らの力で復旧，復興，新たな創造に向け活性化していくことが必要ではないか。

　それは大震災からの復興の面に止まらず，より長期的には東北地域の経済力を強め，空港，港湾，道路，公共施設などの社会資本の有効性を高め，国際的にも競争力のある地域へ結びついて行く。東北6県を1つの地域経営圏と捉え，震災復興に臨むため「東北特区州」を創設するのも1つの考え方である。ただし，それは3，4年の時限組織とし，そのあと「東北州」へ移行し6県がタテ割りで個別に動く東北ではなく，1つの州政府のもとで1つの州として一体性を発揮できる。そうした「東北州」へ向かう道筋を全国的に広げ，道州制の日本をつくるというのが将来の「国のかたち」ではないか。

　東日本大震災からの復興政策に関し，地方分権を軸に復興ガバナンスのあり方，広域地域圏におけるガバナンスのあり方が広く問われているのが現代的課題である。

2．「ガバナンス」の概念と使われ方

(1) ガバナンスの概念

　さて，「ガバナンス」という概念について考えてみたい。現在ガバナンスという表現は，流行のファッションのように使われている。語感の響きのよさもあろうが，しかしその使い方は必ずしも吟味されたものではなく，官民を問わず，いろいろな領域で多義的な用語法となっている。

しかし元を質せば，この「ガバナンス」(governance) という表現は，「舵取り」を意味する。その語源はラテン語のグベルナーレ，ギリシャ語のクベルナオーにある。英語の表現では「操縦する (pilot)」，「舵を取る (steer)」にあたる。新約聖書においては「嵐のなかの舟をどう舵取りしていくか」という表現で使われている。要するにガバナンスとは，ある主体がめざす目的の明確化と内部チームの制御を包摂した概念なのである。

この「ガバナンス」という表現が政治や行政で世界的に注目されるようになった契機は，1988年にピッバーグ大学のガイ・ピータースと，ジョージタウン大学のコリン・キャンベル両教授が編集した『Government』という学術雑誌に使われて以来のことである。この雑誌の発刊について，カリフォルニア大学ロサンゼルス校（UCLA）のジョエル・アババック教授は，「この雑誌の登場が政治や行政の新しい機能を模索することや，政府機能をあらためて確認することに貢献する」と大きな期待を寄せている。

この雑誌の発刊時期は，イギリスやアメリカ，それにニュージーランドで行政改革が政治の大きな課題とされ，政府機能の見直しが最盛期を迎えていた時期と符合している。同雑誌の誌面に各国の行政改革事例が多数取り上げられているのがそれを物語っている。

その頃，世界各地で進行中であった行政改革をオックスフォード大学のクリストファー・フッド教授は「New Public Management」（いわゆるNPM）と名付けた。同教授の「NPM」という造語を雑誌『Government』が1990年号（3巻2号）で取り上げて以後，"NPM"という表現は公共分野の新たな行政革命として世界共通用語になっていくのである。

同時期，日本でも月刊誌『地方分権』（ぎょうせい）が『ガバナンス』と誌名を変え売り出す。大学教育でも明治大学にガバナンス研究科という大学院ができ，NPMを意識した公共経営研究科という専門職大学院が早稲田大学に登場。それに続き東京大学，京都大学，法政大学，中央大学に大学院公共政策研究科が生まれ，公務員養成を中心に議員やNPO，NGO，ボランティアなど公共政策の担い手を養成する教育を行っている。

このように「ガバナンス」には，公共分野における新たな政府，政府改革を模索する意味が込められている。その点，これを「新制度論」とみる。しかも最近，これに市民社会（シビル・ソサイティ）という観念がむすびつき，〈新しい公共〉という概念を生み出すようになってきた。

　ガバナンスの概念は，政治学的に使う場合，大きく2つの意味を指すことが多い。1つは，インプットの民主主義に焦点を当てている場合は「統制（治）」の意味に近くなり，もう1つ，アウトプットの効率に焦点を当てている場合は「協働（治）」の意味に近くなる。ただ，そこでは民主主義（統治）を優先すると，効率（協治）が損なわれたり，効率（協治）を優先すると，民主主義（統治）が損なわれたりするため，両者はしばしば対立したり矛盾したりする。ガバナンスの用語法についてはいずれの意味で使用しているか，注意する必要がある。

(2)「新しい公共」論

　企業でいうコーポレイトガバナンスは，まさに企業経営の「舵取り」という意味，企業内統治の意味として使われている。行政の場合も〇〇内閣のガバナンスといった具合に「舵取り」とか「統治能力」，あるいは「リーダーシップ」という本来のガバナンスの持つ意味でも使われる。

　しかし，一方でそれとは違う「新しい公共」という考え方の根拠として「協働（治）」の意味でも使われる場合も最近増えている。

　わが国で使われる「新しい公共」という表現は，ガバナンス（governance），官民パートナーシップ，公民協働（public-private partnership = PPP），市民社会（civil society）という言葉と違い，純正の和製語である。研究者や市民活動家で使われていたこの表現が，広く世間に知られるようになったのは，2009年の政権交代で登場した民主党の鳩山由紀夫首相が就任後初めて行った国会での所信表明演説からである。

　「私がめざしたいのは，人と人が支え合い，役に立ち合う〈新しい公共〉の概念です。〈新しい公共〉とは，人を支える役割を，『官』といわれる人たちだけが担うのではなく，教育や子育て，街づくり，防犯や防災，医療や福祉など

に地域でかかわっておられる方々1人ひとりにも参加していただき，それを社会全体として応援していこうという新しい価値観です。」「政治ができることは，市民の皆さんやNPOが活発な活動を始めたときに，それを邪魔するような余分な規制，役所の仕事と予算を増やすためだけの規制を取り払うことだけかもしれません。しかし，そうやって市民やNPOの活動を側面から支援していくことこそが，21世紀の政治の役割だと私は考えています」（第173回国会の所信表明）。

　この意味するのは，これまでのような官（国，自治体）だけが公共分野の解決者になるのではなく，NPO（非営利団体）や市民団体，市民も進んでその担い手に加わることが望ましい，つまり公共領域は官民協働での問題処理が望ましいという意味である。これが官独占から官民協働と意味で，〈新しい公共〉と呼ばれているのである。

　これは，公共分野の問題解決者が官独占という考えを排除するだけでなく，従来の国→自治体→市民（民間）というタテの統治構造ではなく，国↔自治体↔市民（民間）が水平的なヨコの関係，パートナーであるという統治構造のパラダイム転換を意味する。これまでの〈統治〉を意味したガバメントから，〈協治〉を意味するガバナンスへの転換という，「公共」概念の捉え方の変化を，新しい公共とも呼ぶ。これからの公共分野は官独占，政府統治ではなく，広く市民，民間にも開放された官民協働，官民のパートナーシップによる「協治」で運営する―この転換を〈新しい公共経営〉と呼んでいる。

　この背景には，肥大化する行政活動，増大する官僚の統制が市民社会を圧迫し，必ずしも政府は国民のハッピーな解決主体とはならないという問題意識がある。むしろ従来のガバメント機能を後退させ，公共分野にガバナンス機能を登場させることで国民のための公共経営をめざそうと考える。これをNPM革命と呼ぶ見方もある。

3. 「新しい公共」とガバナンス

　公共のあり方の1つの論点は，公共性を追求できるのは政府のみであり官独占で問題解決に当たるべきと考えるか，そうではなく，公共性を追求できる主体は民間を含め多様な主体が存在し，官民いずれか相対的に優位性を有する主体が問題解決に当たるべきと考えるかである。「新しい公共」という考え方との関わりで，まずこの論点を深めてみよう。

(1) 官独占の排除論理

「公共」の領域をどうマネージメントしていくかについて，伝統的な考え方は厚生経済学に基づく「官民二分論」である。個人や企業で解決できる私的領域は市場メカニズムに委ね問題解決を委ねるとし，その担い手は「民」とされる。他方，個人や企業で解決できない公的領域は市場メカニズムの働かない〈市場の失敗〉領域ゆえ，政治メカニズムに委ねて問題解決を図ろうと考えてきた。
　その担い手は「官」であるとされてきた。官民双方は基本的に水と油ほど違うメカニズムで処理されるものとしてきたのである。
　これに対し，「新しい公共」の考え方は，この二分論を否定する。公的領域の問題は官民のいずれが優位性を持つかで担い手を決めるべきだと考える。すなわち，これまで公的領域を「官」独占とし政治メカニズムに意思決定を委ねた結果，大衆民主主義の弊害が表出し，政治は大衆に媚びる決定を行う限界が生じてきた。サービスは大きく，負担は小さくという決定が蔓延した。競争原理の働かない独占の弊害は官民とも同様で，官に独占的に問題解決者を委ねた結果，公共サービスの質的向上は行われず，コストダウンも図られない。結果，借金のみが膨れ政府は肥大化する。これを〈政府の失敗〉と呼んでいる。
　官民二分論の基本的な問題点はここにあると見る。

(2) NPM 理論との融合

そこで登場してきた理論が NPM 理論であり，公共選択論的なアプローチである。公共性を追求できる主体は官のみにあらず。「脱官民二元論」とも呼ぶ考え方で，公共の担い手は官民いずれか相対的に優位性を持つことが決め手になると考える。公共領域に民の参入を大幅に認め，官民競争状態をつくる。ないし場合によっては，官民〈協働〉で公共領域の問題を解決すべきという考え方を取る。

公共経済学の考え方として，これまでの行政が肥大化，膨張化してきた要因の１つは厚生経済学的アプローチに依拠した行政展開にあるとみる。すなわち，そこでは，政府だけが公共性を追求できる主体だと考え，結果として公共領域は「官」独占となり，それに基づく福祉国家論は大きな政府になりやすいという論理構成である。官民二元論の限界である。

これに対し，NPM でとる公共選択論的アプローチは，公共性を追求するのは政府だけではないと考える。公共性の担い手は民間企業も含め的確な多様な主体が存在すると考える。「市場の失敗」の方が「政府の失敗」よりもましだとも考える。従って，公共分野もできるだけ市場原理に委ねようという立場に立ち，小さな政府をめざす。ここでは官と民を分ける蓋然性がないので脱官民二元論を原則としている。

厚生経済学的アプローチは主体論であり，公共選択論的アプローチは関係論とも言える。主体論に立つと，官だから公共性を追求する，民だから私的利益を追求すると考えになる。しかし関係論では，民でも住民との間で約束によって公共性を担保できると考える。

NPM でいう顧客主義の「顧客」を「住民」と捉えると厚生経済的アプローチになるが，公共選択論的アプローチでは，住民は単に受け手（受益者）ではなく，責任も負う「主体者」「参画者」と捉える。そこでは自治体と主体者である住民，企業，NPO，NGO，ボランティアなどを対等のパートナー，協働の担い手と捉えるのである。

ここから官民双方が担う「新しい公共」という考え方と，ガバナンスという

考え方は重なる。従来のガバメント（統治）下の政治はタテ志向であり，政府が社会の頂点を占め，その下位組織として自治体などを位置付け，民間企業や住民はそれらの公的機関によって支配され統制されるのが当たり前と考えてきたのである。

　これに対し，ガバナンス（協治）下の政治は，ヨコ志向の強いものに変わる。政府と自治体，それに企業，住民のヨコの調整機能が政治の役割とする。このように「新しい公共」のもとでは，官民はそれまでの垂直から水平の関係に移行する。官民両者は肩を並べ，その間に水平レベルの関係が生じる。同じように中央政府と自治体の関係も，タテからヨコに並列した水平型が基本になる。「ガバナンス」の考え方と「地方分権」の考え方が重なる点はここにある。

(3) 政府，政治機能の変質

　水平志向が強くなると，中央政府はそれまでのように「統治」を一手に引き受ける強力な管理組織ではなくなる。むしろその機能は，自治体や企業，それに住民との間に協力関係を生み出す調整機関に変わる。ガバナンスを「協治」と訳す理由はここにある。ここでは政府と自治体，それに企業や住民が，それぞれ同じ目線に立ち，足並みをそろえて社会問題の解決に当たる「協働型政治」の実現への期待が込められることになる。

　このようにガバナンス理論はタテ（垂直）よりヨコ（水平）の関係を重視する。1992年アメリカで発売されたオズボーンとゲーブラーによる『行政革命』（Reinventing Government）では，ガバナンスとNPMがほぼ同義語として使われている。日本でもベストセラーとなったこの本での行政イメージは①成果重視主義，②顧客重視主義であり，③地方分権主義であり，④市場志向の〈官民共生型行政〉への転換を迫る内容となっている。

　日本もこうした影響の下で，地方分権改革はもとより，道路公団民営化，郵政民営化，公の施設管理への指定管理者制度，官民競争入札を求める市場化テストとなって現れる。行政はもともと利潤機会が乏しいが，民間ではできない公益性の高い分野を担うのが本来の仕事である。行政自体が民間の論理一辺倒

になっては，行政そのものの存在意義を失う。そうではなく，あくまで NPM は事業執行の効率性を高める点に主眼があるのである。例えばそれに基づく予算・財政マネージメントという方法の導入だ。国土交通省はこれまでの「道路種別予算」から成果主義に基づく「業績予算」に転換している。従来の「一般国道直轄改修費」，「地方道改修費補助」といった道路種別で予算を計上するのではなく，「交通円滑化事業費」「沿道環境改善事業費」など成果目標を実現するための業績予算としている。これなどは NPM 改革の一例といってよかろう。

　ともかく，80 年代のイギリス・サッチャー政権以降，公共領域の解決者は多元的な主体であるべきだという観点から〈官から民へ〉の改革，そして地方分権の観点から〈国から地方へ〉の改革として，「新しい公共経営」の再構築に向けた改革が始まるのである。

4．行政システムの捉え方

(1)　制度とガバナンス

　日本でもフランス同様，地方分権改革が行われている。中央政府が自治体の首長をあたかも自分の出先機関（地方機関）のように使って事務を執行させる機関委任事務制度が廃止され，国から地方へ更なる権限，財源の移譲を進めることが政治日程に上っている。市町村合併も進み，道州制など新たな枠組みも検討されている。

　これらは主に中央地方関係を律する制度（地方制度）の改革であるが，こうした制度の改革によって現代社会が直面する諸問題が解決するのかどうか。

　確かに「制度」とガバナンスは似通っている。人々の行動を拘束したり促進したりする働きを持つという意味では，ほとんど同じものを指している場合もある。しかし，両者の重なり合いはあるとしても，そもそもは別物と考える。地方制度として使う場合の「制度」は地域社会を統治し，運営していくためのルールという意味で限定的である。誰が決定権を持ち，どれだけの権限と資源をそこに配分するかというルール，それが制度である。

一方，ガバナンスは多義的とはいえ，誰が政策決定に参加し，どのように決定が行われ実施されるのかの状態を指しているといえよう。公式の制度はガバナンスを構成するもっとも基本的な要素ではあるが，ガバナンスそのものではないのである。

もう一点，ガバナンスがガバメントと対比され，「ガバメントからガバナンスへ」といった使われ方をする場合があるが，この場合の「ガバメント」はタテ型の階統制（ヒエラルキー）がイメージされており，ガバナンスにはヨコ型のネットワーク型の統治構造がイメージされている。NPMの市場重視の管理手法を用いた政府運営を指してガバナンスと呼ぶ場合もある。マーケット型とでも呼ぶべきガバナンスである。

制度とガバナンスをこのように考えることは，特に改革を構想する際，重要な意味を持つ。現状に問題があるから制度を変えてみようという発想はわかりやすい。しかし，制度を変えれば問題が解決するとは限らない。制度自体が問題を解決するわけではない。その制度を使う人的組織，人的運用のあり方が問題となる。グッド（優れた）ガバナンスとは，この人や組織が問題解決に向かって良好に作用している状態を指していると言えよう。

(2) 集権，分権システムの捉え方

そこで，公共のあり方のもう1つの論点として，遠い政府が統一性，公平性，強い指導力を発揮できる集権的システムで運用されるべきか，それとも多様性，迅速性，住民との協働を発揮できる分権的システムで運用されるべきかが問われることになる。日本の行政システムについてどのように評価し，どのような方向をめざすべきか。それは公共サービスのあり方と提供の仕方に大きく関わる。地方分権との関わりでまず捉え方を整理しよう。

(A) 集権的分散システム

第1に，日本の行政システムは「集権的分散システム」であるという見方がある（神野直彦／財政学者）。政府機能を構成する各レベルの政府が，人々に提供する行政システムの提供業務が上級の政府に留保されていればいる度合いが

強ければ強いほど，「集中的なシステム」，その逆は「分散的システム」である。そして，これらの行政サービス提供業務の実質的な決定権が上級の政府に留保されている度合いが強ければ強いほど「集権的システム」でその逆は「分権的システム」である。

この集中・分散と集権・分権の両軸の組み合わせで各国の行政システムを類型化すれば，日本のそれは「集権的分散システム」に該当するというのである。

事実，日本の公務員総数にしめる自治体職員の割合は約4分の3，国家全体の歳出額にしめる自治体の歳出割合は約3分の2，この代表的な指標に照らしてみれば，日本では行政サービス提供業務のおよそ7割が自治体によって担われていることになる。

しかし，このことをもって日本は世界に冠たる地方自治の国であると誇れるかと問われれば，そうとはいえない。

なぜなら，自治体が担う行政サービス提供業務の範囲，仕組み，基準の設定，法制化はもとより，その執行に関する執行マニュアルの策定に至るまで，国が決定している度合いが強いからである。事務事業は大幅に府県，市町村に分散しているものの，実質的な決定権が国に高度に留保されているのである。

このことは，地方分権改革にとって何を意味するか。日本の行政システムを先進国並みの水準にしようとすれば，何よりも重要なことは，行政サービス提供業務をこれまで以上に国から自治体へ移譲することではなく，既に自治体の事務事業とされている行政サービス提供業務に対する実質的な決定権を自治体に移譲することにほかならない。

(B) 集権融合的システム

集権的分散システムという見方に対し，第2の見方は，日本の行政システムは「集権融合型システム」であるという見方がある（西尾勝／行政学者）。

これは集権・分権と分離・融合の両軸の組み合わせで説明しようとする。すなわち，国の事務と分類される行政サービスが多ければ多いほど「集権型」，自治体の事務とされる行政サービス提供業務が多ければ多いほど「分権型」という。そして，国の事務は国の諸機関が直接執行し，自治体の事務は自治体が

直接執行するというように，国と自治体の任務の分担関係が整然と切り分けられている度合いが強ければ強いほど「分離型」，これとは逆に国の事務の執行をも自治体の任務にしており，国と自治体の任務分担が不明瞭な形態を「融合型」とする。日本の行政システムは，これを組み合わせると「集権融合型」というように説明できるという見方である。

先述の集権的分散システムのという説明は，もっぱら行政サービス提供業務＝事務事業の政府間の配分量を重視していて，事務事業の法制度上の区分，決定権の所在についてはいっさい問題にしていない。これに対し，集権融合型の説明は，国の事務と自治体の事務の法制度上の区分を重視している。

観点を変えると，見せかけ上，自治体の事務であっても実質は国の事務で自治体の委任されたもの（特に機関委任事務）が多いという点を重視しているのである。3割自治という表現があるが，もともとは国税と地方税の租税総額に占める地方税の割合が3割程度しかない状態を表す表現として使われた。地方財政の脆弱性を表現した言葉だが，加えて集権的な仕組みを説明するには，自治体の業務量の多さの割合に決定権の少ない状態を表しているとも言えよう。

5．日本の地方分権――その選択

2000年以降，日本は分権国家に移行し始めたとされる。その根拠として，地方分権一括法の施行であり，それに伴い，国と地方を上下関係に固定してきた「機関委任事務制度」が全廃され，国と地方が対等協力関係に置き換わったという見方がそれである。しからば，何を地方分権と捉え，そのための改革は何が行われているか検証する必要がある。

(1) 哲学なき地方分権改革

中央集権体制のメリットとされる①統一性，②公平性，③国の指導力よりも，地方分権体制のメリットとされる①多様性，②迅速性，③住民との協働の方に相対的な価値を認める動きを分権化への移行としよう。確かに，日本の

大きな社会潮流もここにある。

　しかし，集権体制に慣れている省庁官僚や族議員は集権体制のメリットは依然大きいとし既得権を死守しようとする。他方，分権体制に活路を見出そうとする自治体の首長や議員は分権のメリットを強調し，様々な改革提案をする。この構図を守旧派と改革派の攻めぎ合いとすると，それは様々な分野での中央地方の戦いの構図とも見て取れよう。

　もとより，自治体が規模の大小にかかわらず，府県，市町村の立場にかかわらず，一様に分権化を主張しているかといえば，必ずしも歩調は同一ではない。人口規模の大きい政令市や中核市などはともかく，人口規模の小さい町村の場合，分権の受け皿能力を疑問視し，自らも権限移譲，事務の移譲を拒否し，国や県の一括処理，財政調整を期待する向きも強い。そうした複雑な思いを有する自治体事情があるが，それはともかく，2000年の地方分権一括法施行で「分権の矢」が放たれて以降，三位一体改革，交付税改革，税制改正と分権化の方向をめざす改革が次々に行われてきた。民主党政権は政権交代の大儀を「分権改革を改革の1丁目1番地」とさえ提唱した。国民の強い期待のもとに政権交代を果たしたが，その後の3年間，分権改革は前進したのか後退したのか。少なくも政治主導で進めるべき分権改革にほとんど手をつけず，民主党政権下にあってもむしろ官僚主導の自民党政権時代に逆戻りしている感も否めない。とはいえ，今後とも行きつ・戻りつの感はあろうが，日本の改革方向は少なくも方向性としては「分権化」を軸に進むことは間違いない。

　もとより，日本の分権改革は確たる「哲学」があるかと言えば，そうは見えない。地方分権に踏み切った以上，後戻りはできないが，めざす分権国家のあり方について，そこに到る過程の改革について分権国家像についてのコンセンサスが必要ではないか。日本の分権改革で何が基本的な問題なのか，中央地方関係の形態から少し深めた議論をしておこう。

(2) 集権化，分権化の論理

　自治体の自治権は，どれぐらいの範囲と量の仕事をどの程度の裁量権を持っ

て企画立案，実施できるかによって決まる。仕事の範囲と量は自治体の活動量を規定し，裁量権の程度は自治体の自律度を規定するが，この自治体の活動量と自律度が拡大する方向に向かうことを「分権化」といい，逆に縮減する方向に向かうことを「集権化」という。

自治体が実施しうる権限を国の法律でどのように決めるか（授権方式）について，イギリスなどアングロサクソン系の国は制限列挙方式を採っているのに対し，フランスなどヨーロッパ大陸系の国では概括例示方式を採用している。

前者のもとでは，自治体は法律で明示的に授権された事務権限しか行使してはならず，その範囲を逸脱すると越権行為となり，裁判で違法となれば無効となる。この方式の場合，国と自治体の事務権限は分離されており，国，府県，市町村はそれぞれ守備範囲内において自己決定・自己責任で行動する。

他方，後者のもとでは，自治体の事務権限を1つひとつ個別に列挙せず，例示をして国に属さないものを処理するように決めている。そのため，国と自治体の事務権限は整然と分離されず，同一の事務の処理に国，府県，市町村といった複数の政府が関与する融合や重複が起こりやすい。日本の場合，こうした概括例示方式の下で，かつ国の事務権限の施行を公選首長（地方機関とみなす）に委任するという機関委任の方式が多用されてきた。機関委任事務制度がそれだが，これは2000年の分権一括法の施行で全廃されている。

さて，この事務処理における分離か融合かと，この権限配分における分権か集権かを組み合わせて，国家における統治形態を類型化してみよう（図5-1）。

タテ軸に「事務の帰属」をとり，ヨコ軸に「権限の所在」をとると，4つの事象が生まれる。事務の帰属について，自治体自らが独自に決定，実施できる裁量事務が明示的に決められている（制限列挙）場合，それを〈分離〉とおき，他方，1つの事務に国と自治体が関わって仕事が完結する（概括例示）場合，これを〈融合〉としよう。

権限の所在について，相対的に中央政府（国）に権限が集中している場合を〈集権〉，逆に地方（自治体）に権限が集中している場合を〈分権〉としよう。

①の集権・分離型では，国がほぼ完結的に事務処理をしており，自治体は権

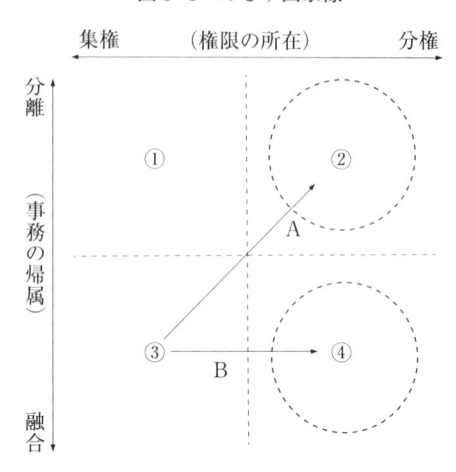

図5-1 めざす国家像

限も責任も持たない。国は地域レベルまで出先機関を配置し行政を進めるから自治体の存在自体を必要としない場合も多い。社会主義国家などに見られる形態で戦前の日本もこれに属しよう。

②の分権・分離型では，逆に一定領域について自治体の責任で事務処理が独自に行われ，国の関与は行われない。こうした形態では自治体の行うべき事務事業が制限列挙されている場合が多く，イギリスなど英米系の国家に多く見られる形態である。

③の集権・融合型では，ある事務処理について国が権限，財源を留保し，その執行だけを自治体に委ねるという事務処理の委任方式が採られる。国に留保された権限，財源は自治体の行政執行をコントロールする手段に用いられる。この形態では，自治体に対する国の機関委任事務，団体委任事務が多くを占める。フランスなど大陸系の国家に多くみられる形態で，戦後の日本はこれに属しよう。

④の分権・融合型では，ある事務処理について国はガイドラインの設計や財源調整という形で外形上関与するが，実際の事務事業の企画，実施，評価に関

する裁量権は自治体が有する。福祉国家化が進むスウェーデンなど北欧諸国に見られる形態である。

(3) 日本の選択すべき分権化

地方自治が充実している国としては、分権・分離型国家（②）と分権・融合型国家（④）を挙げることができる。しからば、日本がめざすべき分権国家像はどちらなのか。

戦後、新憲法制定からまもなくシャウプ勧告があった。市町村優先を掲げ、国、府県、市町村の役割分担の明確化するようにとの勧告だったことから、同勧告が日本に求めた国家像は分権・分離型（②）であったと言えよう。しかし、戦後日本が選択した道は集権・融合型（④）であった。国と地方を上下主従関係に固定し、国の事務を大幅に自治体に執行委任する機関委任事務、団体委任事務が自治体の多くを占めた。

さて問題は2000年から始まる分権改革についてである。分権化という以上、指向するのは②か④ということになる。95年に始まった分権推進委員会の「中間のまとめ」は、国の役割を限定し、自治体の裁量権、自治権を最大限に増やすよう求めている。その点、矢印のA（③から②への移行）を指向したと見られる。しかし、実際の改革は国の役割を限定する方向はとらず、機関委任事務制度の全廃に見るように、自治体への権限委譲と国の関与の縮小・廃止に止めた。その後の三位一体改革も同様に、一部の補助金廃止と税源移譲に止まっている。

ここから読むと、わが国の分権改革は矢印Aの分権・分離型国家を指向しているのか、Bの分権・融合型国家を指向しているのか、はっきりしない。めざすべき分権国家像が国論として統一されないまま、なし崩し的に分権化を叫んでいるように見える。

確かに地方自治の質が高く、将来めざすべきは英米系の分権・分離型国家であろう。府県、市町村が固有の権限と財源を保有し、地域住民の参画によって地域ニーズに沿った独自の政治行政が行われることが望ましいと思う。第2期改革は「地方政府」という言葉をキーワードに改革を進めようとしている（「中

央政府と対等・協力の関係にある地方政府」という表現）。

　そのことに問題はないが，問題は矢印のＡなのかＢなのかがはっきりしない点である。21世紀前半の日本がめざす分権改革の方向はＢではなかろうか。都市と農村では不均衡が著しく経済基盤が大きく異なる。こうした現実と集権体制が長く続いてきたわが国の歴史を加味して考えると，わが国がめざすべき分権国家像は矢印Ｂの分権・融合型国家ではなかろうかというのが筆者の見方である。

　であるなら，機関委任事務制度を全廃し，7割近くを自治事務に置き換えた以上，国は政策のガイドラインの作成や財政力格差の是正といった外形上の関与の役割に限定する改革に応えるべきである。ひも付き補助金の改革で補助率を下げるだけで個別の関与権限を残そうとする姿勢は，分権化としては基本的に間違っている。

　自治体が事業官庁から政策官庁に脱皮するよう求める筆者の考えは，国の関与を外形上のものに限定するのはよいが，実質的に政策形成の権限を自治体に委ねた結果，今までの国が設計したナショナル・ミニマム以下に"政策が劣化"するなら，分権改革は失敗だったと評価されかねない，そうあってはならないと考えるからである。

　分権改革を進めたら，これまで以上に政策の多様化が進み，問題処理が迅速化し，政策の総合化が自治体の手で行われ，国民の行政サービスに対する満足度が高まったという結果が生まれなければならない。

　今後つづく第2期分権改革は，国の関与を制限し，自治体の裁量権を確立する明確な分権・融合型国家像（④）を共有して進めなければならない。

6．日本の第1期分権改革

⑴　中央地方関係の問題点

　これまでわが国の中央地方関係には，次のような問題があったと言えよう。

　第1は，国・地方が上下主従関係にあったこと。

本来，対等協力の関係におかれるべき国と地方が，法的に上級官庁，下級官庁となる機関委任事務制度と補助金のしくみを通じて「上下・主従関係」におかれていたことである。

　第2は，知事，市町村長が二重の役割，責任を負わされてきたこと。

　本来，地域の公選首長は「地域の代表」の役割に専念すべきだが，機関委任事務の執行者として大臣の「地方機関」の役割を負わされ，「二重の役割」を担う形になっていた。しかも地方機関の役割が自治体業務の7～8割を占めるという過重なものであった

　第3は，国・地方の行政責任が不明確であったこと。

　国が考え（plan），地方が行い（do），国・地方が一体で責任を負う（see）という集権融合型の集権体制の下で，どこに行政責任があるかが不明確となり，政策の失敗について，税金の使い方について説明責任を果たすことがなかった。

　第4は，自治体が狭い裁量権しか持ち得なかったこと。

　全国に統一的なサービスを提供するナショナル・ミニマムの供給者としての役割が多くを占め，地域ニーズに沿う裁量行政はほとんど行われなかった。結果としてニーズに沿わず税金と時間の浪費が行われ，行政の効率性，効果性が低かった面を否めない。

　第5は，タテ割り行政の弊害が大きかったこと。

　各省庁の受け皿として自治体の部課が組織され，国のタテ割り行政の弊害が地方をも巻き込む形となり，市民の求める総合サービスが実現できなかった。

(2) 地方分権の基本方針

　こうした問題を解決する方策として1995年に地方分権推進法が制定され，5年間の改革設計を経て00年4月に地方分権一括法が施行された。地方分権推進委員会（諸井委員長1995～2001年）は，『中間報告』中で改革要点を3点に整理している。

　第1．国と自治体の関係を現行の上下・主従の関係から対等・協力の関係に改めることを旨として機関委任事務制度をその廃止に向けて抜本的に改善する

こと。

第2．これまで国の各省庁が包括的な指導監督権を背景にして地方自治体に対して行使してきた関与，なかでも事前の権力的関与を必要最小限度に縮小し，行政手続法の考え方を参考にして国と自治体間の調整ルールと手続きを公正，透明なものに改めること。

第3．区による自治体への統制は，国会による事前の立法統制と裁判所による事後の司法統制を中心とするものとし，各省庁の細部にわたる行政統制を出来る限り縮小すること，ことに法令に明文の根拠を持たない通達通知による不透明な関与を排除し，「法律による行政」の原理を徹底すること。

これを踏まえ，地方分権推進委員会は，まず機関委任事務制度及び国の関与の改革に関する調査審議を優先し，次いで必置規制や国庫補助負担金の改革に取り組み，そして地方税財源の充実確保と地方行政体制の整備及び確率に必要な国の支援措置を最後に取り上げるとの方針で臨んでいる。

そうした基本方針を踏まえ，第1期改革は次のような改革を行った。

(3) 第1期分権改革の要点

2000年に始まる地方分権一括法施行を柱とする第1期分権改革の要点は，そのねらいを中央集権体制の弊害を除去し，自治体の裁量権拡大で，地方が自立できる多様性に富んだ「国づくり」とし，次の点を改革の内容としている。

・第1次改革＝① 機関委任事務制度の全廃
　　　　　　② 必置規制の緩和，廃止
　　　　　　③ 通知，通達による介入廃止
　　　　　　④ 課税自主権の拡大
　　　　　　⑤ 係争処理機関の設置
・第2次改革＝① 市町村合併の推進（平成の大合併）
　　　　　　② 三位一体改革（補助金，交付金，税源移譲）

以下，少し詳しくみておこう。

(i) 機関委任事務制度の全廃

まず第1は機関委任事務制度の全廃である．今回の改革の最も大きな柱は，各省大臣から知事，市町村長に委任している561項目にわたる機関委任事務制度を全廃したことにある．市町村業務の4割，都道府県業務の8割を占めてきたとされる国の機関委任事務が制度上廃止された．その6割以上はそれぞれの自治体の自治事務となった．残るは法定受託事務だが，これで自治体の事務は従来の固有事務と自治事務を合わせたものが独自事務となる．府県でいうと約7割が独自に処理権限を持つ独自事務となったわけである．

(ii) 地方への関与の縮小・廃止

第2は，自治体への国の関与を縮小・廃止したことにある．

まず従来のような機関委任事務制度下で行われてきた国の包括的かつ権力的な指揮監督が廃止された．基本的に国の関与は技術的助言，事前協議的なものに限定される．法定受託事務についても，許可・認可・承認，代執行などの仕組みは残るとしても，従来の職務執行命令を基礎とする通達行政は大幅に制限されることになる．

もっとも，通達がガイドラインとか指導指針といった表現に姿をかえて頻発されることがないかとは言えない．しかし，それは自治体側で拒否すればよい話だし，国も分権推進の趣旨に沿いそうした手段は必要最小限に止めなければならない．

また，自治体に対し職員の採用資格を制限し，かつ人口規模などから必要数まで決めてきた，いわゆる「必置規制」（特別の資格又は職名のある職員，審議会等付属機関，自治体の行政機関又は施設の設置義務などの規制）が大幅に緩和された．どんな職員をどれぐらい採用するかの自治体組織権，人事権はこれで大幅にアップする．

これによって，今までのような国の通知・通達により自治体職員の箸の上げ下げまで指示するような形は激減しよう．

(iii) 自治立法権の拡大

第3は，自治体の自治立法権限の拡大である．

わが国では「法律の範囲内」で条例を決めることを認めている。国家の法律優先主義の思想がそこにある。しかし，都市社会は地域特有の多様な問題が発現するのが特徴である。

地域独自のルールが必要な場合が多い。国の法律事項を減らし自治体の立法権をフルに活用することが選択肢となっている。今回の改革は条例優先主義への転換の芽を出したといえよう。自治体においては今後立法能力の向上こそが求められる。

(iv) 国・地方の新ルール形成

第4は，国と地方に新たなルールを形成したことである。

その1つは国の関与の一般原則を「法定主義の原則」「一般法主義の原則」「公正・透明の原則」に沿うよう求め，不透明な行政指導的関与，行政官の判断に基づく通達などによる関与を極力排除する方向を採ろうとしたこと，もう1つは国と地方を対等協力関係に置き換えた場合に生じてくるであろう，国と地方の紛争（係争）関係の処理について新たな機関を置くなどのルールを定めたことである。

(v) 地方税財源の充実

第5は，地方税財源の充実を図ろうとした点である。

地方自治の原則は，自己決定・自己責任の原則に加え，自己負担の原則が明確化されていることである。そこで地方自治体における「自分の財布観」の確立がポイントとなる。

まず歳入の自治の確立をめざし法定外普通税の許可制廃止，法定目的税の創設，個人市町村民税の制限税率が撤廃された。「当分の間」と規定されながら戦後50年続いてきた起債許可制も06年以降は廃止され，事前協議制に切り替えられる。このことで自治体は借金の自由を手に入れる。その意味では歳入の自治の確立だ。しかし，裁量権の拡大は失敗の自由と裏腹の関係にある。今後借金の仕方を間違えば自治体破綻が現実のものとなる。

ただ，この改革では，国税・地方税比率を見直し，相対的に地方側の財政力を高めるという本格的な自主財源の増強には至らなかった。この問題は三位一

体改革としてその後実現するが，さきほど述べたように結果において自治体の財政裁量権の拡大より，財政縮小に止まる「失敗」の改革に終わっている。もとより，財政問題は全体としてみる視点も必要で，財政全体は国，地方とも縮小せざるを得ない状況にあるから，三位一体改革と切り離して捉えると現場は大変だとしても「縮小」もやむを得ないことと見ることもできる。

　(vi)「地方体制の整備」

　地方分権の推進の一方で，地方行政の体制整備が求められている。地方分権推進委員会の「最終報告」で強い調子で「自治体の自立」を促している。平成の大合併といわれる市町村合併の推進がそれで, 2000年段階で3232市町村あった基礎自治体が現在，1719市町村とほぼ半減し，2倍近い規模拡大を図っている。

　分権時代は市町村が地方行政の中心になっていくことは確かだ。それは市町村が住民にもっとも身近な基礎的自治体であり，総合的なサービスを提供し得る主体だからである。それに基づいて，大震災後も引き続き平成の大合併が行われるものと思われる。

(4) 地方分権化は手段

　もとより地方分権は自治体の自己決定領域を大幅に拡大する改革である。分権化は目的ではなく手段である。国と地方の関係を集権的関係から分権的関係に変え，相対的に地方側の自己決定権を拡大する改革である。これはあくまでも手段であり，決して目的ではないのである。

　要はこうした改革を通じて分権・分散的国家をつくり，地域で多様な公共サービスと地域づくりが行われることが目的達成を意味する。まさにガバナンスのあり方がここで問われる。自治体自身が自ら考え，実施し，責任を負う体制づくりを行わなければならない。分権化はある種，「格差」を生むかもしれない。

　しかし，それは地域の能力差の反映であって，それを国家が権力的に調整するとか，保護することを要請することを前提としない。

7．日本の第2期分権改革

(1) 第2期改革の方針

2007年4月からスタートした地方分権改革推進委員会（丹羽宇一郎委員長，2007年～2010年）は，その年の5月30日に改革方針を「基本的な考え方」として発表している。分権改革のめざすべき方向を「地方政府の確立」とした。政府の公式文書で「地方政府」という文言が使われるのは初めてだったが，これは自治体の行政権，財政権，立法権を十分担保し，中央政府と対等にするという趣旨だった。政府は同時に当時，道州制導入を検討しており，道州制と地方政府の確立を重ね合わせていたふしがある。

その検討の柱として，①分権型社会への転換，②地方の活力を高め，強い地方を創出，③地方の税財政基盤の確立，④簡素で効率的な筋肉質の行財政システム，⑤自己決定・自己責任・受益と負担の明確化により地方を主役とした。主な審議事項を次のように定めている。

第1．国と地方の役割分担の徹底した見直し

第2．地方税財政制度の整備

第3．行政体制の整備及び確立方策

しかし，政治主導で始まった地方分権改革だったが，小泉内閣で三位一体改革（大儀は地方分権だったが実際は地方財政縮減改革になった）を行った以外は，安倍内閣，麻生内閣でほとんど進まず，2009年8月の政権交代を迎えたのである。

(2) 第2期改革の課題（2010年～）

具体的な改革のターゲットは次の点である。

① 地方税財源の充実確保：地方財政秩序の再構築

② 法令による義務づけ，枠づけの廃止縮減：法令の規律密度の緩和

③ 事務権限の移譲

④ 「平成の市町村合併」の結果を踏まえた地方自治制度の再編成
⑤ 住民自治の拡充
⑥ 憲法改正に備えた「地方自治の本旨」の具体化

これは，①と②が自治体の自由度の拡大する改革，③と④はむしろ自治体への新たな義務づけを伴うもので，自治体の所掌事務の範囲を拡大する改革を意味しよう．

(3) 民主党政権下での分権改革

しかし，民主党の鳩山由紀夫内閣は，地方分権を地域主権と置き換え，より踏み込んで「地域主権改革が"改革の1丁目1番地"」と高らかに宣言したが，その後何も進まず，菅内閣になっても同様で，2010年3月の通常国会に地域主権3法と呼ばれる法律が提案されたが，1年経って漸く2011年5月に下記の⑤を除き成立した始末である．

その中身も，①議員定数の法定上限の廃止法案，②自治体同士の行政機関の共同設置，③国と地方の協議の場の法制化，④一括交付金制度の創設（補助金の縮減），⑤国の出先機関の一部廃止というもの．およそそれ自体が，地域主権改革とも地方分権改革とも呼べそうな内容ではなかった．

地方分権は，中央省庁，「霞が関」の力を弱め，地域の自治体を強くするという，権力構造のパラダイム転換を意味する．そこでの権力闘争は政治主導でなければできない．国の官僚は，地方分権といっても，依然自治体へ下請け仕事を渡す程度の感覚しかない．その官僚の意識を変え，国のしくみを大きく変えるのは政治家の役割である．野田内閣では，ほとんど分権化は進まなかった．

もとより，地方分権を進めても，地方にできない領域もある．外交や防衛，危機管理，司法，金融，通貨管理，景気対策，国土形成，さらに福祉や医療，教育，文化，農政，インフラ整備など政策の骨格をつくる役割は，国家経営の視点から国が主導することが望ましい．その点，国と地方の役割を可能な限り明確にする必要がある．

ただ，言えることはこれまでのパターナリズム（父親的温情主義）は，もはや

時代錯誤であるということ。地方に仕事を義務付け，すべての政策領域に微に入り細にわたり関与するやり方（箸の上げ下げまで）は，自治体の政策能力が乏しかった時代の産物である。自治体が変わろうとしても，国の過剰介入が阻害要因となる。

これではならない。今後は国家の役割を限定し，それを法律で制限列挙すべきである。

日本の自治体は，裁量的な政策環境が整えば自立可能なところが多いと見る。職員層も一定規模の自治体では揃っている。要は磨かれていない点が問題である。この点を捉え，ビジネスチャンスを与えず，「ビジネスが育っていない」と言っている国の姿勢は自己矛盾のそしりを免れない。地方と関わる政策分野で，国が果たすべきことは，政策のガイドラインを示す，財政力格差を是正するといった外形上の関わりに限定することが望ましい。

8．むすび──地方分権とガバナンス

(1) 地方制度とガバナンス

わが国では明治政府が中央集権化を進めていた1877年にすでに福沢諭吉が『分権論』を著している。そのなかで福沢は国と地方の役割を明確に分ける必要性を強調している。戦後改革で大きな柱となったのも，地方自治の確立だった。日本国憲法が掲げた地方自治の本旨（住民自治と団体自治の充実）は，制度改革の面で団体自治面での改革が，上述のように遅れている。国の関与が強く残ったまま，現在に至っている。

しかし，同時にその制度を運用するガバナンスという点を見ると，国が地方制度運用で制度趣旨を骨抜きにするだけでなく，現場の自治体がその制度をうまく活用できない，ガバナンスがうまく発揮できていないのが実態である。

その例を地方議会にみておこう。

日本国憲法は，自治機関が住民の権利と責任において主体的に形成されることを保障し，その自治機関の形態として，首長も議会も住民の直接選挙によっ

て選ぶ二元的な代表制を求めている。国のように国民が直接選ぶ代表機関を国会のみに限定する一元的な代表制ではない。この自治機関を政治機関と呼びかえると，この政治機関の独自性こそ，自治体がまず政治（地域に根ざした政策決定）の単位であって，単なる事務処理の行政主体ではないことが理解できる。

そこで長と議会は，あたかも車の両輪のように，自治体としての意思決定を行っていく共同責任を負っている訳である。

日本の地方自治は，首長と議員をともに有権者の直接選挙で選ぶという「二元代表制」を制度の根幹にすえている。これは国会議員だけを直接選挙で選び，あとは国会が内閣総理大臣を指名し，内閣総理大臣が執行機関としての内閣を組織するという，一元代表制をとる中央政府（国）の制度とは根本的に異なっている。

そもそも二元代表制は，首長に執行機関の役割を，議会に議決機関の役割を期待し，双方の機関が原則独立の関係にある制度（大統領制）だが，日本の場合，住民が代表を選ぶ過程では大統領制的な手法を採りながら，自治体の運営過程では議会に首長の不信任議決権を与え，首長に議会解散権を与えるという議院内閣制的な手法を加味している。

しかも住民は，いったん選んだ首長と議員について，有権者の3分の1以上の署名をもって任期途中で解散請求し，議会の解散を求める権利をもっている。これは地方自治の成熟しているアメリカなどにも見られない極めて独特な制度で，首長と議会と有権者という3つの機関が，それぞれ相互に抑制均衡と緊張関係を保てるよう，工夫されたものである。市町村でいうと，市町村の政治機関は市町村長と市町村議会であり，両機関はそれぞれ執行機関と議決機関という異なる役割を担い，その関係は対等であり，相互に抑制均衡関係を保ち，いずれが民意を反映するかを競い合う関係が期待されているのである。

日本の場合，大統領制を基本に据えながら議院内閣制を組み合わせる独特の二元代表制をとっているが，イギリス，アメリカなどの例をみると議院内閣制的な形態が多い。しかも，それは一律ではなく，都市の規模などで形態の選択も異なっている。

(2) ガバナンスを失う地方議会

 その制度問題はともかく，日本の自治体には政治機関として執行機関を代表する首長と議事機関としての議会がある。議会には地域住民の意思と利益を代表し条例や予算，主要な契約などを決定する役割と，それを執行する執行機関を監視する役割と，さらに地域内の利害を調整し，地域社会をまとめ上げ安定させる役割がある。

 同時に，議会は民意を鏡のように反映する住民参加の広場でもある。本来，住民にとっての拠り所は，執行機関ではなく，議決機関である議会といっても過言ではない。ひろく住民代表として選ばれ多数の議員から構成される議会は，地域のニーズ，職層のニーズ，年齢層のニーズ，性別の違いから生ずるニーズなどを幅広く自治体行政に反映させる住民の窓口といってもよい。

 しかし，どうも現実は違う。様々なルートを通じて住民との対話を深めているのは首長である。残念ながら議会は，個別の議員はともかく，組織としての議会が組織的に住民との対話を進めている様相はない。制度的に期待されている役割と実際の運営にこれだけ大きなギャップがある機関もめずらしい。こうしたことから「地方議会は要らない」という極論すら存在する。

 しかし，そうはいかない。議会制民主主義の定着が不十分だからといって，それを否定してかかっても何も生まれない。どうすればうまく機能するようになるか，そこが問題である。

 現在，わが国には府県レベルの議員が2763名，市区レベルの議員が21842名（うち政令市1095名），町村レベルの議員が13496名いる（2008年12月現在）。国政レベルの議員が衆参両院合わせ722名であるのに対し，地方議員は約3万8000名余に及ぶ。地方議会の議員は非常勤の特別職公務員として，地域の世話役から政策決定まで幅広く活動している。

 議会をめぐっては，①議員の数が多い，②報酬が高い，③条例提案が少ない，④民意を反映していないなど様々な批判がある。しかし，議会制民主主義を標榜する国において議会の役割は否定できない。むしろ大事なことは，地方分権時代にあって自己決定・自己責任を求められる自治体において，政治機関とし

ての議会がどうすれば自治体行政をリードできるかである。

　特に2000年の分権改革で地方議会は権限を飛躍的に拡大した。それまで地方議会は政治の脇役に過ぎなかった。自治体自体，あたかも国の下部機関のように業務の7，8割を国の委任事務の執行に費やし，大臣の部下として位置づけられた首長を中心に国から業務委任された機関委任事務の執行に多くを費やしてきた。その機関委任事務について議会は審議権も条例制定権も予算の減額修正権も持たなかった。

　だが，分権改革でこの制度は全廃され，議会には自治体全ての業務に審議権も条例制定権も認められ，全てが予算審議の対象となった。不必要な仕事はなくすることもできるし，予算を減額修正することも可能である。執行機関を統制しリードすることもできる。議会は政治の「主役」に躍り出たのである。

(3)　分権化を内実化する努力

　これはある意味，明治以来の日本の中央集権に楔を打ち込む革命的な出来事である。その革命的なチャンスを生かせるかどうかが問題だが，ともかく地方議会には自治体全ての業務に関する審議権，条例制定権が認められ，全てが予算審議の対象となった。必要のない仕事は止めることもできるし，ムダな事業予算だと考えるなら，予算の減額修正も可能だ。地方自治体の決定者，監視者，提案者などの大きな役割を持つ議会は，首長を中心とする執行機関をリードすることも可能だ。まさに政治主導の自治体運営である。こうして地方議会は地域政治の「主役」に躍り出た。

　そこで問われるのが旧態依然とした議員の態度である。年1度順番で回ってくる所属の委員会で知事，市長らに1回質問すれば，それで仕事は済んだと考えている議員が余りにも多すぎる。地方議員の仕事は，首長に質問をし，答弁を引き出すことなのか。

　それは国の議院内閣制における野党議員と首相ら大臣との関係で行われるべきこと。自治体の場合，首長と議員を別々に選挙している二元代表制の意味は議会主導を期待しているともいえる。むしろ，地方議会は首長ら執行部の提案

を議員同士で徹底的に議論し，提案に対しイエスかノーの結論を出す審議・議決機関でなければならない。

　そもそも国と地方の政治制度が全く違うのに，あたかもミニ国会のように振舞う地方議員の行動がおかしいのである。改めて原点に戻って議員の立ち位置を確認する必要がある。

　ともあれ，経済は日々変化し，社会も様々な矛盾，問題を生み出してくる。この中で公共として解決すべき課題をフォローし，行政を主導していくのが政治の役割である。制度改革をいかに進めても，政治のガバナンスが高まらなければ，地方分権は「絵に描いた餅」に終わる。そうならないよう，住民との協働で政治の質を高める努力をし，議会制民主主義の根幹を支える地方自治を充実させていかなければならない。

　ともかく，わが国でも地方分権を求める歴史は古い。それは民主化の過程と重なる。しかしゴールは依然遠い。これを名実ともに改革していくのは，地方からの改革エネルギーが盛り上がってくるしかない。その出発点は国民の意識にあり，意識改革にある。

参 考 文 献

佐々木信夫『現代地方自治』（学陽書房，2010 年）。
　　同　　『地方議員』（PHP 新書，2009 年）。
　　同　　『自治体をどう変えるか』（ちくま新書，2006 年）。

第 6 章

分権改革とその課題

1. はじめに

　本章では，第5章でもふれたが，改めて2000年を起点として始まったわが国の地方分権改革について考察する。第1期分権改革（2000年改革）をめぐる様々な位相について，直接その改革過程に関わった西尾勝が『地方分権改革』[1])で個別具体的に明らかにし評価を加えているが，依然めざす目標には遠く「未完の分権改革」に止まっていると思われる。

　もとより，何が最終ゴールであるか，この種の改革に終わりはないようにも思う。ただ地方自治の充実という観点からして，少なくも自治体が団体自治と住民自治をしっかり営めるような制度環境を創ることが必要であることは間違いない。同時に，それをうまく現場で生かせるよう自治体自身が成長することも不可欠である。ここでは第1期改革を踏まえ，第2期分権改革へ向けた課題についても述べておきたい。

2. 地方分権改革の考え方

　日本の地方自治は大きく3つの段階に区別できる。第1は憲法上の保障のない明治憲法の下で立法政策として行われた地方自治，第2は憲法上「地方自治の本旨」が保障された日本国憲法のもとで機関委任事務制度が骨格をなした地方自治，そして第3に機関委任事務制度全廃後の地方分権が始まった現在の地方自治がそれである。

戦後の機関委任事務制度下の中央地方関係は，4つの上下主従関係が特徴的である。①法律的な上下関係（通達，許認可），②財政的な上下関係（補助金，交付金），③人事的な上下関係（出向人事，必置規制），④行政指導の上下関係（特定地域の振興，行財政運営）である。そこに潜む中央地方関係の問題点として，

　　① 国と地方が上下主従
　　② 首長に対し二重責任
　　③ 行政責任の所在不明
　　④ 自治体の裁量権欠如
　　⑤ 硬直した行財政システム

を指摘できる。この5つの問題点を解消する改革こそが「地方分権改革」である。そのねらいは，中央集権体制の弊害を除去し，自治体の自由裁量権を拡大し，地方が自立できる多様性に富んだ「国づくり」である。そのための地方分権改革は，地方自治の2つの側面である団体自治と住民自治に着目した改革構想が不可欠となる。

1つは，団体自治を強化する改革方策である。
　　a. 上位政府から事務事業（業務）を移譲する方策
　　b. 上位政府から財政資金（補助金を交付金化）を移譲する方策
　　c. 上位政府の税源を移譲し自治体の財政自主権を確立する方策
　　d. 上位政府から意思決定権（権限）を移譲する方策
　　e. 当該自治体が行っている委任業務を自治事務化する方策

もう1つは，住民自治を強化する改革である。
　　f. 政策過程の形成，実施，評価の側面に住民参画を拡大する方策
　　g. 議会の決定事項を拡大し，住民意思を多く取り入れる方策
　　h. 地域内分権を進め，地区とか学校区を自治区的に扱う方策
　　i. 自治体の情報公開，参画の機会を拡げ補助金配分など公開決定

詳しくは後述するが，ここまでの地方分権改革を第1期，第2期に分けると，その特徴として第1期改革（2000年にスタート）は団体自治の強化策でd，eが中心であり，第2期改革（2010年スタート）の成果はほとんどないが，ねらい

はやはり団体自治の強化策でa, b, cが中心となる。

　これまでの分権改革は, 住民自治の改革側面を置き去りにして進められているといっても過言ではない。もとより, 住民自治の改革は各自治体自らが行うべき改革であり, 住民自身が参画して行われる改革で, 必ずしも制度改革を中心とはしない。地方自治のガバナンスの向上こそが住民自治の改革側面といってよい。

　ただ, そうはいっても, 規律密度の高い地方自治法のもとで, 議会制度1つ自由に改革はできない仕組みにある。住民自治が可能となるような制度改革も不可避な状況である。

3. 第1期分権改革の認識

　地方分権改革の目的, 理念を端的にいえば, 国の縦割りの画一的な行政システムを, 住民主導の個性的で総合的な行政システムに変えることであろう。つまり地域住民の自己決定権を拡充し確立することが分権改革の究極の目的である。その結果, 多様な地域が生まれ, 住民満足度の高い自治行政が営まれるなら, 分権改革のねらいが実現できたことになる。前章でも指摘したが, 改めて述べると, そうした視点で見たとき, これまでわが国の中央地方関係には以下のような問題点が存在していることがわかる[2]。

　第1は, 国と地方が上下・主従の関係にあったこと。本来, 対等・協力関係におかれるべき国と地方の関係が, 機関委任事務制度と補助金行政の執行過程を通じて「上下・主従関係」におかれていたことだ。このことが結果において, 戦後保障されたはずの地方自治についても, とりわけ団体自治の空洞化をもたらしたままとなってきた。

　第2は, 自治体首長が二重の役割を負わされてきたこと。本来, 地域住民の公選首長として「地域の代表」の役割に専念すべき知事, 市町村長といった首長が, 機関委任事務の執行者としての「地方機関」としての役割を負わされ,「二重の役割」を担う存在になっていたことだ。しかも地方機関としての役割が知

事で8割，市町村長で4割と重く，これはまた結果として機関委任事務の審議権を与えられていない地方議会を本来の政策論議の場から遠ざけることとなってきた。

第3は，行政責任が不明確なこと。本来なら国・都道府県・市町村のそれぞれの行政責任は明確であるべきなのに，国が考え（plan），地方が行い（do），国・地方が一体で責任を負う（see）という集権・融合型のしくみのもとで，どこに行政責任があるのかが不明確であった。政策の失敗について，税金の無駄遣いについて，公務員の失政などについて，国民は何ひとつアカウンタビリティ（説明責任）を問うことができない仕組みでもある。

第4は，自治体が狭い裁量権しか持ち得なかったこと。集権下では全国を1つのモノサシで図るナショナル・ミニマムの実現が求められ，自治体の狭い裁量権の結果，地域ニーズに沿う行政はできず，結果においてコストと時間の浪費が行われ無駄な行政が行われてきたことである。近年批判の強い公共事業に対する不満もそうしたことの結果と言える。

第5は，硬直した行政システムの弊害が大きいこと。本来，別々の組織機構をもつべき国と地方が集権構造のなかでタテに結びつき，国のタテ割行政の弊害が地方をも巻き込み，結果として政府機構全体が柔軟性を失ってしまったことである。

改革設計のために設けられた地方分権推進委員会（1995～2001年）は，『中間報告』[3)]の中で改革の要点を次の3点に整理している。

第1．国と自治体の関係を現行の上下・主従の関係から対等・協力の関係に改めることを旨として機関委任事務制度をその廃止に向けて抜本的に改善すること。

第2．これまで国の各省庁が包括的な指導監督権を背景にして地方自治体に対して行使してきた関与，なかでも事前の権力的関与を必要最小限度に縮小し，行政手続法の考え方を参考にして国と自治体間の調整ルールと手続きを公正，透明なものに改めること。

第 3．区による自治体への統制は，国会による事前の立法統制と裁判所による事後の司法統制を中心とするものとし，各省庁の細部にわたる行政統制を出来る限り縮小すること，ことに法令に明文の根拠を持たない通達通知による不透明な関与を排除し，「法律による行政」の原理を徹底すること。

　これを踏まえ，地方分権推進委員会は，まず機関委任事務制度及び国の関与の改革に関する調査審議を優先し，次いで必置規制や国庫補助負担金の改革に取り組み，そして地方税財源の充実確保と地方行政体制の整備及び確率に必要な国の支援措置を最後に取り上げると方針で臨んでいる。

　なぜ，こうしたかという理由について，西尾勝・元委員は「機関委任事務制度及び国の関与の改革を最優先し，必置規制と国庫補助負担金の改革を後回しにしたのは，後者の方が政官業の抵抗が大きく，前者よりよりむずかしい課題と判断したからである」と回顧している[4]。

　ともかく，国と地方を上下主従関係に固定してきた「主柱」を抜き去ろうという第 1 期分権改革は，未完の分権改革とはいえ，明治以来形成されたきたわが国の集権体制の骨格を崩そうという壮大な改革であったことは間違いない。

　こうして始まった第 1 期改革は 2000 年 4 月の地方分権一括法の施行という形で行政権限面の分権化が，その後，補助金・交付金・税源移譲の一体的改革とされた「三位一体改革」という形で税財源面の分権化が実現するのである。もとより，後者の三位一体改革は迷走し，補助金 4 兆円減，税源移譲 3 兆円，交付税削減 2 兆円（プラス臨時財源対策債の 3 兆円削減）で，地方財政は合計で 6 兆円の削減となっている（三位一体部分だけみても 6 兆円カット，3 兆円税源移譲，純計で 3 兆円のマイナス）。これを三位一体改革と呼ぶのかどうか，その趣旨からすると怪しい。この改革の趣旨は地方自治体の財政裁量権の拡大にある。

　三位一体改革はともかく，2000 年の地方分権一括法の施行を中心とする第 1 期分権改革は以下のような改革であった。要点を整理しておこう。

4. 第1期分権改革の要点

　まず第1は，機関委任事務制度を全廃したことである。改革の最も大きな柱は，各省大臣から知事，市町村長に委任している561項目にわたる機関委任事務制度を全廃したことにある。

　第2は，自治体への国の関与を縮小・廃止したことである。従来のような機関委任事務制度下で行われてきた国の包括的かつ権力的な指揮監督が廃止された。基本的に国の関与は技術的助言，事前協議的なものに限定される。法定受託事務についても，許可・認可・承認，代執行などの仕組みは残るとしても，従来の職務執行命令を基礎とする通達行政は大幅に制限されることになる。

　第3は，自治体の自治立法権限の拡大である。

　わが国では「法律の範囲内」で条例を決めることを認めている。国家の法律優先主義の思想がそこにある。

　今回の改革は国の法律事項を減らし自治体の立法権をフルに活用することが選択肢となっている。今回の改革は条例優先主義への転換の芽を出したといえよう。

　第4は，国と地方に新たなルールを形成した点にある。1つは国の関与の一般原則を「法定主義の原則」「一般法主義の原則」「公正・透明の原則」に沿うよう求め，不透明な行政指導的関与，行政官の判断に基づく通達などによる関与を極力排除する方向を採ろうとしたこと，もう1つは国と地方を対等協力関係に置き換えた場合に生じてくるであろう，国と地方の紛争（係争）関係の処理について新たな機関を置くなどのルールを定めたことである。

　第5は，地方税財源の充実を図ろうとした点である。まず，歳入の自治の確立をめざし法定外普通税の許可制廃止，法定目的税の創設，個人市町村民税の制限税率が撤廃された。「当分の間」と規定されながら戦後50年続いてきた起債許可制も2006年以降は廃止され，事前協議制に切り替えられる。このことで自治体は借金の自由を手に入れた。その意味では歳入の自治が確立したこと

になる．しかし，裁量権の拡大は失敗の自由と裏腹の関係にある．今後借金の仕方を間違えば自治体破綻が現実のものとなる．

ただ今回，国税・地方税比率を見直し，相対的に地方側の財政力を高めるという本格的な自主財源の増強には至らなかった．この問題は三位一体改革としてその後実現するが，さきほど述べたように結果において自治体の財政裁量権の拡大より，財政縮小に止まる「失敗」の改革に終わっている．もとより，財政問題は全体としてみる視点も必要で，財政全体は国，地方とも縮小せざるを得ない状況にあるから，三位一体改革と切り離して捉えると現場は大変だとしても「縮小」もやむを得ないことと見ることもできる．

加えて，特筆すべきは「地方体制の整備」である．

地方分権の推進の一方で，地方行政の体制整備が求められている．分権時代は市町村が地方行政の中心になっていくことは確かである．それは市町村が住民にもっとも身近な基礎的自治体であり，総合的なサービスを提供し得る主体だからである．

地方分権は自治体の自己決定領域を大幅に拡大する改革である．国と地方の関係を集権的関係から分権的関係に変え，相対的に地方側の決定権を拡大する改革である．

もとより，これはあくまでも手段であり，決して目的ではない．要はこうした改革を通じて分権・分散的国家が姿を現して来なければならない．その分権・分散的国家づくりの主役が今後自治体に移ってくる．そこで自治体自身が自ら考え，実施し，責任を負う体制づくりを行わなければならない．

平成の大合併がその後動き出すが，これは必ずしも地方分権推進委員会の勧告成果とは言えまい．むしろ合併問題を後回しにして国，地方の改革を進め，その後，分権の受け皿として困った状況の中で市町村合併が進むことが望ましいと分権委は考えていたフシがある．その思惑とは別な形で地方制度調査会等の答申を背景に強力な財政支援策の下で平成の大合併が進められた．筆者はこれでよかったのではないかと考えている．

というのも，合併自体，地域にとっては1～2年で行われる問題ではないからだ。助走期間として3～4年を要し，実際，合併協議会が設置されても2年以上を必要とする。そうした点からすると，受け皿として規模と能力向上をめざす合併は地方分権の推進と同時並行的に進められるべきものと思う。ただ，分権改革と同時並行だと，「なぜ合併なのか」を地域住民に理解してもらう切り札に欠ける点は否めず，結局，政府が持ち出してきた切り札は地方財政の危機を煽る一方で，合併したら財政優遇策を施すといった「アメとムチ」の政策しか採りえなかったことになる。

　こうしたことから，合併効果への評価視点もぐらついており，合併しても財政状況は好転していないという現在各地でみられる批判につながっているのである。ここではで平成大合併の中間的なまとめとして，その特徴を整理しておきたい。

5. 平成大合併の特徴

　平成の大合併は2000年4月に施行された改正合併特例法下での「市町村合併現象」を指しているが，この日本地図を大きく塗り替えた平成の大合併も，2006年3月で1つの区切りを迎えている。財政支援策を盛り込んだ合併特例法が終了し，その動きが止まったことで，7年前に3232あった市町村は，1821となっている（2006年3月末日段階。以後，2011年3月，1720になっている）。もとより，これで平成の大合併が終わったわけではない。

　小規模町村に更なる合併を求める新特例法が施行されており，2008年度からの地方財政健全化法に基づく4会計の連結決算（一般会計，特別会計，公営企業会計，第3セクター家計）が行われ財政状況が明らかになると，財政破綻を避けるために，新たな合併の動きが出てくるかも知れない。さらに東日本大震災を契機に被災自治体の復旧，復興をねらいに更なる市町村合併が行われる可能性は高い。

　それはともかく，以下では半分近くまで市町村が減り，村のない県が13にまで拡大した第1次の平成大合併について，その変化を検証してみたい。

平成大合併の特徴は，大きく5つに分けられる。

第1は，合併特例法による財政支援策が有効に効いたということである。
①合併したら，地方交付税を10年間減額しない，②合併関連事業は借金で賄い，その7割は国が返すといった，財政支援策がいかに効果的であったか。

合併前の平成11（1999）年3月時点の市町村は3232であるが，その後，表6-1のように大きく減っている。

表6-1　平成大合併の動き

(平成18〔2006〕年3月末現在)

	件　数	合併関係市町村数	市町村数 前年度末	市町村数 当年度末
H 11 年度	1	4	3,232	3,229
H 12 年度	2	4	3,229	3,227
H 13 年度	3	7	3,227	3,223
H 14 年度	6	17	3,223	3,212
H 15 年度	30	110	3,212	3,132
H 16 年度	215	826	3,132	2,521
H 17 年度	325	1,025	2,521	1,821
計	582	1,993		

※　平成17年度には，新法のもとでの合併1件を含む。
（資料）　総務省ホームページより。

ただ，平成15（2003）年度までの5年間は，たった100の減少に過ぎない。ところが平成16年度には1年間で611減り，さらに平成17年度は700も減っている。つまり，特例法の終了間際のたった2年間で，1310の市町村が消えるという，「なだれ現象」が起きたわけである。

第2に，数を減らしたのは，圧倒的に「町村」だということである。

これまでに減った市町村は，全体の44％に当たる1411だが，その中身は，ほとんどが町村である（図6-1）。

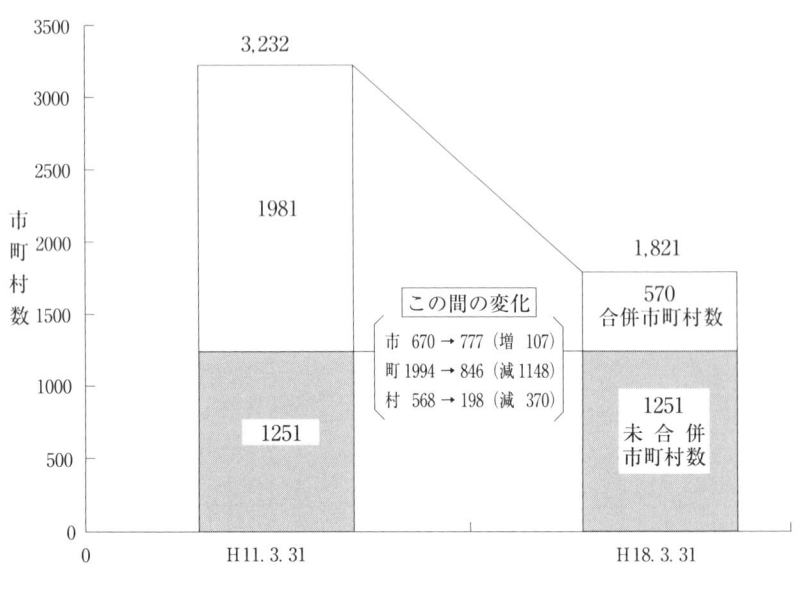

図 6-1 市町村数の変化

```
3500
           3,232
3000

2500
           1981
市
町 2000                            1,821
村                 この間の変化        570
数 1500                            合併市町村数
                 市  670 → 777（増 107）
                 町 1994 → 846（減1148）
1000             村  568 → 198（減 370）
                                   1251
                                   未 合 併
           1251                    市町村数
 500

  0
  0      H11.3.31                H18.3.31
```

（資料）　総務省ホームページに筆者が一部加筆。

「町」は1994から846へ，約6割の減少。「村」は568から198へ，65％の減少である。他方で，「市」は670から777へと，16％増えている。

この数字から読むと，平成の大合併は，町村を大幅に減らし，市をふやす政策であったと言えるかも知れない。

この結果，「村」のない県が急増した。7年前まで，村のない県は兵庫と香川県の2つであったが，現在は13の県まで拡大している。

第3は，こうした村のなくなった県ほど，市町村の減少率が高いということである。

例えば，広島県では86市町村が23に，愛媛県では70が20に，長崎県では79が23へと市町村が3分の1以下に減った。

全国ベースで減少率を大きく3つに分けると，市町村が50％以上減った県

が20，30％以上50％未満の県が16，30％未満の県が11となっている。

　しかも，5割以上減った県は，日本海に面した地域と，瀬戸内海に面した地域に偏っている。一方，北海道や南東北，北関東などの東日本と，大都市を有する首都圏，東海，近畿圏は，合併があまり進んでいない。こうした状況を，合併の「西高東低」現象と呼んでいる。

　第4は，市町村の減少が，必ずしも人口規模の拡大につながっていないという点である。

　合併の一段落した現在でも，1番多いのは人口1万人から2万人未満の町村である。

　2番目こそ，5万人から10万人未満の市だが，3番目，4番目は人口1万人未満とか，5000人未満の小規模町村である。5番目でも，2万人から3万人未満の市や町村である。

　人口20万人以上の特例市，中核市，政令市は96となったが，全体の約5％に過ぎない。

　つまり，合併が進んだといっても，法律上「市」の要件とされる，人口5万人に達しない市町村が7割を占めている状況である。ただ，面積が広がった関係から，「市」の区域に住む人々が88％となり，「町」に住む人が11％，「村」に住む人が1％となっている。いまや「村」に住むのは，100人に1人と言うわけである。もし今後，大都市の団塊世代が定年退職し，自然の豊かな村へ移住するなら，村の人口が増え始めるかも知れない。

　第5は，今回の合併で自治体の適正規模が確保されたかどうか，分からないということである。明治の大合併は小学校を持てる800人以上を，昭和の大合併は中学校を持てる8000人以上を目安にしたが，今回は何の数値目標も示されていない。

　それぞれ地理的条件が違うので，いくらが望ましいとは言えないが，筆者が会長を務める宮城県の合併審議会では，スケールメリットの働く自治体の適正規模を，人口約17万人と計算している（表6-2参照）。

表6-2 自治体の適正規模（理論値）

人口に対する職員数			人口に対する歳出額		
人口	職員数	指数	人口	歳出総額	指数
1,000	38.0	5.06	1,000	2,370,839	7.61
3,000	20.5	2.73	3,000	1,091,415	3.51
5,000	16.2	2.15	5,000	810,640	2.60
10,000	12.3	1.64	10,000	577,395	1.85
30,000	9.1	1.21	30,000	392,416	1.26
50,000	8.2	1.10	50,000	349,343	1.12
100,000	7.6	1.02	100,000	318,157	1.02
173,598	7.5	1.00	173,598	311,364	1.00
300,000	7.6	1.02	300,000	319,229	1.03
500,000	8.0	1.07	500,000	340,623	1.09
1,000,000	9.0	1.21	1,000,000	396,651	1.27

（注）　面積の平均値＝114km²と置いた場合。
（資料）　宮城県「みやぎ新しいまち・未来づくり構想調査研究報告書」（1999年3月）。

　面積を114km²に限定しての話だが，ここから推計すると，今後自治体は，おおむね人口10万人から30万人の間が適正規模ではないか，と思われる。地域事情はそれぞれ異なる。一概に小規模がダメだとも言えない。しかし今回，何らの数値目標も示さず合併を推進したことが，各地に混乱を招いた要因だとすれば，今後，反省すべき点かもしれない。

　そのほか，データは省略するが，
① 合併に際し，200以上の自治体が住民投票を実施したこと。
② 合併市町村の3分の1が「新たな名称」をつけたこと。
③ 静岡，高山など，1千km²を超える巨大な面積の市が誕生したこと。
④ 合併市町村の7割が「新設合併」という方法を選んだこと。

⑤　合併協議の途中で，合併自体が壊れた自治体も相当数あったこと。
なども，特徴的な点と言えよう。

このように地方行政体制を整備する視点から進められた市町村合併であるが，その合併効果を生み出すまでには至っていない。今後，各地域の大きな課題となってこよう。

6．第2期分権改革の課題

ところで，地方分権を進めても，地方にできない領域もある。外交や防衛，危機管理，司法，金融，通貨管理，景気対策，国土形成，さらに福祉や医療，教育，文化，農政，インフラ整備など政策の骨格をつくる役割は，国家経営の視点から国が主導することが望ましい。その点，国と地方の役割を可能な限り明確にする必要がある。

ただ，言えることはこれまでのパターナリズム（父親的温情主義）は，もはや時代錯誤であるということ。地方に仕事を義務付け，すべての政策領域に微に入り細にわたり関与するやり方（箸の上げ下げまで）は，自治体の政策能力が乏しかった時代の産物である。自治体が変わろうとしても，国の過剰介入が阻害要因となる。これではならない。今後は国家の役割を限定し，それを法律で制限列挙すべきである。

日本の自治体は，裁量的な政策環境が整えば自立可能なところが多いと見る。職員層も一定規模の自治体では揃っている。要は磨かれていない点が問題である。この点を捉え，ビジネスチャンスを与えず，「ビジネスが育っていない」と言っている国の姿勢は自己矛盾のそしりを免れない。地方と関わる政策分野で，国が果たすべきことは，政策のガイドラインを示す，財政力格差を是正するといった外形上の関わりに限定することが望ましい。

さきの章でもふれたが，西尾勝は2007年4月から始まった第2期分権改革を設計する地方分権改革推進委員会のヒアリングのなかで，第1期改革の「残された課題」を次のように整理している[5]。

① 地方税財源の充実確保：地方財政秩序の再構築
② 法令による義務づけ，枠づけの廃止縮減：法令の規律密度の緩和
③ 事務権限の移譲
④ 「平成の市町村合併」の結果を踏まえた地方自治制度の再編成
⑤ 住民自治の拡充
⑥ 憲法改正に備えた「地方自治の本旨」の具体化

　これについて同氏は，①と②は自治体の自由度の拡大する改革，③と④はむしろ自治体への新たな義務づけを伴うもので，自治体の所掌事務の範囲を拡大する改革と位置づけている（同委員会提出のレジュメより）。

　さきにも述べたが2007年4月からこの先3年間の予定でスタートした地方分権改革推進委員会は，5月30日に「基本的な考え方」を発表している[6]。分権改革のめざすべき方向を①分権型社会への転換，②地方の活力を高め，強い地方を創出，③地方の税財政基盤の確立，④簡素で効率的な筋肉質の行財政システム，⑤自己決定・自己責任・受益と負担の明確化により地方を主役としている。主な審議事項の柱として

第1．国と地方の役割分担の徹底した見直し
第2．地方税財政制度の整備
第3．行政体制の整備及び確立方策

をあげている。抽象的な表現で今後どのような方針が飛び出してくるか不明だが，いずれにせよ，地方分権をつくることはわが国の今後の道であり，大いに改革を期待したい。しかし，政治主導で始まった地方分権改革だったが，最近は小泉内閣，安倍内閣をみても地方分権をどこまで政治主導で進めようとしているか不明な点も多い。地方分権自体を与党の国会議員がどこまで望んでいるかも不明だ。枕詞として地方分権を唱えるが，それは総論として言っているだけで，各論となると官僚と手を組んで抵抗勢力に回る与党議員も少なくない。

　筆者は，2005年9月に初めて衆議院議員になった自民党の1年生議員（俗称八三会）の地域部会で話す機会があった。テーマは国会議員として国は地方に

何ができるか，何をすべきか，ということであったが，意外に地方分権に消極的な議員がいたことには驚いた。若い議員でも必ずしも地方分権を望んでいない現実があることを見落としてはならない。

加えて個人的な見解ではあるが，今後の地方分権改革に次のようなことが必要ではないかと考える。それは大きく3つからなる。1つは，政治主導で地方分権をより進めるべきこと，2つめは，道州制の導入目標を明示し骨太の設計を進めること，3つめは地域を元気にする国家ビジョンをつくれということである。少し詳しく解説しておこう。

(1) 政治主導でさらに地方分権を進めることである。
　それにはまず，1993年の衆参両院での分権推進決議の原点に戻ること。
　(ⅰ) 一部の族議員が分権化推進の抵抗勢力になっていることを改めること
　(ⅱ) 地方自治法を廃止し，自治基本法といった骨太の指針を示す法を制定すること
　(ⅲ) 国会に地方分権推進「特別委員会」を常設し，常に改革の再設計をすべきこと
　(ⅳ) 国，府県，市町村の役割分担を明確にする制度設計を国会が主導すべきこと
　さらに，今後第2次分権推進法をつくることである。
　(ⅰ) 機関委任事務制度は全廃したが，更に個別法の規制を見直す改正を進めること
　(ⅱ) 補助金改革は国会が主導し，一般財源化するよう努力すべきこと
　また，市町村制度の新たな制度化を行うことである
　(ⅰ) なし崩し的な特例(政令市，中核市，特例市)を都市制度と法制すべきこと
　(ⅱ) 新町村制や自治区制度など次世代の市町村制度のビジョンを示すこと
　(ⅲ) 平成22年までに平成大合併が終焉するよう，確かな支援措置を講ずること

(2) 導入目標を明示し，道州制の骨太設計を行うことである。

そのため，まず次代の「国のかたち」を国会が共有すべきである。
 (i) 次期国会で「道州制導入」の衆参国会決議を行うこと
 (ii) 内閣に道州制推進委員会を国会の同意を得て置くこと
 (iii) 衆参両院に道州制特別委員会を設置し，具体的な議論を始めること

次に，道州制導入を国民共有の観念とする国民運動を起こすこと。
 (i) 自民，民主両党は道州制導入の具体的プログラムをつくること
 (ii) 格差是正を図る税財政の設計と行政権限をセットに仕組みを考えること
 (iii) 国会議員，国家公務員，州議会議員，州公務員の制度化を進めること

(3) 地方を元気にする国家ビジョンをつくることである。

まず，ブロック広域圏（9～10）を単位に国家ビジョンをつくること。
 (i) 道州制をイメージしブロック単位で特徴ある活性化ビジョンをつくる
 (ii) 日本青年会議所などが提案してきた国家ビジョンを元に大討論をする

次に，現在の「特区」制度をやめ全国を規制緩和する「一般」化への道を探ること。
 (i) 現在の特区指定の中には，一般化した方はよいものも多く規制をはずす
 (ii) 自治体がビジネス事業で財源をつくれるよう，自治関連法の見直す
 (iii) 自治体もNPO活動ができるよう，法制度の整備を図ったらどうか

さらに，市街地活性化のために，土地収用法の見直しほか関連法の規制緩和を図る。
 (i) 都心空洞化や人口減で地方都市が死滅する。都心活性化法をつくる
 (ii) 「まちの駅」をつくり，若者が活動できる拠点づくりを促進したらどうか
 (iii) 団塊世代退職者向けに帰農促進法をつくり，農村地域への定住を進める
 (iv) 廃屋利用や農地取得が（借地も）容易となるよう従来型農地法を変える
 (v) 府県の「壁」を取り払う意味でも国会に「市町村公聴委員会」をつくる

これからの分権改革は，公共の責務はもっとも市民に身近な政府で実施されるべきだとする「補完性の原理」から改革を進めるべきである。これに照らせ

ば，行政の 3 分の 2 を担う地方が主役であり，財政でいえば地方財政が主役で，それを補完すべき脇役が国家財政ということになる。

　分権国家の考え方は「補完性の原理」，つまり行政は市町村を基礎に，そこで担当できない業務を府県が，さらに対外政策を含めた残りを国が処理すべきだというものである。しかし，与党の若手議員にはキャリア官僚の出身者も多く，補完性の原理自体を否定してかかる者もいる。道路も空港も基地も地方の意見など聞かないで国家が設計し，国家の権限でどんどん実行すべきだという意見が見られる。これでは超中央集権の発想で時代錯誤もはなはだしい。

　住民から選挙され日常接する国会議員がそうだとすると，それ以上に住民と接する機会のない省庁官僚は統計数値と図面でしか物事を考えないだけに，国家支配の意識が強くなりがちである。それではならない。

　「通達」から「通知」に国と地方のコミュニケーション手段は変わったが，依然，従来の上意下達の「通達」で仕事をしようとする官僚意識が見られる。これではダメである。市町村を基礎に役割を明示し，府県，国は内政の「補完官庁」たることを宣言したらどうか。個別の内政プロジェクトにくちばしを挟むより，むしろ，内政と外交の接点となる都市の国際交流やビジネス交流が活発になるよう，グローバル促進策を練ったらどうか。

　いずれ，分権化に伴い，地方自治体が自由に活動できるよう，様々な規制緩和を進めることである

　注
1) 　西尾勝『地方分権改革』（東京大学出版会，2007 年）。
2) 　佐々木信夫『市町村合併』（筑摩書房，2002 年）37-42 頁。
3) 　地方分権推進委員会『中間報告』（地方分権推進委員会，1996 年 3 月）。
4) 　西尾・前掲（注 1）31 頁。
5) 　西尾勝「第 1 次分権改革を回顧して」（地方分権改革推進委員会，2007 年 4 月）。
6) 　地方分権改革推進委員会「地方分改革権推進に当たっての基本的考え方」(2007 年 5 月 30 日）。

参 考 文 献

佐々木信夫『市町村合併』(ちくま新書,2002年)。
　　同　　『地方は変われるか』(ちくま新書,2004年)。
　　同　　『自治体をどう変えるか』(ちくま新書,2006年)。

第 7 章

「新たな公共」とガバナンス

1. なぜ,「新たな公共」なのか

　国,地方とも政府機構をめぐって「新たな公共のあり方」に関する議論が高まっている。道路公団民営化や郵政民営化の議論もそうだし,公の施設管理について民間を指名できる指定管理者制度の導入,あるいは官民競争入札を公務に持ち込む市場化テストも,新たな公共のあり方に関わる改革潮流である。これらの背景には NPM (New Public Management) という改革潮流への動き,地方分権化に伴う中央地方関係の変化,厳しい財政状況下での財政再建をねらう〈公〉の見直しといった,複合的な要因がある。

　わが国に限らず,20 世紀は先進諸国がおしなべて政府機能を膨張させた世紀であった。

　明治期以降の官民関係の流れについてフローチャートで示してみた（図7-1）[1]。現在を地方分権期（第5期）と位置づけると,官主導から脱し「官民協調型」の関係が始まったと言えるかもしれない。これについては以下縷々論ずるが,基本的には公共領域への民間参入を大幅に認めることで膨張した政府機能を縮小し,効率性,効果性を高めようという新たな動きの始まりといえる。

　国家に占める政府活動の膨張,影響力の拡大する現象を「行政国家化」現象とも呼ぶが,そこには資本主義が委ねる市場原理の限界から生まれる「市場の失敗」を政府の手に委ね解決しようという基本的な考え方があった。同時に大衆デモクラシーの考え方が普及し,政治のメカニズムを通じて公共サービスの供給量と中身が決定される議会制民主主義が定着した。そうしたことから政府

しかし，20世紀の終わり頃から，そうした公共分野の解決を政府機能に独占的に委ねることは非効率であり非効果的であるという反省が生まれ，膨張した政府機能をいかに縮小し，最適化するかが問われ始めたのである。そこでは「市場の失敗」の失敗を公共分野にも市場原理を導入することで回避できるかどうかが焦点となり始めた。そこに，新たな公共のあり方，解決主体の多様化をめざそうという論議が始まった大きな背景がある。

わが国では4分の1世紀前に，財政再建をねらいとする，いわゆる土光臨調（第2次臨時行政調査会）が設置され「公・共・私」のあり方を根本から問う改革論議が高まったが，じつは1980年代後半から1990年代初頭にかけておきたバブル経済の崩壊後における「失われた10年」の中でもそのことが本格的に問われるべきであった。にもかかわらず，安易に公債（国債，地方債）の発行で凌ぎ，おおきく財政規律（モラルハザード）を引き起こす結果に終わった。

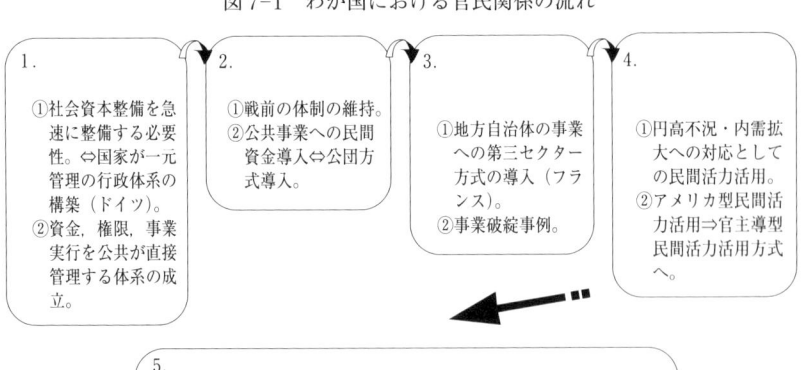

図7-1　わが国における官民関係の流れ

1.
①社会資本整備を急速に整備する必要性。⇨国家が一元管理の行政体系の構築（ドイツ）。
②資金，権限，事業実行を公共が直接管理する体系の成立。

2.
①戦前の体制の維持。
②公共事業への民間資金導入⇔公団方式導入。

3.
①地方自治体の事業への第三セクター方式の導入（フランス）。
②事業破綻事例。

4.
①円高不況・内需拡大への対応としての民間活力活用。
②アメリカ型民間活力活用⇒官主導型民間活力活用方式へ。

5.
①「財政危機」「地方分業」『民間のノウハウ導入による新たな公共体制の構築の世界的な流れ』。
②公共の役割・機能の再構築。
③「サービス経済の進展」「地方分権」地代における住民の税金・公共サービスレベルへの意識の高まり。
④日本型の構築。具体的方式として，「PFI」「PPP」「民営化」等⇒市場テスト。

（資料）　光多長温「PPPについて」聖学院大学都市経営研究会資料（2005年7月）。

だが，ここにきて，否が応でも「公共とは何か」を問わざるを得ない状況にある。例えば，郵政民営化をどうみるかが1例となる。

政府の構造改革の一環として官営として130年前に始まり政府直轄の巨大な独占的公共領域として形成されてきた郵政事業について，郵政3事業とも民営化し27万人公務員を非公務員化する法案が出され，衆議院可決，参議院否決，衆議院解散，総選挙，再度，郵政民営化法案の国会上程という，めまぐるしい政治過程が展開した。可決すると，2年後の非公務員化が，その後経過期間を経ながら10年後には完全民営化が実現する。これは実現した。結果として，公共分野における政府機能は直営部分で4分の3に縮小されよう。国鉄，電電，専売の3公社を民営化し政府機能を大幅に見直した土光臨調以来の大改革となった。

地方レベルでも2003年9月，地方自治法が改正され，「公の施設」の管理運営を民間企業やNPOなど幅広い団体に委託できる「指定管理者制度」が導入され，より民間的な運営が求められると同時に，民間企業にとっては公共サービス分野におけるビジネスチャンスが生まれた。すべてが指定管理者に委ねられると10兆円規模のビジネスチャンスになるという試算もある。逆に行政側にとっては，競争相手の出現と行政サービス外部化の機会が拡大したことになる。

こうした背景には，イギリス，ニュージーランド，米国など欧米先進国を中心に形成されてきたNPMという，「新しい公共経営」への潮流がある。

80年代，NPM改革の先陣を切ったイギリスのサッチャー政権は，「公共部門を縮小し，民間部門に新たなビジネスチャンスを生み出し，国民経済の活力を高めていく」という政策を掲げ，その目標として「財政赤字の解消と小さな政府の実現」と「民営化による新たな民間ビジネスの創出」とを車の両輪として掲げた。保守党から労働党ブレア政権に変わった現在でもこの潮流は維持され，民間活力や市場メカニズムを活用した官民パートナーシップによる公共サービスの民間開放（PPP）を積極的に展開し，成果を上げている。

公共サービスのあらゆる分野について，民間の経営ノウハウを導入して「効

率化」「高度化」「多様化」を図ろうとするこの改革潮流は，豪州，カナダ，オランダ，スウェーデンと広まり，日本にも90年代後半から支持が広がり始めた。国や自治体で貸借対照表の作成をはじめ公会計の見直しや政策評価制度の導入，PFIの実践，市場化テストとして具体化し始めている。

2.「新たな公共」とは何か

(1) 公共をめぐる学問動向

もとより，ここでいう「新たな公共」は何かという点になると，必ずしも明確ではない。

この4半世紀の間に「公共経済学」が一定の学問領域を獲得したように見えるが，しかし，もともと「市場の失敗」を出発点として成立してきた公共経済学にいま問われているのは，「市場の失敗」の失敗，つまり公共問題の解決に政府機能が十分機能せず「政府の失敗」に遭遇していることをどう解決するかという点に焦点が当たっている。

そこでもう一度，公共分野を見直しそこに市場原理を導入することが可能なものを整理し問題解決を図ろうとしているように見えるが，果たして市場原理とはそれほど有効なものなのか。逆に考えると，これは採算性の取れる分野が徐々に公共領域にも拡大し，その部分を非効率な公務員組織に委ねるより，民間化し民間企業等に委ねる方が資源の適正配分にもつながり，小さな政府を生む改革にもつながるということを意味していよう。

政治学でも，公共の哲学シリーズが刊行されるなど，従来の公権力を主体として支配・被支配の権力概念で構成されてきた伝統的な政治学を「新たな公共」の視点から捉え直す動きが顕在化しているが，果たして哲学や思想という切り口で公共ビジネスの領域を的確に説明できるのか，理論的解答を提示できるかどうか疑問なしとは言えない。

私たちの生活は，その人自身の意思で決定し自分の責任で行動が完結できる私的領域もあるが，もう一方では，その人自身ではどうにもならず，他人の意

思に多くを依存し他人との共同負担でその多数者の決定に従わなければ行動の成り立たない領域がある。後者を公共領域と呼ぶことができる。

　私的領域は，市場原理が働くことが望ましくそれぞれが自由に仕事を選び，各種の民間サービスを購入することで支えられるが，公共領域は道路，福祉，ごみ処理，介護，治安，防災，環境保護のどれ1つとっても「公的資金」との関わりなくして問題解決はできない，市場原理の働きにくい領域である。一般の生活者にとって「行政」と関わるのは，こうした個人や企業では解決できない公共領域について行政に問題解決者，サービス提供者としての役割を期待するからである。

　もっとも実際，私的領域と公的領域とを整然と分けることはむずかしい。しかも行政サービスの範囲は，学問の確定しうるところではなく，あくまでも政治のメカニズムを通して決定される性質のものである。それゆえに，それは国ごとに多様であり，時代と共に変遷していく性格のものである。現代における両者の領域をどう確定すべきか，簡単ではない。しかも私的領域と公的領域の相互の関わりも深い。

　民間サービスを提供する企業や団体の活動に対しても規制，助成，補完という形で国や自治体は深い関わりを持っている。そのことで良好な社会生活が営めるよう工夫されているのである。逆に，国や自治体の活動が民間活動と関わることも多い。それは国，自治体が民間に仕事を委託するという場合のみでなく，PFIやNPO，NGOの活動に見られるように民間自体が公共サービスの供給主体になるという関わり方もあるからである。そこに現在，"公務は官の独占物ではない" "公共サービスはイコール行政サービスとはいえない" と言われる所以があるのである。

　このようにみていくと，20世紀に確立した公共領域はイコール行政の役割といった単純な図式で，これからの「公共」を説明することはむずかしそうである。

(2) NPM のいう公共概念

そもそも，公共といえども，民を排除して官が独占する根拠はなかろう。それは官と民の両方で担うのが基本であろう。しかし，これまでわが国では，公共サービスは行政が提供するのが当然という考え方が常識で定着していた。経済成長をベースにした税収の増加を受け公共サービスが質量共に充実していった。住民は行政への依存体質を強め，行政は肥大化し膨張していったのである。

しかし，公共領域を国や自治体が独占することは良い結果を生まないという世論が台頭してきた。そこで登場した NPM は，基本的に「小さな（中央）政府」と「官から民へ」という考え方に則している。

その理論を単純化すると，市場による資源配分の優位性の主張と言える。つまり，「政府の失敗」よりも「市場の失敗」の方がましだという考え方をとる。

NPM の要点は，①権限と責任の移譲，②市場原理，競争原理の導入，③統制基準の変革である。例えば業績マネージメントという考え方。これは，目標達成型の組織改革を行い，顧客主義に徹した事業の推進をめざすことで，業績目標に対し行政活動の業績や成果（アウトプット・アウトカム）を評価していくことがポイントとなる。

また予算・財政マネージメント。これは，中長期的な観点から財政の安定化を図ることを目的とする。目標達成に必要な予算を3年程度保障する仕組みなど。英米では，政策目標を遂行するため各レベルに応じた計画書が体系的に作成されており，その中で組織の責任者から各職員に至るまで，組織の役割や個々人の役割が明記されている。

国土交通省が，これまでの「道路種別予算」から成果主義に基づく「業績予算」に転換した。従来の「一般国道直轄改修費」，「地方道改修費補助」といった道路種別で予算を計上するのではなく，「交通円滑化事業費」「沿道環境改善事業費」など，成果目標を実現するための業績予算としたことなどは，その一例といってよい。

こうした成果主義の考えは，ある意味で政治のマニフェストに近い。掲げた目標に対しどれだけ成果を上げたか，その結果が組織や個人の評価につながる

からである。こうしたNPMの潮流は公務員の意識改革にまでつながっていこう。

　公共経済学の理論を援用してこれまで行政が肥大化，膨張したことを説明すると，行政を厚生経済学的アプローチに沿って展開してきた点に要因があろう。これに対しNPMは公共選択論的アプローチに属している。この2つのアプローチは，対照的であり，公共性に対する考え方が違う。

　すなわち厚生経済学的アプローチでは，政府だけが公共性を追求できる主体だと考える。結果として，公共領域は「官」独占となる。それに基づく福祉国家論は大きな政府になりやすい。ここでは官と民を明確に分ける二元論的思考を原則としている。

　一方，公共選択論的アプローチは，公共性を追求するのは政府だけではないと考える。公共性の担い手は民間企業も含め的確な主体は多様に存在すると考える。市場の失敗の方が「政府の失敗」よりもましだとも考える。従ってできるだけ市場原理に委ねようという立場に立ち，小さな政府をめざす。ここでは官と民を分ける蓋然性がないので脱二元論的思考を原則としている。

　民間委託などを例とし仮に公共領域に官民が関わるべきだという考えに立ったとしても，従来の官民パートナーシップ論は，官が指示し民が作業を行うという厚生経済的アプローチをとっていた。だがNPMでのパートナーシップ論は，公共選択の立場から，原則として官と民という分け方をしない。いずれが優位であるかで判断しようという考え方をとるのである。

　厚生経済学的アプローチは主体論であり，公共選択論的アプローチは関係論とも言える。主体論に立つと，官だから公共性を追求する，民だから私的利益を追求するとの考えになる。しかし関係論では，民でも住民との間で約束によって公共性を担保できると考えるのである。

　今後の公共経営を考えるときに，「協働」という考え方は大事だが，これまで日本でパートナーシップがうまくいかない理由は，従来の法体系が主体論を支える二元論で成り立っているからだと言える。公権力の主体は役所だけであり，それに関わる行政は役所の守備範囲に属するという考え方に立つからであ

る。

　NPM の公共性の考え方は個人主義に基づく。これは，個から発して個に帰することである。個に帰するというのは利益だけではなく，責任もである。公共性とは住民も担うものであり，住民が公共性とは何かを考えるということになる。

　NPM でいう顧客主義の「顧客」を「住民」と捉えると厚生経済的アプローチになるが，公共選択アプローチでは，住民は単に受け手（受益者）ではなく，責任も負う「主体者」「参画者」と捉えるのである。そこでは自治体と主体者である住民，企業，NPO，NGO，ボランティアなどを対等のパートナー，協働の担い手と捉えるのである。

3．官僚制と公務員改革

(1)「公権力」観に立つ公務員像

　時代の潮流からして公共選択論的アプローチ，つまり NPM の立場に立って「新たな公共」概念を再構築する時がきている。公共分野がかりに拡大するとしても，それに関わる政府機能は拡大しない。公共領域に様々な主体を参加させることで政府の膨張は抑えられると考えるのである。

　そこで1つキーになるのが自治体官僚制である。自治体公務員はわが国公務員全体の4分の3を占めるが，従来，自治体では官僚制という表現を避けてきたが，筆者はここであえて「自治体官僚制」という表現を用いておきたい。その理由は，次の2点にある。

　1つは，自治体組織は官僚制であるという認識が自治体職員にも住民にも極めて薄かったこと。非効率，非効果的な仕事の仕方，税金の無駄使い，職員の不祥事などを，自治体の生み出す多くの問題は官僚制のもつ弊害として表出しているのに，その認識が乏しいゆえに官僚制のもつ「訓練された無能力」について十分議論が行われてこなかった。改革の設計はこの訓練された無能力状況をどう変えるかが中心的テーマとなるはずである。

もう1つは，じつはこれからの自治体には「真の官僚制」「真の官僚」が必要ではないかということだ。機関委任事務制度に自治体のもつ経営資源の多くが組み込まれ，国の手足のように使われてきた「地方団体」が，ようやく「地方政府」として行動できる客観条件が整い始めている。県庁組織も，市町村組織も規模の大小の違いはあるにせよ，それぞれが地方政府である。
　中央政府に官僚制があって，地方政府に官僚制がないという話にはならない。地方政府も官僚制の功罪をきっちと認識したうえで，功を伸ばし，罪を縮小する経営を考えなければならない。
　もとより，こう述べるからといって，筆者は「官僚制」をもっとも優れた組織形態と全面的に評価しているわけではない。ピラミッド構造を精密機械に見立て，そこに組み込まれた人間（職員）をあたかも部品と見るような，非人間的な組織観は住民という生きた人間を相手にする組織観にふさわしいとは考えないからだ。ぬくもり，やさしさを失った行政なら，ベルトコンベアーシステムに組み込まれたロボットや自動販売機のようなものが代替できるかもしれない。
　テーラーの科学的管理法に学んでつくられた近代官僚制論の限界は，1つは非人格性的な組織運営を職員に迫る点にあると考えられる。しかし，20世紀に確立した官僚制という組織形態を破る，それに代替する組織形態が見えない現在，しばらくは官僚制を現段階で優れた組織形態として受け入れ，そこから生み出される矛盾，問題を修正し，改善しながらつかっていくしかなかろう。

(2)　「公共ビジネスマン」の考え方
　資本主義が前提とする市場原理から漏れてくる「市場の失敗」を，公的部門として政府機能に委ねてきたが，その政府機能が過大化し官僚化したことを「政府の失敗」と称し，ふたたび公的部門にまで市場原理を入れ，行政の民間化を図ろうというのが，NPMの考え方である。
　その点，公共経営のあり方は大きな転換期にある。だから余計，公共部門を国，自治体が独占し，公務員という独特の職業人にそれを委ねてきた弊害が目

立つのかもしれない。

　公務員に対しては，制度に対するもの，働き方に対するもの，倫理感に対するものなど様々な批判がある。社会がこれだけ変化しているにもかかわらず，相変わらずの「親方日の丸」式の運営で，①危機意識がない，②コスト意識がうすい，③スピードが遅い，④切磋琢磨しない，と批判される。民間企業で終身雇用の慣行が崩れてしまった今でも，依然として公務員は別格の身分保障があるから，財政危機であろうが，非効率で非効果的な行政運営でも，解雇される心配もなければ，月給を減らされる心配もない。われわれは法令で守られており，法令で決められたとおり，給料もボーナスも払われるべきだと主張する。

　しかし，本当にそうだろうか。公務員に身分保障とは，政権交代などを理由に職員を総入れ替えしてきた猟官制の反省から，政治的中立を誓わせることで一定の雇用期間を保障する，顧客から賄賂を貰わないでも生活ができるレベルの生活給を保障する，という2点が近代公務員制のもつ身分保障ではなかったのか。

　公共問題の解決者の役割を与えられた公務員は，公共問題を解決した成功報酬として給料が与えられる，そう考えるのが常識ではないか。少なくも民間企業で働く社員は，会社に貢献する成果を生み出せなかった場合は解雇されるか，給料を減らされるはずである。

　間違ってならないのは，公務員の給料は決して身分報酬ではないということ。それは労働報酬以外の何物でもないということである。自治体が経営破たんし，住民に対し公共問題を解決できなかった場合は，職員は給料を請求する権利を失うと考えるのが民の常識である。公務員の給料も，問題解決者としての役割を達成できた成功報酬の一種だと考えるなら，成功の度合いによって，給料，ボーナスに差がつくのは当然ではないか。それが成果主義，能力主義に基づく人事管理だとするなら，それを否定する根拠がどこにあろうか。

　公共サービスは公務員にしか提供できない，そうした思い込みが公務員にないだろうか。そうした思い込みを断ち切る改革として，外部と遮断されてきた

公務員の世界に人為的に競争を持ち込む「市場化テスト」は新たな公務員改革につながる。頑張った公務員には大いに報いるが，働かない公務員には辞めてもらう。そうしたメリハリのある改革を進めるためにも，官民が同じ土俵で競い合う環境を整備することが必要ではないか。

その点，公共サービスの民間開放は公務員制度改革の第1歩と言えよう。こうした公務への市場原理の導入は，直接的な公務員制度改革より効果が大きいかもしれない。

とはいえ，公務員制度そのものの改革も必要である。公務員制度改革として能力等級制に併せて新しい評価制度の導入が求められている。筆者の考える業績給，能力給を踏まえた公務員給与制度のイメージは図のとおりである（図7-2）[2]。

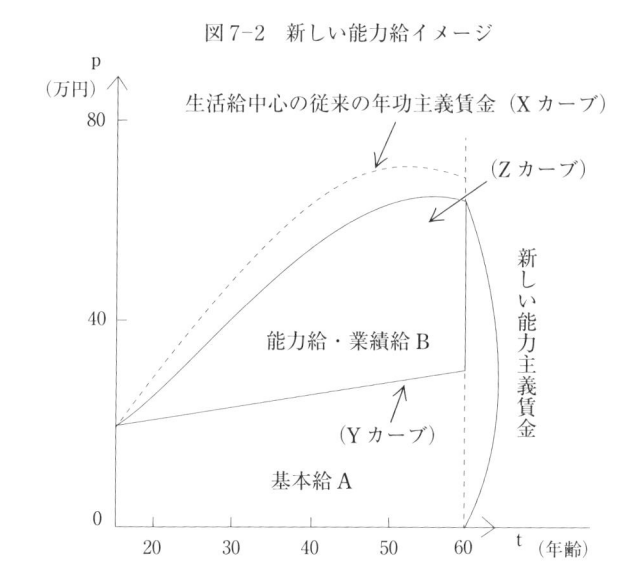

図7-2　新しい能力給イメージ

従来の年功主義に基づく賃金体系は，Xカーブで表される。生活給が基本なだけに，年齢と経験年数を重ねるごとに定期昇給し，労働成果と関わりなく年配者ほど給与が高くなる仕組みであった。これに対し，新たな能力給，業績給の導入は基本給に当たるYカーブはほぼ横ばいだが，それにプラスしてZカー

ブが個人別に加わるということである。

　すると，大いに頑張った職員はZカーブの恩恵を受けるが，あまり働かなかった職員はYカーブのみの賃金を受け取ることになる。こうすることで従来の身分報酬的な賃金体系から，正当な労働報酬としての賃金体系に変えることができるという訳である。

　人事評価制度の導入は，これを実現するためだが，それに止まらない。1つの側面である能力評価は任用管理や人材育成に，もう1つの側面である業績評価は給与上の処遇や人材育成に，さらに任用管理にまでつなげることができる。

　公務員は公共ビジネスマンである。一部の者は公権力の行使者という役割もあるが，その多くは公共ビジネスの実践者である。公共領域を担うNPO，NGO，民間企業の職員は競争相手である。そこで働く論理は「民の論理」である。公務員は形式主義に基づく平等観を捨て，実質主義に基づく平等観を確立する時期に来ていることを認識すべきである。

4．政策官庁としての自治体

(1)　政策官庁としての自治体

　これから自治体は，政策官庁としての地方政府（local government）がめざす時代である。それは決して団体，すなわち地方公共団体に止まらない。これまでの地方公共団体として自治体は，地域の政治機能を果たす「政治体」と事務事業の執行機能を果たす「事業体」の2つの面しかもち得なかった。これを事業官庁として自治体，「事業自治体」と呼ぶことができる。

　これに対し，これからの自治体は地域の政策形成としての自治体，そこには3つめの機能として地域の政策形成機能をもつ「政策体」が加わらなければならない。この3機能を備えた自治体を政策官庁としての自治体，「政策自治体」と呼ぶことができる。

　これからの自治体づくりは政策自治体の創造にある。とするなら，政策官庁づくりの視点から「政策体」の構築と「政治体」の改革が俎上にのぼらなけれ

ばならない．自治体間競争の中で自治体の構造改革が進むことが期待される．

(2) 求められる「政治」機能

「NPM」は①公共部門に市場原理，競争原理を導入すること，②資源を「分配」から「配分」のスタイルに変えること，③企画と執行を分離すること，④成果主義を徹底することを柱とするが，しかし，だからといってこれが直ちに「行政の民間化」を意味する訳ではない．公共サービスへの民間参入を拡大することではあるが，行政が責任まで放棄する話ではない．そこでの自治体像は従来の直接事業を執行する事業官庁から，執行をマネージメントする政策官庁の役割を強める視点が求められるということである．

行政はもともと利潤機会が乏しく，民間ではできない，ないし民間がやってはならない公益性の高い分野を担うのが本来の仕事である．行政自体が民間の論理一辺倒になっては，行政そのものの存在意義を失うことになる．そうではなく，あくまで NPM の潮流は事業執行の効率性を高める点に主眼があるということを忘れてはならない．

戦後，自治体は「行政あって政治なし」，「執行あって経営なし」といわれてきた．自治体は省庁の下部機関と扱われ，国の政策を通達と補助金を使って事業化する，それが主な仕事だった．知事、市町村長は大臣の地方機関とされ，国の機関委任事務の執行を命令されてきた．自治体業務の7, 8割に及んだ．

確かにそこでは，他己決定・他己責任・他己負担の原則しか作用しない．全国に統一的なナショナル・ミニマムを実現する目的からだが，自治体には機関委任事務の議会審議権もなければ条例制定権もない．予算の減額修正すら認められなかった．

しかし，2000 年以降，そうした状況は一変した．機関委任事務の全廃でその多くが自治事務になった．自治体に自己決定・自己責任の原則が作用するようになり，今後，税財政の三位一体改革が進むなら，さらに自己負担の原則も明確になっていく．地方における「公共」の意味が変わった．頼まれ仕事で処理するのではなく，自分で考え必要性を証明して仕事をするのである．

その中で政治を担う首長と議会の責任は重い。成功する自由と失敗する自由を併せ持つ。

(3) マニフェストが政治を変える

「政治」の役割を単純化すると，既成の秩序を変える，骨太の将来設計をする，執行機関を監視統制することが役割である。それには，有権者との約束をきちっと守るのが大事である。

2003年春の統一地方選からマニフェスト（政権公約）という考えが出てきた以降，衆参両院選挙，さらにこの年の1月から続いている市町村合併後の首長選挙で，マニフェスト選挙が次々と行われている。2005年9月の郵政民営化論を軸とする衆議院選挙でもマニフェストの中身が問われた。筆者はとくに知事，市町村長選にマニフェストが持ち込まれたことが，自治体を変える大きな要素になるとみている。これまでの選挙目当ての，選挙終了までの約束ではなく，マニフェストを掲げて当選した首長らは，自ら示した政権公約の実行に4年間拘束され，評価されるからである。

イギリスの「マニフェスト」は，「政権綱領」とか「政権公約」を意味し，小さな冊子にまとめられる。書店でも販売されている。これが任期中何をやるのか，党の綱領であり，候補者との約束である。

わが国でも長らく「選挙公約」という言葉を使ってきたが，それを有権者との契約と考える者は少なかった。選挙向けキャッチフレーズ，選挙までの飾りに過ぎないと見てきた。だから，公約が実行されたかどうかを問う政治風土が育たなかった。

その悪弊を破るのがマニフェストである。これが自治政治に定着していくなら大きな変化となる。馴れ合いと談合の政治は大きく変わる。そうあって欲しいと考える。

機関委任事務制度の全廃で，全国の府県，市町村は省庁の下級官庁ではなく，対等の政府として7割程度の自治事務を手にした。であるなら，首長は自らの意思で事務の統廃合を試み，政策内容の変更を行うべきだ。政策内容の総点検

を行う，そこから新たな政策体系を組み立てる。これこそ，本来政治が担うべき仕事である。

　また議会は7割の自治事務について，自ら条例を提案し，予算案の修正を試みるべきではないか。議会に予算の提出権はないが，論戦を挑むため議会として「もう1つの予算案」を作成してみる気概はないか。予算を編成してみてこそ，初めて自治体行政の全貌がわかるはずだ。でなければ，いつまでたっても，執行機関のチェックしかできないはずである。

　新たな公共を実現する地方議会は立法機関であるべきである。大統領制下の議会は，決して首長に依存した議会ではない。対等な政治機関として独自の役割がある。自ら予算編成を試みることも不可能ではない。日常的に政策評価を行い，独自の条例を提案・可決し，首長に代表される執行機関にその執行を迫ることができるはずである。行政があって政治があるのではなく，政治があって行政がある―それが本来の政治―行政の関係である。

　その中で自治体職員は，首長の政策スタッフであり，本来の「官僚」が果たすべき政策の立案や執行について腕を振るうプロとしての行動が求められる。自治体職員は事業マンから政策マンへの脱皮を急ぐべきである。

　組織の編成も「考える機能」を大幅に拡充すべきである。える能力を高める人材育成をする。個別の事務事業が全体として1つの政策に収斂し，それが評価の対象になるような骨太の政策を構想すべきである。それを行える能力を持つ自治体を，「政策官庁」としての自治体と呼んでよい。NPMの潮流に沿っても個別事業の相当を民間等に任せることができても，それを設計管理する役割は自治体の役割として残る。そうした知恵とノウハウを持つことが政策官庁としての自治体に求められるのである。

　住民は「お任せ民主主義」「観客民主主義」から脱皮しなければならない。参画の行動と協働の責務を果すガバナンス（協治）時代にふさわしい主体的な行動が求められる。

(4) 公共経営で変わるべきこと

　一般に地方の「公共経営」といった場合，2つの意味をもつ。1つは自治体の経営であり，もう1つは地域の経営である。自治体の経営は，自治事務が7割へ飛躍的に拡大したなか，どのような戦略で裁量権を生かしていくのか，政策官庁として主体性が期待される。これと深く関わるが，地域づくり，まちづくりを地域経営の視点から組み立てることも大事である。市町村に都市計画の権限が大幅に移譲されている。これまでの省庁ごとのバラバラの補助金を使ってのまちづくりではない，トータルな視点をもった戦略構想が求められる。

　そこでまず，自治体の経営について，次の4つの点に自己改革を求めたい。

　第1は，首長が変わること。ここでいう「変わる」は交代も含むが，まずは現職に自己改革を求めたい。公選の首長は，政治家であり，経営者であり，外交官である。その行動は有権者との契約，「マニフェスト（政権綱領）」が規範となる。従来の選挙向け公約と違い，これは有権者との契約だ。これからは公約実現の請負人感覚が首長に求められる。

　自らの「任期」についても再考すべきである。任期は1つの仕事の単位である。その間に仕事を完結するのが原則で，首長は長くても3期12年で十分ではないか。民間では10年やっても結果がでないなら交代という。政治も同じではないか。任期制限は法律上むずかしいというが，それよりも首長自身が「多選自粛」を公約したらどうか。

　第2は，議会が変わること。従来のチェック機関議会ではもはや限界である。分権時代の地方議会は立法機関をめざすべきである。とくに合併後の自治体議会は生まれ変わるチャンスである。議会は首長と対等な政治機関として，政策内容を総点検し，自ら条例を提案し，予算修正を試みる気迫が求められる。

　確かに現行法では議会に予算編成の義務も権限もない。しかし，議会として「もう1つの予算案」を編成したらどうか。それをもとに，首長提案の予算について政策論争するなら密度は濃くなる。全予算を自ら編成してみてこそ，初めて仕事の全貌がわかる。各議会に予算研究会の立ち上げを期待したい。議会が脇役から主役に変わるチャンスがきている。

第3は，職員が変わること。まずサラリーマン根性を捨てることである。大過なく地位にしがみつき月給を食む，そんな時代ではない。職員は首長の政策スタッフであり，プロだ。職員自身，いったん雇われたらが首長とも無関係な終身職などと考えてはいないか。もう，世間にそうした特権的な地位感覚は通用しない。政策の立案や執行に腕を振るう専門家として雇われている。少なくも住民はそう見ている。その業績に支払われるのが月給である。

　能力主義を徹底し，経験者採用を増やし，仕事のできる者のみが継続雇用されていく，公務の世界もそう変わる時代である。事業官庁から政策官庁への脱皮には，①政策部門の充実，②幹部層の執行役員化，③政策プロの育成，④政策評価など戦略的改革が不可欠になる

　第4は，住民が変わること。従来の「お任せ民主主義」「観客民主主義」ではダメである。自己決定・自己責任は，究極は住民自身に求められる。地域経営は他人事ではない。参画と協働の責務をどう果すか，ガバナンス（協治）時代にふさわしい主体的行動が求められる。

　参画民主主義の時代である。住民自身が決めることが望ましい領域は，思い切ってコミュニティレベルに分権する，そうした地域内分権も不可欠である。

　もっと自治体の内側から変えるべき点は多い。6つのチェックリストを提案しておこう。

　第1．組織がタテ割で，職員にタコつぼ意識がないか。

　自治体でも部・課・係間の壁は厚い。国の官僚制だけを批判できない。他の課，係の仕事には口を出さない，出そうとしない組織風土はないか。もっと組織を緩やかに「大括り組織」にし，職務チームとして人員配置を柔軟に行ったらどうか。

　第2．意思決定が遅く，ロースピードになっていないか。

　「お役所仕事」という表現がある。決定も執行も遅いことの代名詞だが，もうこうした役所批判は集権時代の遺物にすべきである。起案文書の改善はどう行われ，ハンコ数はいくつ減ったか。残業はどれだけ減ったか。時間内で仕事

を仕上げた職員をプラス評価するシステムはないのか。残業することしか，経済的プラスを得られないようなシステムはもう古い。

第3.「会議が仕事」になっていないか。

役所は会議が多い。確かに合意形成にはミーティングは不可欠である。しかし，それ自体が仕事化していないだろうか。報告や打ち合わせといった形式だけの会議が多すぎないか。1自治体で毎日本庁，出先を合わせどれぐらい会議があるか数えてみたらどうか。

とくに管理職は「会議が仕事だ」と思っている。庁議など重要な場が政策論争の場になっていない。会議の生産性を計算すべき時代である。電子政府の導入など簡素で効率的な合意形成の方法を工夫すべき時にきている。

第4. コスト意識に欠ける，内部管理事務が多すぎないか。

笑うに笑えぬ話がある。役所で「改革を」というと，すぐ改革本部ができそれを支える事務局が人員増を求めるという話。改革という名の仕事が組織の膨張を生むメカニズムがこれだ。これはおかしい。政治的リーダーシップで，こうしたメカニズムは断つべきである。

人事，財務，管財，定数，庶務など総務的な内部管理の仕事が多すぎないか。

自治体によっては，職員給与を一部振込み、一部現金払いとする慣習がまだある。小遣いは現金で欲しいという職員要求があるからだ。すると，毎月現金を扱う封筒詰め要員が必要で給与係は人が減らない。なぜ今どき，一部現金支給を求めるのか，不思議である。

コスト意識がなさ過ぎる。事務事業に対するコストを公開する時代だ。それが政策評価なのに，一方ではこうした非効率なしくみが温存される。これでは住民は納得しない。5人で行う仕事を3人体制に変えたら能率が上がったという経験が筆者にはある。1人当たりの裁量領域と責任を与えると職員は元気になるものである。これが人事の要諦だろう。

第5. 職員がフルパワーで働いているか。

合併後の自治体でも心配だが，組織が大きくなればもたれあい，無力感が生まれやすい。ここの職員にどのように責任意識を持たせるか，それが課題であ

る。現行は，成功した者が報われる，そうした「民の常識」に沿う給与，昇進システムになっていない。研修の機会も輪番化し義務化してはいないか。人材投資はいまや選別的な発想が必要な時代である。

課長以上に「年俸制」を入れたらどうか。日銀はこの7月から約5千人職員の約1割に当たる調査役以上（管理職）に年俸制を導入するという。府県はもとより，一定規模の市でもこれは可能ではないか。人を活かす人事システムの再構築を行うこと，それが経営戦略の基本である。

第6．顧客（住民）を向いて仕事をしているか。

往々にして，職員の意識は内向的になりがちである。市長の顔色ばかり気にし，県や国の指示ばかりを求める傾向にないか。これからの自治体は顧客満足度の最大化が目標である。顧客満足度の低い仕事はやめる決断も必要である。その結果を「行政評価白書」として年次公表したらどうか。

東京の杉並区がユニークな試みをしている。住民満足度の向上をめざして「5つ星区役所づくり」を展開中である。国際ホテルの格付けでいう5つ星の発想がそれである。各エレベーター，職場にラベルが貼られ，つねに職員の意識高揚を促し，住民の目が注がれている。この種の改革運動はいつも必要で，各自治体ともわかり易いキャッチフレーズで運動したらどうか。

5．公共政策の総点検と連携

(1) 政策連携の考え方

いま自治体が具備すべき標準装備は，①情報公開，②行政手続，③政策評価，④IT化，⑤自治基本条例，⑥バランスシート，⑦指定管理者制度の導入である。加えて厳しさを増す財政環境にあって，政策運営のスタンスを変えることも必要である。

従来の自治体行政は"お客様は神様だ"という消費者主権の考えに沿って，住民の要求をあたかも聖域のように扱うきらいがあった。

増大する行政需要にもっぱら行政サービスの供給量を増やし対応してきたの

である。福祉需要の増大には福祉施設の増設で，自動車交通量の増大には道路整備で，生活雑排水による河川の汚濁には下水道の整備でといった具合にである。結果としてそれが財政を膨張させ，職員を増やし，組織規模を大きくするように作用してきた。

　これからは違う。公共部門において「小さな自治体」づくりをめざすべきである。わが国の場合，高齢少子化は避けて通れない。20年後に高齢者比率は約30％となり，老親扶養率が現在の約3倍の25.7％へ急増すると言われる。カネのない社会へ向かう。高齢者の働く機会を増やす方策や工夫も必要だが，基本はカネのかからない行財政運営へ舵を切ることが大切である。

　何でも行政需要があるからそれに応える，こうした発想はもうとらないことである。むしろ，行財政需要を発生源に目をつけ，そこを削減・抑制する方策が必要で，民間活力を生かす方向で需要を縮減する方策を採ることだ。民間から出る資源をうまく行政が使って別の政策を生み出す，政策リサイクル，政策リンケージの発想も大切である。

　その方策は大きく3つ考えられよう。

　第1は，「規制政策」又は「予防政策」である。住民の健康診断を徹底することで医療需要の削減をめざす，結果としてそれが医療行政の負担を減らすことになる。育児休暇制を普及させ，会社に保育所を義務づけ，それを支援することで公的な乳児保育需要の発生を抑える。このように需要の発生圧力を減らすことで行政の仕事を抑制しようというもの。

　第2は，「助成政策」又は「民活政策」である。民間の学校や病院，福祉施設に助成金を出すことで民間サービスの供給量を増やす。結果として，公共がそれらを造らなくても済むようにする。地方都市など民間の力が弱い所だと，この方式がどの程度可能か心配もあるが，何でも官活のみで対処する発想では民間自体が育ってこない。むしろ公共分野で活躍できる民間を育てるよう，ビジネスチャンスを広げる努力と工夫が不可欠だ。

　第3は，「負担政策」又は「減量政策」である。ゴミの減量化に収集手数料の有料化を図る，リサイクルを進めるといった方式もその1つ。この発想を各

行政分野に応用したらどうか。群馬県太田市では，雑誌回収を自治体が行いその売上代金で高齢者へ移動式ベットの無料貸し付けをしているが，こうした一種の政策リサイクルの手法は大いに広げたい。

　水道料金を値上げして節水効果を期待する，公共駐車場の料金を引き上げ中心部への車の参入を減らすといった負担心理に圧力をかけ行政需要への跳ね返りを減らすのも大事である。

　企業にも生産，流通段階で様々な義務付けをしたらどうか。自動車のスクラップを減らすには頻繁なモデルチェンジは認めない，リサイクル率を上げるには酒・醤油・ジュースビンの規格を統一する，過剰包装の追放をするといった具合に，いろいろなことが可能である。

(2)　公共への民間参入

　これは政策の担い手の改革にも及んでいく。2003年9月に地方自治法が改正され，全国で40万施設ともいわれる「公の施設」について，その管理運営を民間企業がNPOなど幅広い団体に委ねることができる「指定管理者制度」が導入された。自治体はこれまでの管理形態を再チェックし，06年9月までに直営か指定管理者かを選択しなければならない。

　当面，公園や児童福祉施設，ホール，公会堂，スポーツ施設，霊園，斎場などが対象となろうが，それを民間の指定管理者に委ねると2兆円規模のビジネスとなるそうである。これは現在のホテル業，ファミリーレストラン業，人材派遣業など全国に地域展開する全サービス産業の売り上げ規模を上回る数値である。

　もとより，役所が萎縮する必要はない。公の施設経営について自治体がこれまで常に税金の有効に使い，管理業務の実績と専門能力を蓄積し，質の高い公共サービスを提供していたとすれば，既存の管理団体にとって指定管理者制度の導入は決して日々の仕事を脅かす脅威ではなく，むしろ自らの実力を民間との競争を通じて示す絶好のチャンスなのである。

　公共選択の考え方はこうして具体化するなら，住民にとってプラスに作用し

よう。さらに2005年度からPPPの一環として「市場化テスト」の導入も日程に上っている。これは「官民競争入札」とも呼ばれ，自治体の行う公共サービスそのものを丸ごと官民対等の競争入札にかけ，サービスの質や価格，効率面で優れた方を採用するというしくみで，欧米では刑務所運営，清掃・廃棄物処理，旅券発行，下水処理，道路の維持管理など多くの導入実績がある。これはハードな行政面だけでなく，徴税業務や職業紹介，年金保険徴収といったソフトな行政分野まで及ぶ性格のものである。

　これが自治体の事業現場まで導入されていくと，指定管理者制度と相俟って改革への相乗効果は大きく，まさに「官から民へ」の流れを加速する切り札となっていこう。

6. 公共経営の発想と戦略

(1) 自治体間競争

　これから自治体間にはサービスに留まらず経営品質をめぐる競争関係も生まれてこよう。それぞれ自治体が長期にわたって，住民の求める価値を創出し，優れた品質の公共サービスやまちづくりを継続的に生み出していけるかどうかが問われるのである。

　人々はこの評価をもとに住むところを決めていこう。優れた自治体経営の行われている地域では人が増えていく，逆のところでは人が去っていく，これを「足による投票」という。分権社会のアメリカで起きているこの現象は対岸の出来事に止まるまい。

　今後は自治体における政策ビジネスをめぐる競争も生まれる。これまでのような"行政には競争がない"というのは役人の言い分に過ぎない。あの地域で出来て，なぜわが地域ではできないのか──この種の話が各政策領域で多くなってこよう。自治体経営の方法についても「チエを巡る競争」関係が成立してくる。まさに自治体間競争の時代である。

　「他人のカネで他人のために働く」，これが公共での公務論理だが，これから

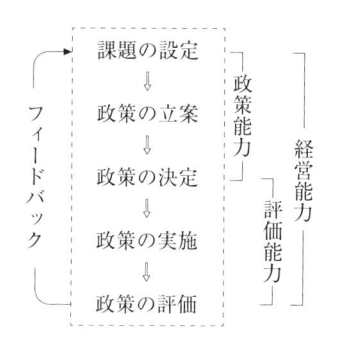

図7-3 自治体に求められる3能力

```
         課題の設定  ┐
            ⇓      │政策
         政策の立案  │能  ┐
  フ         ⇓      │力  │経
  ィ      政策の決定  ┘    │営
  ー         ⇓           │能
  ド      政策の実施  ┐    │力
  バ         ⇓      │評  │
  ッ      政策の評価  │価  ┘
  ク                 │能
                     │力
                     ┘
```

は「自分のカネで自分のために働く」，民間の論理により近い発想が自治体に求められる。

　こうした大きな変化の中，自治体には3つの能力が求められる。それは経営能力であり，政策能力であり，評価能力である。政策過程との関わりで説明しておこう（図7-3）[3]。

(2) 自治体の3つの能力

　第1は，経営能力の問題だが，これは政策過程全体に及ぶ。この全過程をうまく組織化し，運営し，良好な結果を生み出せるかどうかがここで問われる能力だ。従来，行政は「出るをもって・入るを制する」を運営原理としてきたが，これは執行の論理ではあっても経営の論理ではない。住民からの需要を与件とおき，それを満たす財源が不足なら国に陳情するか公共料金の値上げで必要財源を賄うという「執行賄い」の考え方に基づくからである。

　経営というのは，独自に定めた経営マインド（理念）に基づき，経営システム（体系）を構築し，自らの経営ノウハウ（技術）を駆使して，組織目的の最大化を図る行為である。そこには必要なカネはいつでも集まるという発想法はない。必要なカネも集まらない，借金しても返せないかもしれない。自ずと「入るをもって・出るを制する」経営原理が支配することになる。

自治体の経営能力を高めるには，1つは首長の選び方を変えることである。行政実務に精通したハエ抜き職員を首長に据えようという発想はもう古い。国内に限らないが民間会社，シンクタンク，マスコミほか異文化体験を自治体に持ち込むことが大事である。公募制でもヘッドハンターでもよい。大統領の自治体では首長の資質が自治体経営の成否を大きく左右する。主要部長も特別職にしたらどうか。定年を待つ"上がりのポスト"が部長では落ちこぼれ自治体への転落を待つようなものである。

　第2は，政策能力の問題だが，これは課題の設定から政策の決定まで問う能力である。どうすれば魅力あるまちづくりができるか―この問いに応える政策設計ができるかどうかが形成能力の問題である。それは政策目的の明示，政策手段の構想，政策資源の調達，実施体制の明示，利害関係者への対応からなる。

　この仕事は従来の決められた仕事を執行する事業マンの発想ではうまく行かない。目標自体を自分らで設定してかかる。その意味で職人ではなく，建築家，設計者，デザイナーのセンスをもつ政策マンでなければならない。いまや市町村も大卒が多い。基礎能力は高い訳だから，これを職人としてではなく，設計家として育てる独自の人材育成プログラムを持つなら，育つ可能性は高い。

　もとより自前で育てるといった場合，研修を多くやればよいという事ではない。企業体験を積ませる，マーケッティングをやらせる，企画や財政畑でマクロな視野を養う，省庁や県，シンクタンク，あるいは海外自治体などへの派遣で鍛えるなど，知識ではなく知恵を磨く，構想力を高める訓練を多く積ませることである。それで間に合わない分野は，民間ないし他自治体からスカウトしてくれば良い。

　仕事に対する業績評価もキチッと行うべきで，先述のように経済的評価としての労働報酬にもつなげるべきでボーナスは業績評価の結果を反映したものでなければならない。

　組織の政策能力を高めるには，小さくともシンクタンクをもつべきだ。それは専任の研究員とか建物を必要条件とはしない。地元大学や民間企業，知識人などに職員も加わって研究会を組織し，定期的に基礎的な研究活動を行うこと

でよい。この日常的蓄積がないと長期計画づくりでも都市計画のマスタープランづくりでも，東京のシンクタンクを頼むことになる。委託調査のみを続ける自治体に政策能力は育たない。優れた政策マンとしての人材も育たない。アイディアの蓄積もできない。いつまで経っても，政策自立のできない自治体に止まる。こうした研究開発・人材育成に投資しない自治体は今後伸びないのだ。

　第3は，評価能力の問題である。一般に評価とは plan → do → see の中で see という場面だが，ここでは図のように決定から実施，結果までを政策評価のエリアにあげておきたい。

　というのも，いったん決めた公共工事は時代背景が変わってもやり続けることが本当に正しいのか，そうは思えない。やはりそこには時代の変化要因を加えて計画されている事業，実施中の事業内容を見直す「時のアセスメント」が盛り込まれる必要がある。

　従来自治体に限らず日本の行政は see という場面にメスを入れることはなかった。むしろ予算消化主義の言葉があるように予算は「使い切るが良し」の発想が一般的だった。住民の批判をよそに第4・四半期に公共事業は集中し，予算消化のための職員管外出張が目立った。こんな行動様式が許される時代ではない。こうしたことに納税者は怒っている。

　自治体には，これまでの執行能力の向上（効率性，効果性の追求）のみでなく，政策形成能力や政策評価，さらには経営主体としてのトータルな経営能力の向上が求められている。それができてこそ，小なりとも自立した地方政府と言えるのである。

　これからの地方の公共経営改革は政策自治体の創造にある。公共領域を民間に開放し，相互に競争を通じてサービスの質を高め，経営の合理化を進める，それをうまくコーディネートする，これが「新たな公共」を実現する公共経営のあり方ではないか。自治体間競争が地方自治に進歩をもたらす。さらに民間との競争の中で公共経営の改革も進む。そうした中で，地域経営において住民との協働が進むなら，新たな公共の形を地方レベルから生み出すことができよう。日本的な公共の概念，公共経営のあり方は今後実践過程を通じて新たに形

成されていくことになり，研究レベルでもそれをフォローしながら理論化していくことが課題となる。

注
1) 光多長温「PPP について」聖学院大学埼玉都市経営研究会報告資料（2005 年 7 月）抜粋。
2) 佐々木信夫「新しい公務員制度」月刊 EX　2005 年 4 月号 9 頁。
3) 佐々木信夫『市町村合併』（ちくま新書，2002 年）157 頁。

参 考 文 献
宮脇淳『「公共経営」の創造』（PHP 研究所，1999 年）。
佐々木信夫『自治体の改革設計』（ぎょうせい，2002 年）。
　　同　　『地方は変われるか』（筑摩書房，2004 年）。
　　同　　『政策の潮流・改革のうねり』（ぎょうせい，2005 年）。
小林良彰『公共哲学 14・リーダーシップから考える公共性』（東京大学出版会，2004 年）。

第 8 章

地方分権と自治基本条例

1. 地方分権の意義

　本章では行政学の観点から，わが国において地方分権改革を進める意義と，その過程で自治体が自らの憲法とされる自治基本条例を制定しようとする意義について考えてみたい。

　中央集権体制の価値は，公共政策において統一性，公平性を国の強い指導力によって実現することにある。明治維新以降，1世紀余にわたり，わが国でとられた中央集権体制は「追いつき追い越せ近代化」を達成することに有効に機能したと評価されよう。

　しかし，国民生活が豊かになり，価値観の多元化と地域の多様化と都市国家のもつ特性を受けて，むしろ公共政策において多様性，迅速性の発揮が求められ，住民の協働参画が要請されている。この実現こそが地方分権体制の価値である。わが国の新たな「国のかたち」は地方分権の価値を実態に即して実現していくことにあろう。

　そうした時代背景をもとに1993年に衆参両院で初めて地方分権の推進に関する国会決議がなされた。これを受けて，1995年には地方分権推進委員会（諸井虔委員長）が政府に設置され，6年間の活動において地方分権改革に関する第5次までの勧告を行った。

　この勧告に沿って，2000年に475本の法改正を伴う地方分権一括法が施行され，わが国は分権国家への歩みを始めることになった。これを第1期の地方分権改革と呼んでいるが，その成果は，中央政府と自治体の関係を上下・主従

の関係から，明確なルールに基づく対等・協力の関係に改めることにあったと言える。地方分権の受け皿となる自治体の体制整備も課題となり，機を同じくする形で市町村の合併が進められた。1999年まで3232市町村であったわが国は，1719市町村（2013年4月現在）へと約45％減少し，規模拡大をめざしたのであった。

しかし，税財源の分権化により地方の財政裁量権の拡大しようとした三位一体改革は，地方財政の削減政策の色彩を強め，また機関委任事務制度を全廃することで行政権限面での自治体の裁量権を拡大したはずの第1期改革も，規律密度の高い個別法に阻まれ，自治体の自由裁量で政策設計できるという状況には未だない。

そこで2007年以降，地方分権改革推進法による地方分権改革推進委員会（丹羽宇一郎委員長）を中心に第2期地方分権改革が進められた。道州制構想や地方財政健全化法制の整備等の課題とも絡んで，地方分権改革は新たな段階に踏み出しつつあるといえよう。

こうした中，ナショナル・ルールのみではなく，ローカル・ルールを制定することで自治体の運営，地域づくりを独自に始めようという自治体の動きが顕在化してきた。その1つが「自治基本条例」の制定である。自治基本条例とは，自治体の自治の方針と基本的ルールを定める条例であり，「自治体の憲法」とも呼ばれる。ニセコ町まちづくり基本条例（2000年）や杉並区自治基本条例（2002年）などを皮切りに，近年，全国の市町村で次々と条例制定が行われるようになってきた。

自治基本条例は，各自治体の将来像を明確にし，首長・議会や住民の「自治」への意識を高めるとともに，住民参加や協働を進める上で重要な役割を果たすものと思われる。中央政府主体ではなく，地方政府主体で新たな国づくりをめざそうとする際，各自治体が主体的にローカル・ルールづくりへ動き出した点は，市町村合併と異なる「もう1つの体制整備」として注目される。

2. 自治基本条例の背景

　そこで1つ問題となるのが，自治体側の体制整備である。自治体規模の拡大も1つの改革手段だが，それ以上に政策能力を高めることが不可欠である。自治体を従来の事業官庁からいかにして政策官庁に脱皮させるか，そのことが体制整備のポイントとなる。

　その点，自治体を1つの地方政府と捉え，独自の法的ルールを制定しようという動きが内発的な政策官庁づくりとして評価される。

　自治体の憲法とされる「自治基本条例」は，次の点で他の条例と異なっている。

　第1に，その自治体のいわば最高規範として，他の条例や計画などの策定指針となる基本条例としての性格を持つということ（基本条例としての役割）。

　第2に，住民の権利を明確にし，自治体の組織・運営に関する基本的事項を網羅した総合条例としての性格を持つということ（総合条例としての役割）。

　こうした条例の性格を捉え，自治基本条例を「条例の条例」という場合もある。最近の制定動向をみると，1800市町村のうち制定済みが147と報告されている（県が1つ）。内訳は783市（特別区を含む）のうち，条例制定済みは104（約13％）。町村は約1000町村のうち43となっている（約4％）（2008年2月29日付の稚内市政策経営室の調査報告による）。他の横須賀市の調査等から判断すると，市においては，あと3割程度の市が制定過程にあるか，制定を予定している状況（検討段階も含め）にあり，数年以内に半数程度の市が自治基本条例をもつことになると思考される。

　平成の大合併が進む中，半数以上の市町村が合併と関わり，市町村の約45％がなくなったが，合併自治体の運営において自治基本条例は不可欠であろう。もとより，データで見る限り，合併自治体が突出して当該条例を制定しているという状況にはない。

　自治基本条例が制定される背景には大きく2つの理由がある。

　1つは，地方分権時代への対応である。

2000年4月の地方分権一括法の施行で機関委任事務制度が全廃され，これまでの委任事務が大幅に自治事務へと切り替わった結果，各自治体とも7割近くが自己決定・自己責任で行政運営が可能な領域となった。そこで自らが自立して活動するには自らの行動を律する基本的なルールを共有する必要がでてきた。

　各自治体には国の個別法を受けて制定された条例や独自条例が多数あるが，しかし，それが全体としてどのような理念や仕組みのもとで制定されているかを包括的に一覧できる規定はない。自治体憲法の欠落である。このままでは法的にバラバラな自治体運営しかできない訳で，そこで自ら憲法的条例を定めることで地方政府としての体系化を図ろうという動きとなる。

　地方分権時代は，各地で自治体経営に止まらず地域経営に自立的な行動が求められるという点にあるが，無数に縦割りにつくられている国法の欠点を補う点も見逃せない。国法はとかく全国画一，縦割り，時代遅れとなりがちだ。市町村，都道府県の多くの条例も国法を施行するため，行政上の課題に対処するために制定された条例であることから，つねに地域にマッチしたものとはなっていない。従って，自治体はこうした国の法律や自治体の個別条例に新たな解釈や新たな条例を加えることで，地域住民の福祉の向上に資するよう補っていく必要がある。

　この点，自治基本条例は，単に各自治体の自治立法の頂点にあるだけでなく，その自治体を規律する縦割りに寸断された国法，都道府県立法をも統合し，地域において憲法に準じた役割をもつ市町村自治憲法，府県の場合は府県自治憲法ともいうべき性格を持つ。

　もう1つは，協働参画など住民活動への対応である。

　最近，NPOやボランティア活動などが活発になり地域への関心や基礎自治体への参画・協働を望む気運が高まっている。住民投票やリサイクル，環境保護などのまちづくり運動，さらに情報公開や説明責任を求める声の高まりはそうした気運の現れだ。地方自治とはそうした生活の中で生じる様々な生活課題を住民自らが解決していくための仕組みだが，しかし住民自治のルールを自ら

明確に定めている規定を持たない。

　そこで住民，事業者，自治体のそれぞれの役割と責務を明らかにし，パートナーとしての連携のあり方を定め，自己決定・自己責任に基づく参画の仕組みを制度として保障する，法的ルールをつくろうということになる。

　もとより，一口に「自治基本条例」といっても，異なる2つのタイプが存在するように思われる。1つは，「自治運営基本条例」ともいえるもので，杉並区の自治基本条例，志木市の市政運営条例など，住民の権利や義務，議会など自治体の運営を中心に定めた基本条例である。もう1つは，「まちづくり基本条例」ともいえるもので，猿払村のまちづくり理念条例や生野町のまちづくり基本条例など，まちづくりへの協働参画など住民参加を基本に住民らの関わりを中心に定めた基本条例である。

　制定済みの147条例をみると，双方の性格が微妙に入り組んだ内容になっているケースもあるが，総じていうと人口の多い市の条例は「自治基本条例」的な内容を，人口の少ない町とか村の条例は「まちづくり基本条例」的な条例の性格が強い。

3．自治基本条例の骨格

　しからば，自治基本条例に何が盛り込まれているか，あるいは何を盛り込めばよいのか。この先々，当該条例は制定数が増えるとともに成熟度を増し内容も様々なものになると思うが，本格的な自治基本条例第1号とされた杉並区の「自治基本条例」の制定に懇話会委員長として関わった筆者の経験からすると，大きく前文，人権（権利と義務）に関する規定，統治機構に関する規定，改正手続きの4つが骨格をなすと思われる。総じて日本国憲法の自治体版に近いものといえよう。

　自治基本条例が備えるべき骨格は，概ね表のようなものと考えられる（表8-1）。

表 8-1 自治基本条例のポイント

> 1 住民自らの自治宣言
>   地域の視点に立った「住民の・住民による・住民のための自治運営」の宣言
> 2 住民の権利と義務
>   ① 住民は主権者として行政参画の権利を有すると共に,同じ程度の義務を負う
>   ② 住民納税の義務を負う。税の使途について自治体に報告を求め監視する権利をもつ
>   ③ 地域で活動する事業者(企業,団体,学校など)も参加の権利と義務を負う
> 3 自治体の運営原則
>   自治体の経営は市民の信託に応えるべく最小の費用で最大の効果を上げるよう努力
> 4 議事機関のしくみと運営
>   ① 議事機関として議会をおき,それは住民により直接選挙された議員から構成される
>   ② 議会は条例,予算,主要契約など行政運営に関わる基本的事項を決定する役割を負う
>   ③ 住民に開かれた議会となるよう努力し,議会自ら議員の多選制限など自己規律を保つ
> 5 執行機関のしくみと運営
>   ① 首長は執行機関を代表し,行政執行については誠実かつ全力で職務遂行に当る
>   ② 職員は首長の指揮の下で全力を挙げて職務に専念しなければならない
>   ③ 行政機構は簡素で効率的,開かれたな組織とし,首長の多選制限など自己規律を保つ
> 6 自治体運営のシステム
>   ① 自治体の行政運営の指針となる総合計画,分野別基本政策の条例の制定など
>   ② 住民投票,情報公開,行政評価,行政手続について一般条例化を図る
>   ③ パブリックコメントやIT推進,新たな住民参画の方法について前向きに努力をする
>   ④ 住民の権利救済のしくみを制度化する。必要ならオンブズマン制度の導入も検討する
> 7 財務会計,財政運営の原則
>   ① 効率性・公正性の確保,健全性確保,財政秩序の適正化を財政運営の原則とする
>   ② 課税原則,財務公表の原則,及び企業的会計手法,外部監査制度の創設などを規定
>   ③ 新たな財源確保についても努力し,必要なら法定外目的税等の新税についても創設
> 8 住民との協働
>   地域ガバナンスを実現する上でのNPO,各種団体,企業,市民との協働を明記する
> 9 自治体間,国との連携・協力
>   隣接自治体,他市町村,都道府県,国,さらに海外自治体との連携協力を強化する
> 10 最高法規性の規定
>   本条例は基本条例であり他の各条例の上位に位置づけられる最高法規性をもつ旨を明記
> 11 改正手続
>   条例の改正手続について(特別多数を要件とするなど改正の慎重さを確保)について明記

一覧して分かるとおり，自治基本条例の前文に当たるのが①の自治宣言であり，人権規定に当たるのが②の住民の権利と義務である。③から⑦までがいわゆる統治機構の規定であり，⑧，⑨は住民及び自治体間の連携規定，⑩，⑪が条例の性格づけ及び改正手続の規定である。

勿論，これがモデルであるとか通説だとか言うものではない。その内容は各自治体によって個性があってこそ自治基本条例らしい訳であり，そこには当然地域の事情や住民ニーズ，独自のルールが盛られることが望ましい。ただ，自治宣言とか，人権規定，統治機構，改正手続などの憲法の枠組みとして必要な事項は必ず盛り込む必要があろう。

しからば，こうした自治基本条例の制定にどのような効果を期待することができるか。

第1は，その自治体における自治運営の仕組みが分かり易く示されること。

第2は，その自治体が行政を運営する上での総合的な指針となること。

第3は，他の条例の指針となり，その自治体の行政運営の根拠が明確になること。

第4は，住民の参画やその方法が明示され，自治意識の高揚に寄与すること。

もっとも，これらの効果を期待できるかどうかは，住民の主体性に依拠するところが大きいが，同時にその条例内容に改革的な要素をどの程度盛り込むかも大きく影響しよう。

例えば首長の多選に禁止ないし制限を加えるべきかどうかである。自治体の予算，人事，公共工事の発注など強力な権限を有する首長の多選は，汚職事件を引き起こす要因となったり，自治体組織の非活性化の要因であったりするケースが目立つ。多選禁止は分権改革の際も地方行政体制の整備として改革項目に上がったが，法律で一律に規定することは望ましくないとして各自治体の判断に委ねた経緯がある。

立候補の制限は憲法上の解釈から立候補の自由を制限するという問題に絡むから議論の余地があるが，総務省の研究会報告でも違憲性は否定されており，一応この種の議論には終止符が打たれている。そのことより，もし地域住民の

多くが自らの自治ルールとして政治の活性化のためには4選禁止を定めた方がよいというならば，住民の意思で自治基本条例に盛り込むのが選択肢ではないかと考える。最近は，基本条例がこの点を抜き出し，独自に「多選自粛条例」という形で実質上多選を禁止する自治体も出てきている。

　また，住民投票を規定すべきかどうかである。一般的に直接参加となる住民投票の導入を議会は嫌う傾向にある。確かに議会が住民代表であり制度上も決定者だから，そうした意見が出てくるのも当然である。しかし議会が万能と考えるのもどうか。

　市町村合併では200以上の自治体が住民投票を実施した。この例からもわかるように事案によっては住民の皆が一票を投じて決めた方に民意が反映され，より参加意識も高揚するということもあるのではないか。

　もとより住民投票には，参考意見を求める諮問型から政策決定を求める決定型まで様々な形態がある。付される項目によってどの型が望ましいかも違ってくる。だからどの型を選ぶかは住民投票実施条例という個別条例に委ねることが望ましかろう。ただ，その根拠となる住民投票を行うという一般条例については自治基本条例で定める方がよい。そうすることで，各地で繰り返されてきた住民投票条例を定めるかどうかをめぐる政治紛争は回避される。

　アメリカの自治体では，住民生活に直接関わる①地方税の増税，②減税，③新税の創設，④起債の発行，⑤生活区域の帰属自治体の変更の5点は，仮に議会で施行条例を決めても，これを必ず住民投票に付し，過半数の支持を獲得しなければ条例は施行できないとしている。住民に一種の「拒否権」を住民投票によって与えているとみることもできる。

　日本では住民投票の項目を基本条例に盛り込むことに議会が抵抗し反対する事例（議会の権限を奪われるとして）が目立つが，議会の決定を民意に沿わせる形で住民の権利を担保する考えに立つならアメリカの考え方の方が進歩的である。日本でもこうした発想で議会と住民投票の関係を規定したらどうか。

　さらに，入札改革を盛り込むかどうかも問題となろう。確かに汚職等が増えている中，随意契約が圧倒的とか，指名競争入札しか実施していないという自

治体は減ってきているが，しかし地元業者保護の観点を打ち出すことで一般競争入札を全面的に採用しようという自治体は少ない。それぞれ理由，言い分はあるが，いずれにせよ，多くの工事や物購入をする自治体において，効率性を高め，汚職を防止することは必至である。入札のルールを透明化する意味からも，自治基本条例に入札改革を書き込むべきであろう。

いずれ争点はいくつもあると思われる。基地や原発，産廃施設などいわゆる迷惑施設を抱える自治体の場合，固有の争点があるとも思われる。要は改革的な要素を自治基本条例策定にどこまで盛り込めるか，この濃淡が住民の関心を呼ぶかどうかの分かれ道でもある。

4．自治立法と自治基本条例

最近は自治体法務とか，政策法務という表現で自治立法に関する議論が盛んだが，その1つの典型となる自治基本条例についていうなら，その考察のし方はいろいろあるのではないか。例えば地方自治は市民の固有の権利だという英米流の考えに立ち，市民信託に基づいて基本条例を作成すべきだという「固有権」説的な説明のし方が1つあろう。

ただ筆者は固有権説にたつ説明には少し無理があると考える。というのは，日本の地方自治は歴史的にいうなら市民革命を経て固有に形成された地方自治ではないからである。英米社会の自治体の成り立つとわが国のそれとは大きく異なる。現行法のように「法律の範囲内で条例を定めるべきだ」という考え方をとると固有権説的な説明はむずかしくなる。

とはいっても，法律の「上書き権」を積極的に認める議論が方向にある（地方分権推進改革委員会の勧告等）。固有権説に立つのは無理があるとしても，地方分権時代を受けて従来と異なった解釈をすることも必要ではないか。

戦後60年近く続いた機関委任事務制度だが，それが撤廃されるまでは，県や市町村の多くの仕事は国の事務の執行だった。国の事務である場合，当然といえば当然だが，全国各地が平等であるあることが原則となる。しかし，気象

条件も人口密度も産業構造も地域によって異なるのが実情である。そこに一律の法律の適用のむずかしさ，問題解決能力の齟齬が生じる。

　これまでの法律で「上書き権」をわかりやすく表しているのが「水質汚濁防止法」である。同法3条3項「……条例で，同項の排水基準にかえて適用すべき同項の排水基準で定める許容限度より厳しい許容限度を定めた排水基準を定めることができる。」とある。

　国の基準に加え地域の実情に合わせて厳しく自治体が基準を定めること（「上乗せ」）が，できるという内容である。

　原田尚彦『行政法要論』[1]から，この種の議論についての評価を引用しておこう。

　　法律による規定がすでになされている事項につき，自治体が条例で法令の執行を妨げるような規定を設けることは，もとより許されるべきではない。これを積極的抵触という。例えば，条例で法律による公害規制の緩和，法律上の秘密事項の公開，地方税法上の非課税物件への課税などを定めれば，いずれも法律と積極的に抵触し，違法である。

　　問題は，法律がある事項につき一定限度の規制を定めている場合に，条例で，同一事項につき同一目的で法律の規制よりきびしい，いわゆる上乗せ・横だし規制を設けることができるかどうかである。

　　かつての通説は，法律の規制は，当該事項に関わる必要かつ十分な措置とみるべきであるから，条例が法律と同じ目的でかさねて規制を加えることは，法律に特段の定めがない限り，法律の先占（専占）領域を侵すことになり，違法であるとした。条例による公害規制の上乗せ・横だし規制などは，法律と消極的に抵触するとして許されないとしたのである。

　　しかし，先占理論を貫くと，国が法律を定め規制に乗り出すと，それがゆるやかに過ぎても，地方公共団体は条例を制定して自主的に対策を講じることができなくなる（いわゆる逆しめつけ現象）。そこで公害問題が激化し深刻となった昭和40年代に入ると，先占理論に疑問が提起された。

（中略）

　こうした状況を背景にして最高裁も，先占理論の一律適用を排し，法律の規制の趣旨が全国一律の均一的な規制をめざしている場合には，条例で上乗せ・横だし規制を定めることは許されないが，逆に法律が最小限のナショナル・ミニマムの規制を定めているにすぎないとみられるときは，地方公共団体が地域特性を配慮し条例で規制強化を図ることも許されると判示するに至った（最判昭和 50 年 9 月）。法令の趣旨解釈によって，先占理論を緩和したものである。

　＊法令の趣旨解釈によって条例制定権を限界づけることは適当か？

　先占理論の緩和によって打ち出した，右の最高裁の判例理論は評価されてよい。しかし，理論的に突きつめると，判示のように法令の趣旨解釈を万能視していたのでは結局，条例制定権の範囲は国の立法政策の自由に委ねられることになる。地方自治にとっていかに重要な事項であっても，国が法律の明文でこれを条例制定権の範囲から除外してしまえば，当該事項は条例制定権の範囲外とされ，「地方自治の本旨」に即した地方公共団体の形成は阻害されてしまう。

　そこで，一部の学説は，地方自治の本旨に基づく地方行政の実現を憲法が解釈する以上，行政作用のうち，地方自治の核心にかかわる事務領域は，いわば「固有の自治事務」として，憲法上，地方自治体に留保されていると解すべきであるとし，かかる領域を規律する法律は，立法者の意図いかんにかかわらず全国一律に適用される最小限規制立法とみなして，それが地方自治の推進にとって不十分であると認められるときは，自治体が条例で独自の規制を付加することができると解すべきだと主張している。

　この固有の自治事務論に対しては，その範囲が定かでないとの批判がある。だが，地方分権を推進し地方自治を強化するには，地方公共団体が地方行政の実践を通じて「自治事務領域」を確保し定着させていくことが重要である。「自治事務領域」は固定的に限定されていると解すべきではなく，時代の要請に応じて動態的に形成され発展していくとみるべきであろう。健全でたく

ましい地方自治を形成するには,導体的見方(動態的地方自治観)が必要である。
(同書66-68頁)

　少し長い引用になったが,最後の原田教授のコメントが重要だと筆者は考える。自治基本条例を定める際,固有の自治事務領域があるという解釈に立脚すると,自治とは何かの本質的な議論が成り立つのである。
　自治基本条例は普通の条例と異なり,自治体に多くみられる法律の実施条例と異なる基本条例であり,国からの執行委任条例の作成ではない。その点,市民自治の固有権的な発想は理念としては入る余地がある。ただ,「上書き権」を認めても,既存の法律を視野の外において発想することの限界はあろう。
　自治基本条例を制定する根拠について,もう1つの自治観念である「伝来説」的な立場から説明することはどうだろうか。
　おそらく,これまでの中央集権的な機関委任事務制度下の地方自治の時代なら,伝来説的な理解が正しい。ただ,その場合,自治基本条例は不要ではないか。なぜなら,多くは国の事務の執行であり,裁量権が狭い中で自治的な営みは極めて限定される。そこに自治基本条例を定めるといっても有効性は疑わしい。
　そこで筆者は日本国憲法の地方自治に関する解釈,つまり第3の「制度的保障説」の立場からこの自治基本条例を説き起こす立場をとりたい。
　市民に一定の自治権を憲法が保障しており,それは法律でも制約できないものだという立場から,自治基本条例は住民の自治権を法的に表現しようとするものであるという理解である。制度的に保障された自治権は何か,保障されていない部分は何かを選別しながら,いま可能な自治基本条例とはどのようなものかを探ろうという視点である。そこからすると,ある程度自治権の理解のし方がひろがってくる。
　地方自治は,一定地域の住民が,国の法律と中央政府の制約を受けつつも,その地域の公共的な事柄を自主的に決定し処理することを指すのである（大森彌『現代日本の地方自治』13頁,放送大学教育振興会)。

5. 自治基本条例の立法過程

　自治基本条例の作成は各自治体の憲法づくりだから，その作成過程には多くの住民が参画することが望ましい。これは大原則である。ただ実際，作成内容は専門性も高いゆえ大人数の作成作業には馴染みにくい。住民らのワークショップにも馴染みにくい点がある。そこでまず条例のイメージを形成し盛り込むべき内容を検討するワーキンググループ（検討委員会）が必要となる。問題はそのワーキンググループを庁内につくるか，庁外に委ねるかである。

　庁外に委ねるというと，すぐ業者に委託するという自治体が出てきそうだがこれは頂けない話である。自分らの憲法を外部に委託してつくったのでは何の意味もない。

　本来，こうした基本条例はその性質からして，住民の内発性に基づいて議員立法か住民らの直接請求による提案が望ましいと思うが現実はなかなかそういくまい。実際は執行機関の提案という形に落ち着くことが多かろう。その場合，首長の諮問に応える審議会型にするか，総務課に付置する研究会型にするか，一種の政策研究としての提案型にするか，その選択肢はいろいろあると考えられる。いずれにせよ，有識者のみとか，職員のみといった形は避けるべきで各界各層の住民代表を入れたバランスのよい懇談会形式が望ましい。

　筆者が関わった杉並区の区民懇談会は，1年余の任期で学識者委員と各団体委員，公募委員の混成チームからなる一種の審議会型だが，従来のような首長の諮問に答申をもって答えればよいという形に止まらず，すべての審議過程はオープン，住民との対話集会も議会との対話も懇談会の責任で行うという新しい形式をとった。場合によっては自治基本条例起草委員会と称し，職員と住民，議員，学識者の混成チームを編成するのもよいかもしれない。自治基本条例の制定に関する幾つかの課題を要点的に述べると次の6点となるのではないか。

(1) いずれのタイプの基本条例とするか（自治条例かまちづくり条例か，第3のタイプか）

(2) 地域住民（議会）に自治基本条例制定の意義をどう理解してもらうか
(3) どのような方法でつくるか（首長提案＋職員チーム提案＋有識者委員会提案＋学識グループ提案＋議員立法＋住民提案ほか）
(4) 何をポイントにするか（一般条項以外に，多選禁止や住民投票，入札改革等の位置づけ）
(5) 条例の議決権を有する「議会」の賛同をどう得るか（他の条例とは違う審議過程が必要）
(6) 自治基本条例の制定をテコに，その自治体，地域を社会に向けどう売り出すか

　少し解説すると，第2の地域住民への理解つまり世論喚起についてである。自治基本条例がなぜ必要かを住民と議員にどう認識させるかは重要な問題である。案外これがむずかしい。そもそも住民から必要性を求める声があって，初めてこうした条例の制定に動くのが望ましいとは思うが現実はそうも行くまい。議会，議員の理解度が低いとうまくいかない。意識の啓蒙，啓発の研修会等も実施すべきである。
　ある時，「首長の公約だからやるのですか？」との質問に出くわし一瞬答えに窮した経験を筆者は持つ。考えてみるとその質問も当然なわけで，基本条例がなければ住民生活が困るというものではないだけに判りにくい。地方分権の必要性を説くのと似ているが，自己決定・自己責任で自治体運営をするなら，自分らのルールが必要でしょうといったレベルから説明していくしかない。住民サイドから提案する視点でいうと，自分らは日頃役所が遠いと感じているなら，この際自分らの操作可能な自治体づくりへのルール化を図る改革機会とするのもよい。
　第3の点について言うと，条例の制定過程をいかにオープンにするかである。自治体の憲法をつくる訳だから皆の住民投票で決めるぐらいの参加度が欲しい。ややもすると，執行機関は形だけの成果を急ぐ性向があり，議会は利害関係がないとみると無関心になりがちだ。自治体の立法能力が試される今，こ

れではならない。かつて分権一括法の施行に伴う条例改正を外部委託で済ませた自治体があるが，おそらく苦労は少なかったかも知れないが，その分自分らの何が変わったか今でも判らない自治体がある。自分らで苦労して初めて判るはずだ。こうした折角の立法機会を自ら放棄してはならない。

　それはともかく，国も地方分権にそった法環境の整備を進めるべきである。自治体選挙への参加資格を18歳に下げようとしても公職選挙法に抵触する，条例改正の要件を特別多数にしようとしても自治法が邪魔をする，執行役員制など特別職枠の拡大を考えても自治法の規定に触れるといった具合に，のびやかに自治体が憲法を構想する法環境にはない。

　現地性の問題解決は現地に委ねるのが地方分権の原則であるなら，法秩序の安定を優先した「法律の範囲内で条例を」という現行法の解釈を大幅に緩めるべきである。同時に自治体側は，自治基本条例の作成を通じて現行法の不自由さ，矛盾について法理論に関しての改革方向を具体例で示すべきである。地方自治法をやめ，自治基本法にする，そうした胎動が各地の自治基本条例をつくる動きでもある点を理解しなければならない。

　もう1つ，条例制定権を持つ地方議会と自治基本条例の関係である。幾つかの自治体で遭遇している問題は，議会が自治基本条例制定に反対する動きについてである。

　1つの例だが，ある自治体での議論に面白い発想が見られる。「首長が提案する自治基本条例に「議会の規定」を入れるのはおかしい」「そこは外してくれ。必要なら自分らでそこの部分は提案したい」という議会側の提案があり，なかなか自治基本条例の審議が進まないという例がある。議会が速やかにその部分を提案するのならまだしも，そうして抵抗し，自治基本条例の審議がたなざらしになりながら数年も続けられている。

　こうした考えは発想としては面白いが，首長が提案するからと言って，自治体の憲法に当たる総合条例に自治体の主要な決定機関である「議会」の規定を書き込むのはおかしいという発想自体がおかしいのではないか。

例えば国会が憲法改正を行う際，内閣提出の憲法改正案に「国会」の規定が入っているのは，権限を逸脱する行為でおかしいといっているのに等しい。そうした錯覚をもつような地方議会は，本当に住民が信託するに値する議会かどうか。筆者は議会が自らの「議会基本条例」をつくることには大いに賛成である。しかし，自治基本条例の提案者が首長だから，対等の立場にある議会だから，首長が議会のことを書くのはおかしい，という発想自体がおかしいのではないかと思う。

もし，そこまで固執するなら議会が議員立法として自治基本条例を提案したらどうか。その際，首長は「執行機関のあり方や予算編成，執行，職員の人事権など首長に専管される執行権について書くのはおかしい」というだろうか。答えは否と思うがどうか。議会にはどこか権力をめぐる考えがはびこってはいないだろうか。

議会を「住民に開いた状態」にしてみて，なおかつ，住民は首長提案の自治基本条例に「議会のことを書くのはおかしい」というだろうか。議会は住民の民意を鏡のように反映する機能を持つ，このことを忘れていないだろうか。コップの中で首長との権力抗争に明け暮れている間に，「議会不要論」が住民に増幅してきていることを恐れる必要はないだろうか。議会が条例の決定者であるだけに，常識を大切にする議会であるよう望みたい。問題は議会規定に何を書き込むか，そのことを議論すべきである。

6. む　す　び

いずれにせよ，自治基本条例の制定作業は，地方分権の意義を学習する過程ともいえる。地方分権改革が進められたといっても，政策現場の専門家である職員自身ピンとこない顔をしている。まして住民となると一体何が変わったか自体，知らされていないという顔をする。これは地方分権を手にとって議論する場が無いからではないかと筆者は思う。

その手ごろな手がかりもない，モデルもない，国の法律もない中では，各地

域による自治体版憲法づくりを試みるのが良いのではないかと考える。この辺から独自の地方政府として行動する「自己決定・自己責任」時代が始まったのだという認識が生まれてくることを期待したい。それはソフトな手法による法の世界における自治体版構造改革——それが自治基本条例の設計ではなかろうか。各地の法科大学院において，自治基本条例の起草作業は生きた立法活動の学習機会ともなろう。そうした視点から地域の自治体にどんどん自治基本条例を提案することも大切ではなかろうか。地方分権は「成功する自由」と「失敗する自由」を各自治体に与えたものともいえる。実践活動を通じて「成功する自由」が結実するよう祈りたい。

注
1) 原田尚彦『行政法要論』(学陽書房，2012年)。

参考文献
佐々木信夫『自治体をどう変えるか』(ちくま新書，2006年)。
杉並区「杉並区自治基本条例」(2003年5月)。

第Ⅲ部

自治体経営と議会

第 9 章

自治体の政策と経営

1. 自治体の政策活動

　地方政府である自治体の活動は，基本的に住民に対し公共政策を立案する活動と，それをもとに公共サービスとして提供する実施活動の2つからなっている。そのために職員組織からなる自治体官僚制が存在し，必要な費用を調達し使途を決めていく財政が存在する。

　ここでは自治体の活動の基本である「政策活動」について述べてみたい。最近は政策法務など，法的なアプローチから自治体の政策活動を論ずる研究も行われているが，ここでは政治学的，行政学的なアプローチに沿って論じていくことにしたい。

　日本の行政を取り巻く環境は大きく変化している。とりわけ身近な自治体行政を取り巻く変化は著しい。20世紀の日本は人口増の世紀であった。自治体行政は制度面でも運用面でも「人口は増えるもの」という前提ですべてが設計されてきた。予算もサービスも年々増え，組織も膨張し，働く職員も増えてきた。

　自治体行政は，わが国の行政全体の3分の2を占めている。このように自治体の行政活動が突出して大きい国は，カナダと日本ぐらいである。

　しかし，活動量の大きさと活動の質は必ずしも一致しない。とりわけ戦後日本においては，多くの政策分野で国が政策をつくり，地方はその執行を主な仕事としてきた。国が政策官庁で自治体が事業官庁であった。法的にも国が上級官庁であり地方が下級官庁という構図にあり，機関委任事務制度を通じて全国に統一性，公平性を確保するための様々な統制が行われてきた。

どこに生まれ育っても同じサービスが受けられ，国民全体にナショナル・ミニマムが保障される行政環境はこうして形づくられてきた。明治以来わが国が進めてきた「追いつき追い越せ」型近代化の有力な方策で，成功例である。
　しかし，21世紀を迎え人口絶対減社会へ移行し始めた。「人口は減るもの」という前提で全ての面で再設計が必要となる。行政サービスも予算も組織も職員もである。変化する社会ニーズと既存の行政サービス供給に大きなズレが生じている，これが「改革」のテーマである。
　行政サービスに統一性，公平性より，多様性，総合性を重んずる考えが強まってきた。その担い手を身近な自治体とし，自治体の政策決定が重視されている。地域のことは地域で決める―地方自治の3原則である自己決定・自己責任・自己負担の原則が作動する環境となった。これが地方分権の推進根拠である。
　20世紀から21世紀へ――日本は大きな潮の変わり目にある。そこでは古い上着を脱ぎ捨て，新しい上着を纏うことが求められている。
　しかし，その衣替えはそう簡単ではない。慣れとしがらみがはびこる中央集権体制を壊すことは，そう簡単でない。既成秩序を守ろうとする官僚の抵抗は大きい。政権与党として長らく政権のうま味を知っている政治家も同様である。国民も既得権を失うことに抵抗する。改革のむずかしさは，ここにある。
　民間にできることは民間にと進められる「官から民へ」の改革，地方にできることは地方にと進められる「国から地方へ」の改革，すなわち構造改革と分権改革の2枚看板で日本の改革を進めるが，その実現への道程は平坦ではない。
　「三位一体改革」と呼ぶ地方財政の裁量権拡大をねらう補助金，交付税，税源移譲の一体的改革も，実際は「地方財政の大幅削減」改革となり，依然，補助金制度の改革，自治体裁量権の拡大改革につながっていない。
　地方自治は，住民のしあわせと魅力ある地域をつくることがねらいである。それには自治体を取り巻く様々な制度改革も必要だ。箸の上げ下げまで，地域の隅々まで国がコントロールする時代ではない。しかし同時に，自治体自身も変わらなければならない。政策を自前でつくり結果責任も自らが負う必要がある。これまでのような霞が関に責任を持つ行政ではなく，住民に責任を持つ行

政を行う時代である。カネがないから，アイディアがないからと霞が関を陳情・請願で回り歩いても，何も生まれまい。自前の知識，知恵をフル動員して地域再生をめざすことがこれからの地方自治である。

　小さくても，質の高い自治体行政をめざす。事業官庁より，知識集約的な政策官庁をめざす——これからの自治体像はここにある。

2．マニフェストと政治

　これからの自治体の経営戦略のポイントは「政策」である。その点，最近マニフェスト選挙が増えていることは歓迎すべき動きである。マニフェストは「政権公約」を意味する。知事，市町村長に就任したら何をやるか，任期中の政策公約について数値目標を掲げ，財源を示し，実現までの工程表を明らかにし市民と約束する，それがマニフェストである。これが一般化すると政策契約の場，それが選挙とも言える。

　これまでも選挙公約はあった。しかし，それは選挙に勝つまでの公約という感が強く，当選後はそれに4年間縛られるという感覚もなく，まして任期途中でそれを評価するという性格のものでもなかった。それには「数値目標」は書き込まれていなかった。だから言い放しで，選挙に向けて何を訴えることが有利かという「政策の流行」を追い，競って訴えることが多かった。同じような主張が多く，決め手の最後「人柄」ということになった。

　政治リーダーは人柄も大事だが，それだけではダメだ。単なる白紙委任，代表になる免許状を認証してもらう儀式が選挙だというわけではない。

　有権者と何を約束するか，財政増など苦い薬も含め政策の約束をする，それがマニフェストである。だから当選後は，その約束に沿って代表として執行することが許される。その基盤に立って4年間の仕事をするのが知事であり，市町村長である。

　だから，マニフェストは当選した代表にとっては最高位の政策である。それには行革等の約束も含まれようが，各自治体の行政計画（長期計画，中期計画，

実施計画）は首長のマニフェストを具体化する内容のもでなければならない。マニフェストを政策ツリーの頂点にそれに連なるように長期，中期，短期の政策体系ができる，職員らの行動はそれに拘束される，そうした性格のものである。

　筆者のいう「政策経営」は，こうした政策中心の体系の中で自治体経営が展開されていくことを指している。

　実際の政策現場では，マニフェストをつくらないと時代遅れだ，バスに乗り遅れるな！の切迫観念に囚われている首長，議員も多い。しかし，ほんとうにマニフェストとはそうした性格のものかどうか，それ自体を検証しておく必要もあろう。

　マニフェストは「はっきり示す」のイタリア語が語源である。英国の国政選挙で政党が発表する政権公約のことを指しているが，日本では国政の政党版と区別する意味で，地方選向けにローカル・マニフェストという表現が使われる。

　マニフェストの普及が地方政治の改革牽引力となり，「執行あって経営なし」「行政あって政治なし」といわれた戦後地方自治に大きな風穴を開けることができるなら，それは大きな進歩と言える。

　もっとも，筆者はこれを別の角度からも見ている。というのも，約30年前に先進自治体を席巻したシビル・ミニマムとの対比で見ているからである。

　1970年代，革新自治体が隆盛期の頃，都知事・美濃部亮吉が提唱した「シビル・ミニマム」は地方政治を変える手法として大きなインパクトを持った。マニフェストとシビル・ミニマムは全く異なる政治手法だが，自治体政治に数値目標を定め，行政を計画化し，期限を定めることで政策実現を図ろうという点では共通している。

　シビル・ミニマムは「近代都市の住民が安全，快適，能率的な生活を営むうえに必要な最低限の条件のこと」。社会保障，教育文化，環境衛生，住宅，防災などにおける市民生活の最低水準を各自治体が自ら定め，それを計画的に実現しようとしたものである。

　性格上，これは行政レベルの計画とも言えるが，自治体の行政計画は役人の

計画ではなく，あくまでも選挙で選ばれた首長の政治プログラムである。この点，各省の審議会などを経由して作成される役所レベルの行政計画とは異なる。選挙で首長がシビル・ミニマムという政策プログラムを公約し，当選後，その公約に沿って中期計画を作成し，実行し，評価を受ける。こうみるなら，これも一種のマニフェストと言えるかもしれない。

　1942 年に英国の社会保障に関するベバリッジ報告の中で用いたナショナル・ミニマムという表現をもじった和製英語がシビル・ミニマムである。1968（昭和 43）年に東京都中期計画に採り入れられて以降，社会，共産などの革新首長がシビル・ミニマムの実現を共通課題として掲げたことで一気に広まった。革新自治体の政策シンボルとなったシビル・ミニマムは，そのピークは成長のひずみが極点に達した時期と重なる。1973 年，太平洋ベルト地帯の自治体を中心に約 40％の国民がその傘下にあった時である。

　美濃部亮吉は，『都知事 12 年』[1] の中でこう書いている。

　「シビル・ミニマムと現実の行政水準との格差を明らかにしたうえ，3 年間で到達すべき目標を設定する—それが中期計画（3 ヶ年）の目的であった。シビル・ミニマムという言葉は，いまでは他の自治体でも使用しているが，当時は耳新しく，戸惑った職員もいたようだ。都議会野党（自民党）からは『痺れミニマム』などとからかう声もあったと聞いたが，都の委嘱で『都政報告』を書いたロブソン・ロンドン大学名誉教授からは『英国にもない，とてもよいアイディアだ』とおほめの言葉をいただいた」（同書 95 頁）

ねらいについて，

「私は，（昭和）42 年 4 月，就任直後の都庁職員への挨拶のなかで，『都政に新しい科学と技術に基づく計画を導入したい』と述べた。『都政の計画化，科学化』であり，中期計画，シビル・ミニマムの策定はその 1 つである」（同頁）

　他方，いま話題のローカル・マニフェストは，公約に数値や期限を盛り込むのが特徴で「数値目標や期限，財源などを明示した公約集」と定義されている。

数値化され，期限を切っているだけに，その達成度についての評価もしやすい。

これまでシビル・ミニマムとマニフェストを比較して捉える見方はなかったが，筆者は，共通する点としていずれも首長の4年間の政権運営を縛るという点だと見ている。

もとより，設定される場面は違う。マニフェストは候補者を選ぶ際の選挙の公約として，つまり選挙公約の科学化という性格を持つ。他方，シビル・ミニマムは当選者の行う行政の科学化，つまり行政施策の計画化という性格をもつ。

企画（plan）→実施（do）→評価（see）の政策過程でいうなら，マニフェストはplan段階での約束事，シビル・ミニマムはdo段階での約束事とも言える。いずれもseeという場面で評価を受ける点では共通しているが。

マニフェストの意義について，推進者の1人である元三重県知事の北川正恭はこう述べる。

「どこの自治体でも財政は厳しく，『あれもこれも』行うことはできない。『あれかこれか』を選択する時代だからである。新たな政策を打ち出そうと思えば，既存事業から何かを削らなければいけない。その削る事業も有権者と約束しなければいけない。それこそが主権在民である。有権者との約束である公約を役所の職員も忠実に実行する。それが民主主義だと私は考える。確実に公約を実現するために，期限つき，財源つき，数値目標つきのマニフェスト（政権公約）を導入するよう提唱したい」[2]。

マニフェストは地方政治の改革に大きな意味をもつが，しかしシビル・ミニマムがそうであったように，これもブームに終わらないかどうか。シビル・ミニマムは革新自治体のシンボル，マニフェストは改革派首長のシンボルで，いずれも「改革をめざす」点では共通だ。マスコミが囃し立てる点でも共通点がある。

確かに，シビル・ミニマムは高度成長期に力を発揮したが，オイルショック後の厳しい財政状況に遭遇し，ミニマムの見直しに失敗し消え去った。最後は，自民党など保守勢力から「革新自治体つぶし」の標的にさえなった。

マニフェストは手段であって目的ではない。何を目標に設定し何を改革するかの中身は、それぞれにお任せだという点、危うさがないわけではない。シビル・ミニマムのように生活者にとって必要不可欠な公共サービスや施設の整備水準を示しているわけではない。選挙でマニフェストと呼んでいても中身は従来の公約と五十歩百歩の「マニフェストもどき」が目につく。評価の仕組みはなお試行錯誤の段階にある。

しかも、議院内閣制ではなく、政党政治を持ち込むことが望ましくないとされる自治体政治にあって、執行機関の長という立場で選挙に勝ったからといって4年間自分の価値観で固めたマニフェストのみを頼りに政治が出来るだろうか。首長選で敗れた反対派の意見を全く無視した政治を4年間続けることがマニフェスト政治だとすると、それは独裁政治と紙一重になってしまう。

性質上、マニフェストに柔軟性を持たせることができるのかどうか——その答えは4年後まで待てということなのか。私たちはマニフェストブームの行方を冷静に見定めなければならない。

3. 自治体が変わる方向

従来、行政は「出るをもって・入るを制する」を運営原理としてきた。これは財政の原理でもあるが、しかしこれは「執行の論理」ではあっても「経営の論理」ではない。なぜなら、住民からの需要を与件とおき、それを満たす財源が不足なら国に陳情するか公共料金を値上げして必要財源を満たすという「執行賄い」の考え方に基づくからである。

経営というの最少の費用で最大の効果を上げるべく、独自に定めた経営マインド（理念）に基づき、経営システム（体系）を構築し、自らの経営ノウハウ（技術）を駆使して、組織目的の最大化を図る行為である。

だから、そこに必要なカネはいつでも集まるという発想法はない。必要なカネも集まらない、借金しても返せないかもしれない。自ずと「入るをもって・出るを制する」経営原理が支配することになる。

自治体のトップに課せられる課題は，みずからの理念に基づいて独自の経営を組み立て，その結果について経営責任を明確にできるかにある。ここでいう経営責任には，執行機関の長ないし主要部課長のみでなく，もう1つの政治機関，議会議員の責任も含まれる。

そこで自治体が経営化していく際，次の4つの点に自己改革が必要と考える。

第1．首長が変わること

　ここでいう「変わる」は交代も含むが，まずは現職に自己改革を求めたい。公選の首長は，政治家であり，経営者であり，外交官である。その行動は有権者との契約，「マニフェスト（政権綱領）」が規範となる。従来の選挙向け公約と違い，これは有権者との契約だ。これからは公約実現の請負人感覚が首長に求められる。

　自らの「任期」についても再考すべきだ。任期は1つの仕事の単位。その間に仕事を完結するのが原則で，首長は長くても3期12年で十分ではないか。民間企業では10年やっても結果がでないなら交代するのが常識。政治も同じではないか。任期制限は法律上むずかしいというが，それよりも首長自身が「多選自粛」を公約したらどうか。

第2．議会が変わること

　従来のチェック機関議会ではもはや限界である。分権時代の地方議会は立法機関をめざすべきだ。とくに合併後の自治体議会は生まれ変わるチャンスである。詳しくは後章で述べるが，議会は首長と対等な政治機関として，政策内容を総点検し，自ら条例を提案し，予算修正を試みる気迫が求められる。

　確かに現行法では議会に予算編成の義務も権限もない。しかし，議会として「もう1つの予算案」を編成したらどうか。それをもとに，首長提案の予算について政策論争するなら密度は濃くなる。全予算を自ら編成してみてこそ，初めて仕事の全貌がわかる。各議会に予算研究会の立ち上げを期待したい。議会は脇役から主役へパラダイムの転換期にある。

第3．職員が変わること

　まずサラリーマン根性を捨てることである。大過なく地位にしがみつき月

給を食む，そんな時代ではない。職員は首長の政策スタッフであり，プロである。地域のリーダー職が自治体職員。職員自身，いったん雇われたらが首長とも無関係な終身職などと考えてはいないか。

もう，世間にそうした特権的な地位感覚は通用しない。政策の立案や執行に腕を振るう専門家として雇われている。少なくも住民はそう見ている。その業績に支払われるのが月給である。

能力主義を徹底し，経験者採用を増やし，仕事のできる者のみが継続雇用されていく，公務の世界もそう変わる時代である。事業官庁から政策官庁への脱皮には，①政策部門の充実，②幹部層の執行役員化，③政策プロの育成，④政策評価など戦略的改革が不可欠となる。

第4．住民が変わること

従来の「お任せ民主主義」「観客民主主義」ではダメである。自己決定・自己責任は，究極は住民自身に求められる。地域経営は他人事ではない。参画と協働の責務をどう果すか，ガバナンス（協治）時代にふさわしい主体的行動が求められる。

これからは参画民主主義の時代である。住民自身が決めることが望ましい領域は，思い切ってコミュニティレベルに分権する，そうした地域内分権も不可欠である。

4．自治体の経営改革

民間企業では「経営」と「執行」を分離する組織化が行われている。自治体は行財政の効率化と住民満足度をいかに両立していくか，今後の大きな課題となる。そこで注目されるのが，シティマネージャー（city manager）制度の導入である。地方制度調査会など政府の審議会から幾度も導入が提案されながら，いまだ具体化されていない。

市町村といっても規模が様々だが，ここではまず人口5万人以下の比較的規模の小さい基礎自治体の行政経営への導入を検討したらどうか。

日本では，シティマネージャー制度を「市支配人」制度と訳している。むしろ特別職の「最高執行役員」と表現した方がイメージははっきりしよう。

自治体の行政組織を地域で自由に設定できるアメリカでは，人口5万人以下の市町村でこの制度が多用されている。最近では人口5万人以上から50万人以下の中規模市にも同制度を導入する傾向がみられる。これまで大きな市ではサンジェゴ市が有名である。

アメリカの場合，5,6万人の市なら市議会は5人程度の議員で構成されるが，公選で選出された議員は行政実務をシティマネージャーと呼ばれる専門家に委託することが多い。これがシティマネージャー制度である。そこでのシティマネージャーは，議会というフロントに対し，現場指揮を任されるプロ野球の監督に似ている。

彼は，議会との契約で数年間，行政部をまかされ，それを統括する最高責任者の地位につく。しかし，業績が上がらないと解雇される可能性も高い。任期制という意味では地位の不安定な行政請負人だが，逆に有能で敏腕なマネージャーになれば，特定のまちの事実上の経営者になることができる。能力次第で次々と契約によって異動し，自分の能力を発揮していく。多くは行政大学院で養成されている。

日本と違い，アメリカでシティマネージャー制度を採用するところは，議員のうち1人が形式上，市長ポストにつくのが通例である。ただ，市長には予算や人事など特別の権限は与えられておらず，市長権限は他の議員と同列で名誉職に過ぎない。日本との比較でいうと，選挙で選ばれていないシティマネージャーが，日本の市長に近い職制にあるとも言える。

民主主義を標榜するアメリカでも，行政責任者はすべて政治家であるべきだという考えはとっていない。少なく経営者は政治家でも，執行者はマネージャーに委ねる，「経営」と「執行」の分離ということが行われている。

わが国では，これから地方議会のあり方，政令市の自治区（行政区のシフト），地域自治組織など自治制度の多様化が考えられるが，試行的にシティマネージャー制度の導入も始まるのではないか。そうした先駆的改革の自治体が出る

ことが期待される。

　自治体がどのようなルールで運営されるのか，法的な根拠はどこにも書いていない。合併市町村にとっては余計そうである。いま，日本の自治体は地方自治法や個別法，条例にそって運営されている。全国共通のナショナル・ルールによって一律の運営されてきたのが集権下の自治体ともいえるが，それは分権下でのそれにはなじまない。

　そこで各自治体のローカル・ルール，つまり各地域の運営ルール，自治体の憲法に当たるものを基本条例で定めようというのが「自治基本条例」の制定である。

　まちづくりの基本指針，執行機関や議決機関，財政運営，さらに住民との関係を含めた自治体の運営ルールを定め，それを一覧できる，そうした基本法が自治基本条例である。

　2003年4月に日本で初めて東京都杉並区が自治基本条例を制定したが，北海道ニセコ町のまちづくり基本条例などと併せ，その後，自治体版憲法をつくる動きが広まっている。小規模な数町村が合併して誕生した愛媛県愛南町でも自治基本条例を制定しており，町の1つのモデルとなっている。

　自治基本条例は，自治体運営のルールを条例化し透明化を図る点にある。さらに首長の多選禁止や入札汚職の防止，財政運営のルール化，住民投票の制度化など，自治体の自己統制能力を高める骨格を定める点にある。

　それは，各自治体にとって一般条例の制定や計画策定の指針となる基本条例である。住民の権利・義務や議会・執行機関等の組織運営について，基本的な事項を定める総合条例でもある。他の条例をしばるという意味では「条例の条例」とも言えよう。

　制定内容は地域によって異なろう。筆者が策定委員長として関わった杉並区の自治基本条例は，日本国憲法とほぼ同じように，前文の自治宣言，住民の権利・義務に関する規定，議会，執行機関等の運営ルール，住民や自治体の連携，改正手続などが柱となっている（第8章の表を参照されたい）。

　基本条例を定めると，その効果として①自治運営の仕組みが分かり易くな

る，②行政運営の根拠が明確になる，③住民参画のルールができるなど，全体として住民自治の高揚が期待される。それがメリットとも言える。

　もう1つ，その条例にどれだけ改革的な要素を盛り込むかも大事なこととなる。これを機に従来タブー視されてきた点に一定の答えを出す改革機会とするなら，関心も高まる。

　例えば，首長の多選禁止を基本条例に盛り込むかどうかである。自治体における予算，人事，公共工事の発注などの強力な権限をもつ首長の多選は，汚職事件の引き金であったり，組織の停滞要因であったりしている。

　多選禁止には立候補の自由を制限するから憲法上認められないという解釈もある。その点，議会筋からの反対も強いものがある。しかし，もし地域住民の多くが自らの自治ルールとして地域の政治活性化には多選禁止が必要だと考えるなら，それを盛り込むのも1つの選択ではないか。杉並区はその考えに沿って，別途「区長多選自粛条例」を定めている。

　もう1つ，住民投票を規定するかどうかも論点である。住民投票法のない日本では，住民が政策決定に直接参加する住民投票の導入を議会は嫌う傾向にある。

　確かに議会が住民代表であり制度上も決定者だから，そうした意見もよく判る。しかし議会が万能と考える時代かどうか。

　事案によっては住民の全てが一票を投じることで民意が確認され，参加意識が高まる場合もある。1人ひとりの生活に直結する市町村合併や地方税の増減税，新税創設，大型プロジェクト，新規起債の発行などは住民投票で決めるのも一案ではないか。

　住民投票は議会の補完機能をもつ。その根拠を自らの自治体憲法におくならば，各地で繰り返されてきた住民投票条例を定めるかどうかをめぐる政治的紛争は回避されよう。

　2003年9月に地方自治法が改正され，全国で40万施設ともいわれる「公の施設」について，その管理運営を民間企業がNPOなど幅広い団体に委ねることができる「指定管理者制度」が導入された。自治体はこれまでの管理形態を

再チェックし，2006年9月までに直営か指定管理者かを選択しなければならない。

当面，公園や児童福祉施設，ホール，公会堂，スポーツ施設，霊園，斎場などが対象となろうが，それを民間の指定管理者に委ねると2兆円規模のビジネスとも言われる。これは現在のホテル業，ファミリーレストラン業，人材派遣業など全国に地域展開する全サービス産業の売り上げ規模を上回る数値である。

もとより，役所が萎縮する必要はない。公の施設経営について自治体がこれまで常に税金の有効に使い，管理業務の実績と専門能力を蓄積し，質の高い公共サービスを提供していたとすれば，既存の管理団体にとって指定管理者制度の導入は決して日々の仕事を脅かす脅威ではなく，むしろ自らの実力を民間との競争を通じて示す絶好のチャンスなのだからである。

公共選択の考え方が改革手法となるなら，住民にとってプラスに作用しよう。さらに2007年度からPPPの一環として，「市場化テスト」の導入が始まる（2006年7月7日より市場化テスト法が施行されている）。これは「官民競争入札」とも呼ばれ，自治体の行う公共サービスそのものを丸ごと官民対等の競争入札にかけ，サービスの質や価格，効率面で優れた方を採用するというしくみのことである。

欧米では刑務所運営，清掃・廃棄物処理，旅券発行，下水処理，道路の維持管理など多くの導入実績がある。これはハードな行政面だけでなく，徴税業務や職業紹介，年金保険徴収といったソフトな行政分野まで及ぶ性格のものである。

これが自治体の事業現場まで導入されていくと，指定管理者制度と相俟って改革への相乗効果は大きく，まさに「官から民へ」の流れを加速する切り札となっていこう。

与えられた政策を執行するのではなく，自らつくった政策を執行し責任を負う，これが自己決定・自己責任としての政策経営である。

一般に「地域経営」といった場合，2つの意味をもつ。1つは自治体の経営であり，もう1つは地域の経営である。自治体の経営は，自治事務が7割へ飛躍的に拡大したなか，どのような戦略で裁量権を生かしていくのか，政策官庁として主体性が期待される。これと深く関わるが，地域づくり，まちづくりを

地域経営の視点から組み立てることも大事である。市町村に都市計画の権限が大幅に移譲されている。これまでの省庁ごとのバラバラの補助金を使ってのまちづくりではない，トータルな視点をもった戦略構想が求められる。

その点，行政は政策スタイルを変える時にきている。これまで"お客様は神様だ"という消費者主権の考えに沿って，住民の要求をあたかも聖域のように扱ってきた。

増大する行政需要にもっぱら行政サービスの供給量を増やし対応してきた。福祉需要の増大には福祉施設の増設で，自動車交通量の増大には道路整備で，生活雑排水による河川の汚濁には下水道の整備でといった具合である。「出るをもって・入るを制する」が行財政の論理とされ，財源不足は増税と料金値上げと借金で賄ってきたのである。

結果として，これが仕事を膨張させ，組織，職員，財政を肥大化させてきた。大きな自治体の出現メカニズムがこれである。

これからは違う。公共部門において「小さな自治体」づくりをめざすべきである。高齢少子化は避けて通れない。20年後に高齢者比率は約30％となり，老親扶養率が現在の約3倍の25.7％へ急増しよう。カネのない社会へ向かう。高齢者の働く機会を増やす方策や工夫も必要だが，基本はカネのかからない行財政運営へ舵を切ることが大切である。

あと追い，需要対応型の政策運営ではなく，予防型，代替型の政策対応によって行財政需要の削減・抑制をする方策を考えたい。民間の資源を行政がうまく使って別の政策を生み出す，政策リサイクル，政策リンケージの発想も大切である。

その方策は大きく3つ考えられよう。

第1は，「規制政策」又は「予防政策」である。

住民の健康診断を徹底することで医療需要の削減をめざす，結果としてそれが医療行政の負担を減らすことになる。育児休暇制を普及させ，会社に保育所を義務づけ，それを支援することで公的な乳児保育需要の発生を抑える。このように需要の発生圧力を減らすことで行政の仕事を抑制しようというも

のである。

第2は，「助成政策」又は「民活政策」である。

　民間の学校や病院，福祉施設に助成金を出すことで民間サービスの供給量を増やす。結果として，公共がそれらを造らなくても済むようにする。地方都市など民間の力が弱い所だと，この方式がどの程度可能か心配もあるが，何でも官活のみで対処する発想では民間自体が育ってこない。むしろ公共分野で活躍できる民間を育てるよう，ビジネスチャンスを広げる努力と工夫が不可欠である。

第3は，「負担政策」又は「減量政策」である。

　ゴミの減量化に収集手数料の有料化を図る，リサイクルを進めるといった方式もその1つ。この発想を各行政分野に応用したらどうか。群馬県太田市では，雑誌回収を自治体が行いその売上代金で高齢者へ移動式ベットの無料貸し付けをしているが，こうした一種の政策リサイクルの手法は大いに広げたい。

　水道料金を値上げして節水効果を期待する，公共駐車場の料金を引き上げ中心部への車の参入を減らすといった負担心理に圧力をかけ行政需要への跳ね返りを減らすのも大事である。

　企業にも生産，流通段階で様々な義務付けをしたらどうか。自動車のスクラップを減らすには頻繁なモデルチェンジは認めない，リサイクル率を上げるには酒・醤油・ジュースビンの規格を統一する，過剰包装の追放をするなど生活レベルから変えることが大切である。

　もとより，こうした政策手法の転換には住民の理解と協力が不可欠。首長，議員の選挙にも不利に働くかもしれない。

　しかし，いつまでも耳ざわりのよい話ばかりで済む時代ではない。政策リサイクルの発想を徹底する，そうした知恵を出す時代である。

5．政策官庁と政策構想

　これからの自治体は，政策官庁としての自治体づくりをめざすことである。
　これまで日本の自治体は地方政府（local government）と呼ばず，地方公共団体（local public entity）と呼んできた。地方公共団体を普通地方公共団体と特別地方公共団体とに分け，前者を都道府県，市町村としてきた。
　しかし，欧米流の理解をするなら，いずれにせよ，地方公共団体は「団体」であって政府ではない。今でも省庁の官僚は自治体を「団体」と呼び捨てるように言うが，これは間違いである。既に分権化後は，団体ではなく「政府」に制度的位置づけが変わっている。
　なぜ，日本で自治体を地方政府と呼ばず，地方公共団体と呼んできたか。それは，そう呼ぶにふさわしい基本的な1つの機能が欠落していたからである。これまでの地方公共団体には，地域の政治機能（政治体）と事務事業の執行機能（事業体）の2つの機能はあったが，自ら政策を創出する政策機能（政策体）はなかった。
　3つの機能が必要なのに，2つの機能しかなかった。だから，地方公共団体であり，これを事業官庁としての自治体，「事業自治体」と呼ぶことができる。
　しかし，これからは3つめの機能，政策形成を担う「政策体」が加わる。この3機能を備えた自治体を地方政府とし，それは政策官庁としての自治体,「政策自治体」と呼ぼう。
　今後，自治体をどう変えるか，そのポイントは政策官庁として自治体を生み出すか，という点にある。もとより政策づくりは役所が独占する時代ではない。住民やNPO，企業などとの協働で政策づくりを進める。協働参画を可能とする政策自治体づくりが方向となる。
　さて，実際に政策をつくる場合に必要となる，基礎的な道具立てについて考えてみよう。
　私たちの社会は，市民や企業の自由な活動によって成り立っている。しかし，

そこには個人や企業では解決できない様々な矛盾，問題が生じてくる。環境問題にせよ，交通問題にせよ，福祉問題にせよ，そうである。また，みんなで共通に使う道路や公園，集会施設などの社会資本の整備は企業の自由な活動からは提供されない。

経済学ではこうした問題領域を「市場の失敗」と呼んでいる。こうした市場の失敗領域つまり個人や企業では解決できない，いわゆる公共問題について，国・自治体が責任をもって解決しようというのが公共政策である。

公共政策を略して「政策」ともいう。

ここで政策を「問題解決の技法」と定義しておこう。国や自治体が行う問題解決の技法，それが政策だとして，具体的な政策の表現は国の法律，予算，政令，各省庁の政策指針といった形，地方の条例や予算，マニフェストを頂点とする一連の行政計画という形をとる。

もっとも，政策には抽象的なレベルから具体的なレベルまで階層がある。政策（policy）→ 施策（program）→ 事業（project）というように。住民は事業化された公共サービスを受けるわけだが，それにはもっと骨太の源がある。

自治体内でみると本庁の企画部門で扱うのが政策とすれば，各事業部門や出先機関での仕事の多くは事業の執行だという理解もできようが，環境政策にせよ，福祉政策にせよ，これまで市役所内で政策，施策，事務事業があたかも1つの工場のように完結する仕組みにはなかった。

国が考え，地方が行う図式の中では，多くの分野で政策は国がつくり，自治体は施策，事務事業の場面を担ってきたといってよい。逆にいうと，だから自治体に政策を自ら考える組織風土が育たなかった，政策マンが育成されなかったと言えよう。

ともかく，これからは国の行う政策領域，地方の行う政策領域が比較的明確になっていこう。少なくも県も市町村も「自治事務」については，自分の政策領域と考えてよい。これを拡大するも縮小するも，他分野と統合するも，廃止するも自由だという前提にたって考えたい。加えて，与えられた自治事務だけでなく，地域特有の問題領域に対し，独自の政策を構想する政策フロンティア

への挑戦が必要となろう。

　もっとも，政策を「問題解決の技法」と簡潔に表現しても，具体的には様々な場面がある。直接，役所が事業主体になって行う政策（公共事業）もあるが，市民や企業など民間活動に何らかの動機づけを促す政策もある。補助金や規制行政などはその例である。

　行政と民間活動の関わりは，大きく4つの場面からなっている。
① 　行政が民間活動を規制する形で関わる（規制行政）
② 　行政が民間活動を助成する形で関わる（助成行政）
③ 　民間活動のサービス不足を補う形で関わる（補完行政）
④ 　行政が直接サービスの供給主体として関わる（直接行政）

　これらの4つの場面について，政策は"活動する案"を企画・立案・決定する「作成の段階」と，それを具体化する予算・事業執行の「実施の段階」に分けられる。

　本来は，1つの自治体で「企画活動」と「執行活動」が連続して行われるのが望ましいが，先述したように，これまでは国が企画活動を中心に行い，自治体は国の補助金と通達に沿い「執行活動」を中心に担うしくみにあった。これが，戦後半世紀以上続いた集権下の自治体。国が政策官庁，自治体が事業官庁という図式である。

　この構造は2000年の地方分権一括法の施行で壊れたことはいま述べた通りである。長年，事業官庁に慣れきった自治体に突然，政策官庁の役割も果たせといっても，そう容易ではないかも知れない。現場では依然旧来の行動スタイルが残っている。国の指示がない限り，すべてをルーチン的に処理し，大過なく済まそうという組織風土である。

　それではダメである。民間との4つの関わりの中に，政策の介在する領域がある。これを認識し，裁量権を駆使しながら，市民の目線で満足度の高い政策づくりをめざし創意・工夫を重ねる，それがこれからの自治体の仕事スタイルである。

　従来の国の示したモノサシを金科玉条とし，何の創意・工夫をしない自治体

と，持てる力を使ってあらゆる創意・工夫をして政策に改善を加え，新たな政策を次々に生み出していった自治体では，10年も経つと大きな「政策差」が生じよう。

　残念ながら，その差を「格差」とは言わない。明確な能力差である。これは誰も補償しない。仮に前者をいねむり自治体というなら，そのもとでの被害者は誰か，それは地域住民である。分権化が成功の自由と失敗の自由を併せ持つ改革だという意味は，ここにある。これからは政策をめぐる自治体間競争の時代だ。首長も議員も職員も住民も地域の政策問題に覚醒することが，今後決定的に大事となる。政策差が「個性」として形成されてこそ，分権化のねらいである「多様性」が生まれてくる。これを生み出すのは各自治体の独自の政策活動以外にない。

6．政策過程の意義

　各自治体が行う政策活動のそれぞれ個別の政策は，それぞれ形成→実施→評価，そして形成へのフィードバックと1つのサイクルを描く。この政策プロセスを少し詳しく分解したのが図9-1である。

　それは①課題設定（問題，課題の整理），②政策立案（解決方法の設計），③政策決定（政策の公式決定），④政策実施（細目を定め具体化），⑤政策評価（政策の効果判定）の5つのプロセスからなる。

　しからば，この場面は誰が担うのか。よく議員に聞くと，自分らはこれに関係ないという。強いて言えば「政策決定の場面かな」という。確かに，その答えは間違いではないが，基本的に認識不足だし，決定場面のみに関わるなら，議員の日常の政治活動は要らない。また市民に代わって，自治体活動を政策面から統制することもできまい。

　分権化によって，政策過程は基本的に各自治体で完結するとみてよい。そこで政治と行政の関わり，役割分担を認識することが決定的に重要となる。

　大きく政治と行政を分けると，①と③と⑤の場面は政治の仕事であり，②

図 9-1　政策のプロセス

担い手	主な内容	政策フロー
政治全体〈住民＋政党＋議会＋首長・職員機構〉	1 争点提起 2 目標設定 3 課題設定	① 課題設定 ↓
首長・職員機構 ＋ 議会	1 複数案作成 2 最適案選択 3 政策原案作成	② 政策立案 ↓
首長 ＋ 議会	1 同意形成手続き 2 長の決定 3 議会の決定	③ 政策決定 ↓
議会・職員機構 ＋ NPO等	1 執行方法選択 2 執行手続き・規則 3 進行管理	④ 政策実行 ↓
政治全体〈住民＋政党＋議会＋首長・職員機構〉	1 制度的評価 2 非制度的評価 3 修正・改善	⑤ 政策評価

③→①に feedback

（資料）佐々木信夫『自治体をどう変えるか』（ちくま新書, 2006年）93頁。

と④の場面は行政の仕事である。もとより，これは連続した過程であり，どこまでが政治でどこまでが行政の役割だと線を引くのはむずかしい。しかも政治の仕事は首長，議員で，行政の仕事は公務員が担うといった単純な役割図式

にもなるまい。

　ただ，これまで①から⑤までを役所任せ，首長，役人任せできたきらいがある。議会が政策過程で重要な役割を期待されながら，十分ではなかった。③の決定過程は議会の大きな役割だが，はたして政策論議が十分であったかどうか。議会は①，③，⑤が基本的な役割であることを再確認しておきたい。さらに今後，ガバナンス（協治）の時代に入り，NPOや企業，市民らも①過程に止まらず，④の実施過程，さらに政策評価を市民の手で行う⑤の過程での関与も期待される。

　政策というと，新規政策が頭に浮かぶが，多くの問題領域には既に何らかの手が打たれていることが多い。新規に発生する政策問題はそう多いとは思えないし，全体の政策体系を変える必要が出てくるのは知事，市町村長が交代した場合などであろう。

　実務の視点からいうと，実務での政策対応は，ⅰ保全型の政策，ⅱ補正型の政策，ⅲ更新型の政策，ⅳ創造型の政策の4つに分かれよう。

　ⅰ　保全型の政策。これは，現在の政策水準の維持が望ましいのに，事故や環境変化など何らかの原因で政策水準が下がり，そこに問題が生まれその政策ギャップを埋めるための政策対応をいう。目標とするレベルから逸脱（下降）した状態を元に戻す政策措置という意味で「保全型」なのである。

　　　例えば，住民の健康を守るために設定している環境基準がクルマの急増で悪化し維持できなくなった，あるいは食の安全基準がO-157といった食中毒の集団発生で維持できなくなった，それに対する新たな政策対応が求められる場合がこれに当たる。

　ⅱ　補正型の政策。これは，目標とする政策水準が設定された時間内では達成不可能となり，目標達成には新たな政策追加を要する場合の政策対応をいう。政策追加をしなければ設定目標が達成できないという意味で「補正型」なのである。

　　　例えば，ある道路整備について，10年計画を定め（AからB地点まで30kmの横断道建設），それに沿い5年間工事を進めてきたが，5年経ったい

ま5kmの道路しかできておらず，もはや残る期間（5年間）ではとても25kmをつくることは不可能になった。用地買収の難航などが理由だとして，計画どおり，あと5年で30kmを完成しようとすると大きな追加投資が必要となる。これに対する政策対応が一例である。

iii <u>更新型</u>の政策。これは，現在の政策遂行に特段問題はないが，周辺の自治体や国の政策変更でその水準が高くなり，当該自治体でも目標を現在より高くしなければ住民が納得しない場合への政策対応である。その意味で更新型なのである。

　市民にカード化で利便性を高めようとしていたら，予想以上に技術革新のテンポが「電子政府」の議論が進み，もはや当該OA化対応を進めるだけでは完成しても水準が低いので，目標を変え，新たな追加政策を実行しようとする場合などが例である。

iv <u>創造型</u>の政策。これは，現行の目標値にとらわれず，新しい将来像を実現しようと考え，新規政策を打ち出す場合の政策対応である。白紙のキャンバスに絵を描いて行くような政策づくりというイメージなので，創造型なのである。

　例えば，国のナショナル・ミニマムを政策水準としてきたが，首長の交代で自らのマニフェストにそって「ねたきり老人ゼロ」を目標とする政策展開を図ろうという場合。全く違うアプローチで新規政策を立案するとこれに当たる。

7．政策形成の構図

　このように実際の政策対応は様々だが，自治体の現状からすると，まだ実務面ではi〜iiiが多かろう。しかし，それとて創意・工夫を重ねる努力を惜しんではならない。

　ただ今後は，より地域社会は変化が激しくなることが予想され，政策のパラダイム転換が求められるケースが増えよう。改革派首長が当選する機会も増え

図 9-2　政策の形成

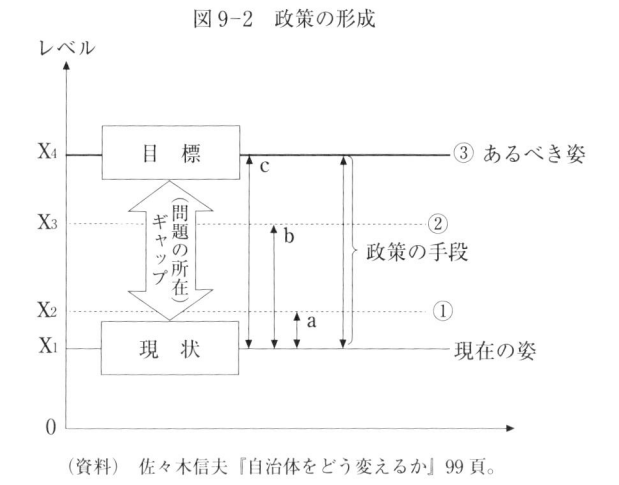

```
レベル
 ↑
X₄ ──┌目 標┐──c──────③ あるべき姿
     │問題 │   │  │
X₃ ──│ギャップ│   b  │政策の手段
     │の所在│   │  │
X₂ ──│    │ a │  ①
X₁ ──└現 状┘──┴──┴──現在の姿
 │
 0
```

（資料）　佐々木信夫『自治体をどう変えるか』99頁。

そうだ。既存のモノサシの延長で穏当な政策転換では住民も納得しないかも知れない。しかも，情報社会の特徴だが，「政策波及」「政策伝播」が相当速いスピードで進む状況下である。その点，ivの「創造型」の政策形成が期待される場面も増えてくると思われる。

　そこで，この新規政策を立案する「創造型」について説明しておきたい。その概要を図示したが（図9-2），政策立案は3つの作業過程からなる。

　第1ステップはあるべき姿，つまり「目標の明確化」である。

　もとより，後述するようにどのレベルに目標を設定するかで，問題の所在も異なってくるが，ともかく，どのレベルであれ目標を設定するところから政策立案は始まる。

　次に「現状の把握」が第2ステップ。客観的に現在の地域の姿や政策状態を明らかにする作業過程がこれである。他の国や地域との比較の視点も交え，客観的に分析評価することが必要である。

　この2つの作業過程をへて，はじめて目標であるX₄と現状のX₁との間にある「ギャップ」が明確になる。これが解決すべき問題の所在である。この問題をどう解決するか，その解決方法を設計するのが第3の政策手段の構築という

ステップである。

　このように政策立案は，目標の設定 → 現状の分析 → (問題の所在に対し) 政策手段の構築という3つのステップからなる。政治と行政の連携が不可欠な場面でもある。

　もとより，あるべき姿，目標の設定は一様ではない。仮に3つの選択肢があるとして，それを限界値，充足値，期待値としよう。

　第1は，①と表示した限界値基準（X_2）である。これは「これ以下の状態に陥ることだけは絶対に避けなければならないという最低限度の目標値」を意味する。

　住民からの批判やマスコミの批判などを受けない水準をぜひ達成したいというようなもの。仮にこれを現在のX_1から数年かけてX_2に高めようとすると，X_2（限界値）－ X_1（現在値）＝Aというギャップが生じ，この問題を解決する政策群が必要となる。ただ，比較的幅の小さい政策手段aで済むかもしれない。

　第2は，②と表示した充足値基準（X_3）である。これは「政策目標がこの水準まで達成できればそれで一応よしとする当面の目標値」を意味する。

　この基準は住民の8割以上に満足をもたらすような水準の設定と考えてよい。現行業務の量的拡充や質的なレベルアップによりその達成を行おうという計画づくりなどの目標値とされよう。仮にこれを数年で達成しようとするなら，$X_3 - X_1$のギャップを解消するための政策手段bが必要となる。

　第3は，③と表示した期待値基準（X_4）である。これは「できることならこの水準まで到達したいという理想の目標値」を意味する。

　専門学会の示す科学的な安全基準とか先進国（都市）の達成水準からみて，震災対策の基準を大きく見直す場合などの例がそれである。地域づくりでいうと，内側からみた魅力 (unify) という条件を満たす意味では，住民は②水準で満足かもしれないが，外側からみた魅力 (identify) も同時に求めようとすると，アイデンティティを高める思い切った投資が必要で，それは③水準の設定を意味しc群の政策手段を要することになるかも知れない。

　もっとも自治体の政策領域は多様だから，限られた財源，人員で政策内の優

先順位をつけざるを得ないことも多かろう。政策の差別化，多様化がまちづくり戦略ともなってこよう。その際，どの分野を期待値とし，どの分野を充足値，限界値とするかが選択肢となる。

地域で観光を売りにするなら，観光政策は③レベル，住民の満足度を重視する福祉・教育は②レベル，農業政策は①レベルに設定するという選択肢もあろう。政策の優先順位を決めるという意味は，政策間で①か②か③かの選択をする議論であり，議会での審議もこれが極めて重要となる。

しからば，問題解決の政策手段はどうか。大きくは5つに類型できよう。

① <u>権力的な手段</u>。法律や政令，条例，規則の制定を通じて行われる方法だ。民間活動を規制するいわゆる規制行政において用いられる手段だが，これは法的な権限に基づいて対象者に一定の行為を義務づけ，それに従わなかった場合には，強制的に罰則を科すことであるべき方向へ導こうとするものである。

　この手段は，対象者に対し強制力が働く点で効果の確実性が高い。その反面，常に権利侵害の可能性もあるだけに，法的要件の構成と適用には慎重さが要求される。自治体でも条例規制が増えている。いかにして政策効果を出すか，この手段の有効性が期待される。

② <u>経済的誘因の提供</u>。企業でも住民でも，自らの利益になるか否かの損得勘定で行動するのが一般的。そこである行動を促したいときはプラスの利益を付与し，逆にそうした行動へ走らないようブレーキをかけたいときはマイナスの利益を付与する。そのことで政策目標を達しようという政策手段である。

　行動を促す手段として補助金や奨励金，利子補給，税の減免などが，ブレーキとして特別課税や負担金，制裁課徴金の賦課などがある。

③ <u>情報の提供</u>。PRとか行政指導といわれる方法がとられる。人々は一定の情報に基づき行動を選択し，決定する—この行動原理を捉えて，一種の情報操作を通じて政策目標に誘導しようというもの。

相手を特定せず，大衆を相手に行う広報，宣伝活動が PR。地域や業界，特定住民など，相手を限定しての情報提供が行政指導である。相手を説得し，同意を得て期待する行動へ結び付けようというものである。

④ <u>物理的制御</u>。公園へのクルマ進入禁止や道路の中央分離帯設置のように，人々の行動を物理的に一定方向へ向かうよう環境操作を行う方法である。

効果の確実性も高く，職員と相手とが直接接触しないだけに感情的摩擦も生じにくく，行政としてとりやすい手段である。しかし，機械的適用は機械的結果しか生まない。公園へのクルマ進入禁止のためにコンクリートで出口を狭くした結果，公園内で発生したケガ人を搬送する救急車が進入できないのが欠点。物理的制御は限定的な場面でしか採用できない。

⑤ <u>サービスの直接供給</u>。これは，行政が直接事業主体となって行う活動で，民間を補完する分野，民間ではできない分野，民間がやってはならない分野について，行政が直接サービスを提供する方法である。

行政の固有の仕事領域といってもよいが，古くは国防，治安，司法に限定されていたこの領域も，いまや「ゆりかごから墓場」まで福祉，教育，文化，さらには道路，橋，港湾など社会資本の整備に至るまで活動領域は実に広い。ただ，設定時はともかく，何年経ってもそれが本当に行政の直接行うべき事業かどうか，よく検証しないとならない。

ともかく，こうした5つの手段を政策化しようというのが行政活動である。ただ昨今，権力的手段の多用には「規制緩和」が，過剰な経済的誘因の提供には「過保護行政」が，補完行政には「民業圧迫」が，行政の直轄事業には「非能率」との批判が強い。官から民への規制改革の流れはそれを打破しようという改革論議であることを忘れてはならない。

8. 政策評価の構図

plan → do → see の政策過程の中で，see の場面が政策評価と考えてよい。

右肩上がりの戦後は，新たな計画やプロジェクトをつくる，新規事業，新規予算を獲得することに強い関心を持たれてきたが，ここにきて，計画やプロジェクトの見直し，廃止，予算の減額など，むしろ小さな政府をめざす構造改革の議論が強まっている。日本の行政の弱点は政策評価を行ってこなかった点にある。これが予算消化の組織風土を生み，予算ぶんどり競争を生み出してきた。
　だが，もうそうした時代は終わった。お任せ民主主義，観客民主主義も終わりだ。これからは政策評価，会計検査，決算評価が大事な時代である。
　もとより，予算にせよ，政策にせよ，それが効率的に執行されているか，効果的な使い方であるかを評価することは，そう簡単ではない。
　政策評価といっても，それは政策決定の内容自体を問題にする「政治評価」のレベルから，政策目標に対し実施効果がどの程度上がっているかの「政策評価」，さらには民間委託の有効性や能率・節約などを評価する「行政評価」（あるいは業績評価）のレベルまである。
　このように厳格な意味で政策評価を一義的に議論することはむずかしい。
　民間企業の場合，利潤というモノサシを評価基準とできるが，行政の場合，公共福祉の最大化という組織目的の実現度を評価する基準はなかなか確立しにくい。とはいえ，政策が初期に期待した効果を上げているかどうかをみることは不可欠である。
　最近では会計検査や監査も政策評価の視点を入れるようになってきた。従来の予算どおり決算が行われているかどうか，といった帳簿検査ではない。
　政策評価の基準は 4 つである。すなわち，legality（合法性），economy（経済性），efficiency（効率性），effectiveness（有効性）がそれである。
　会計検査を政策評価の視点でいうと，1L ＋ 3E の基準はこうなる。
　まず，①個々の会計経理が法令・予算・会計規則，経理慣行に照らして合法的（legality）であるかどうかを評価する。次に，②同じ成果をもっとも安い経費で達成できているかどうかの経済性（economy）基準で評価する。また，③同じ経費でもっと高い成果を上げる方法が採られているかどうかの効率性（efficiency）基準で評価する。さらに，④その施策ないし事業計画の所期の目的が十分達成

されているかどうかの有効性（effectiveness）基準で評価するのである。

文化ホールの建設を例にしよう。

法的に問題はなく，予算にそって競争入札が行われ，工期内で建物が完成したとしよう。1L＋2E基準を満たしたとして，もう1つのEの「効果性」はどうか。かりに年間の利用率が30％に止まったらどうか。市民からみると，ムダな文化ホールではないか。大ホールはほとんど使われない，小ホールは少な過ぎる。結果として文化ホールは敬遠され，多くの住民活動は既存の公民館を利用してしまう。

こうした例がないだろうか。バブル期に各地では，博物館，美術館，音楽ホール，文化ホールなど多くのハコモノをつくった。しかし，その維持費に苦しんでいる。国の補助金を使うためにつくられたようなハコモノが，効果性基準からすると極めて評価が低い。

いったい，これをどう活用するか。補助金の目的外使用と批判されるかもしれないが，福祉施設や教育施設，保育施設など地域がもっとも必要なとする施設へ転用できないか。とくに合併後の市町村で，ハコモノを政策評価し施設転用することで各地域の施設を市民満足度の高い形で再利用することは，合併効果を生み出す点でも不可欠なことである。

アカウンタビリティという言葉がよく使われている。食品会社の不正，銀行の倒産，政治資金の流用，役所の不正経理，官製談合，建築の耐震偽装，年金納付率偽装など，官民を問わない。

分権化は行政責任の明確化を1つの理由としている。

もとより行政責任の明確化は，政治家や公務員にとっては当然の責務である。住民の信託に基づいて行う公共政策は税金で賄われる，その使途，結果について報告する義務が代理人の政治家，公務員の義務だからである。ただ，どの範囲までがその責任なのか，その境を明らかにするのは意外にむずかしい。

例えば，本来行政が行うべきホテルや住宅，マンションの建築確認の仕事を民間機関に開放する「規制緩和」をしたら，建築士がマンションやホテルの鉄骨本数を大幅に減らす耐震強度偽装事件が起こった。というのも，それをチェッ

クすべき民間検査機関がそれを見逃し，建築主（販売主）と建築士と確認機関の相互が癒着関係となり，互いに利益を上げる行為に走ったということになった。

　このマンション建築の耐震強度偽装事件へ政府はあわてて対応した。まず建築基準法を改正し，新しい建築士制度や免許更新制を創った。そして居住者らにマンション立替費用の相当部分を負担する約束をした。確かに居住者の安全を考えると仕方ないかもしれないが，企業責任も行政責任も明確にしないまま，住民補償だけを優先することに批判が集中した。

　この事件は，バブル不況下で行われた「官から民へ」の規制緩和を逆手にとった，儲け主義者による民事事件である。その背後には，行政が本来担うべき建築規制業務までを民間に開放した，行き過ぎた規制緩和がある。景気回復に小躍りし，ビルラッシュに沸く，当時の都市再生ブームに対する警告と言えないか。

　確かに規制緩和は必要である。しかし，それは経済活動の自由を阻んでいる経済的規制の領域にであって，衣食住のセーフティネットを守る社会的規制にまでは及ばない。むしろ生活の安全を脅かす領域には，もっと強い規制が必要な面も多い。

　違反行為には，ルールを知らないために犯す善意の違反者もいるが，この例は違う。建築行為に課せられた義務の存在を知りつつ摘発可能性が低いとみて，利己的な動機で違反行為を繰り返した悪質な儲け主義者によるものだ。その被害補償をなぜ関わりのない大衆の税金で穴埋めしなければならないのか。アカウンタビリティは果たされないままである。

　もとより，最近は景気が悪いのも行政の責任，学生が就職できないのも行政の責任，伝染病が蔓延するのも行政の責任，不登校が増えるのも行政の責任，犯罪が増えるのも行政の責任といったように，無限大に行政責任を問う風潮がある。果たしてそれでよいのか。

　国，自治体の責任はそうした無際限ではなかろう。住民が税金を負担し公共問題の解決を委ねた範囲内で，行政責任が問われるはずである。しかし，次々と行政不信を生むような職員の不祥事が明るみに出てくることもあって住民は「無際限」に不満をぶつけてくる。

9. 地方分権と行政責任

ひとくちに「行政責任」といっても，その意味するところは一様でない。責任について英語では responsibility とか，accountability ないし obligation という。微妙に表す内容は異なっている。そもそも責任という観念は，帝王（本人）と彼が処理を委任したその任事者（代理人）との関係から生まれたものだ。それは①任務的責任，②応答的責任，③弁明的責任，④制裁的責任の４つの局面からなる。図9-3で説明しよう。

図9-3 行政の責任

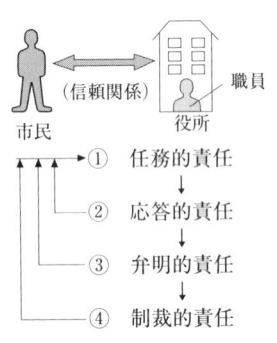

（資料） 佐々木信夫『自治体をどう変えるか』111頁。

責任関係は，本人が代理人に対し特定の仕事を頼むところから生ずる。住民と自治体の関係でいえば，本人が住民，代理人が公務員となる。

この場合，まず代理人が本人に対し任務を全うしなければならない責任を負うが，これが「任務的責任」（①）である。次に，仕事を任せられた代理人は，任務の遂行に関し本人の指示に従い，指示どおりに任務を果たさなければならない。その指示に従い任務を遂行する責任を「応答的責任」（②）である。

この代理人の任務遂行について本人が満足すれば，①と②の責任は果たされたことになる。ここまでを一般にレスポンスビリティ（通常の責任）といい，

それ以上の責任は問われない。しかし，もし任務の遂行に不満があるなら，「なぜそうなのか」「どうしてなのか」と代理人を問責しよう。代理人は本人の問責に応えて，釈明，弁明につとめなければならない。この問責に応える責任が「弁明的責任」（③）である。これが「アカウンタビリティ」（説明責任）といわれるもの。この代理人の釈明に本人が納得すれば，それで一段落し，説明責任は終わる。

だが，もし，どう釈明しても本人が納得しなければ，代理人は本人からの制裁を覚悟しなければならない。これが「制裁的責任」（④）である。本人から代理人に加えられる制裁は，代理人の交替を伴うものであるかもしれない。その制裁として交替を告げられた時，本人－代理人関係は終わる。ポストの更迭や解雇，減給などの処分がそうだ。それらの処分に不満が残る場合，代理人は裁判を訴え，司法の手で判決をもらう道もある。

行政の対応（任務遂行）に住民は満足しないことも多い。その場合，住民が行政に対し，なぜその程度しかできないのか，なぜそんな結果になってしまうのかを問責する。その責任を問うのが，先述の③弁明的責任だ。この場合，行政は情報を開示し，その理由を示し，住民が納得するように説明し，さらには釈明につとめなければならない。これがアカウンタビリティである。マスコミなどで，アカウンタビリティ（accountability）を「説明責任」と訳しているが，単なる業務の説明ではない。不満を解消する責任で，ここで行政側に問われる能力は答責能力である。

もし行政の答責能力が不十分で住民の納得が得られなければ，行政は制裁を覚悟しなければならず，責任論は④制裁的責任へと移ることになる。

カネと権力の行使を身近な政府に委ねる，それが地方分権である。一方で，これを腐敗の増幅につながるとみている人もいる。基礎自治体の議員の相当数が土建業に関わっており，彼らが決定権を持つと，国が統制するより，市民が統制することの方が難しいという見方で，官製談合が権力の分権化を通じて蔓延するのではないかと懸念される。

しかし，これは杞憂に終わらせなければならない。これからの行政は住民の

信頼の上にしか成り立たない。とくに自己決定・自己責任の原則が求められる分権時代はそうである。「自己責任」とは、アカウンタビリティを果たす責任とすらいってよい。

　身近な自治体で、独自に政策がつくられ予算が編成される。そのことは住民の参加や監視が可能という点、民主主義の進歩にとっても望ましい。ただ、そこで働く代理人としての公務員、政治家はより厳しく襟を正すことが必要である。

　国の法律や事務事業を楯に説明責任を免れてきたこれまでの機関委任事務制度下での「国の言うとおり執行しているだけ」という方便は許されない。その点、自治体職員は説明責任を果たせるだけの理論武装と説得力の涵養に努める必要がある。

　同時に、議員を含め市民は行政監視能力をより高める意味で、お任せ民主主義、観客民主主義から脱却する努力をしなければならない。選挙には必ずいく、このこともその第1歩かも知れない。

　地方分権が進むと、カネの使い方、政策の執行方法、その効果、さらに職員の行動様式など身近な政府である自治体の活動に住民の目が向く。行政不信を払拭し透明な自治体活動を展開する大前提は「情報公開」だが、同時に自治体がしっかりとアカウンタビリティを果たすことである。その先に訴訟が増えることも待っている。

　国の責任に転嫁できない分権化の流れは、自治体の職員を鍛えると同時に乱訴・乱給を慎むべく住民をも鍛えることとなろう。民主主義が成熟していく良い機会と考えなければならない。

10. む　す　び

　自治体の政策活動が、企画活動は「国」、実施活動は「地方」、行政責任は「国・地方」と政策過程がバラバラに分割されていた時代は終わった。自己決定・自己責任の原則とは、企画活動も実施活動も自治体に統合され、その結果責任も

自治体が負うこと意味する。政治の責任と行政の責任など責任レベルの違いを論じていく必要も生まれてくる。

経営破たんとか政策の失敗の責任は議会及び首長といった政治家の責任，政策活動の個別具体の執行上の失敗は行政責任として担当の管理職，監督職など自治体の職員レベルで負うことになる。

こうした独立した経営体の中で仕事が行われていくことが分権時代なのだということを多くの自治体職員が自覚することが大切だし，広くは地域住民もその責任の一端を負うことになる。財政再建団体など，破たん処理に対するサービスカット，料金値上げ等を甘んじて受けざるを得ない住民の立場がそのことを表している。

そうした問題が起きないよう，「成功の自由」を追求する経営が求められる。ただ，そのメダルの裏面に常に「失敗の自由」が存在することは意識しなければならない。それが地方分権の経営スタイルである。

注
1) 美濃部亮吉『都知事12年』(朝日新聞社，1979年) 95頁。
2) 北川正恭『生活者起点の「行政革命」』(ぎょうせい，2004年) 153頁。

参考文献
Charls L. Cochran & Eloise F. Malone, *PUBLIC POLICY*, Mcgraw-hill College, 1999.
佐々木信夫『自治体をどう変えるか』(ちくま新書，2006年)。

第 10 章

広域行政と市町村合併

1. はじめに

　わが国では今，明治，昭和に続く「第3の波」として平成の大合併が行われている。道州制移行に関連し，この先も進むかも知れない。

　確かに，海外にも規模拡大によって行政サービスを充実させるという手法はイギリス，スウェーデンなどにも見られるが，1世紀少し前まで71000の町村であった基礎自治体を1世紀余の間に数で70分の1，面積で70倍近くまで拡大した国はない。

　その点，地方自治を見るとき，日本は極めて特異な特徴をもつ国と言ってよいかも知れない。なぜ，日本はここまで市町村合併にこだわるのか。地方自治にとってそのことがどのような意味をもつのか，広域行政との関わりにおいて市町村合併を考察する。

2. 広域行政の意義

　日常生活で形成される生活圏と人為的に形成された行政圏(市町村)は，そのエリアは社会の変化によって大きなズレを生じてしまう。本来，1つの生活圏は1つの行政圏で対応することが望ましいが，交通手段や産業構造の変化で生活圏はおしなべて拡大する方向に変化する。結果として，拡大生活圏に幾つかの行政圏が存在することになる。

　広域行政とは，2つ以上の自治体にまたがる行政課題に対し，2つ以上の自

治体が共同して対応する仕組みといってよい。拡大生活圏に存在する共通の行政課題に対し，複数の行政圏で共同して対応する方法と言い換えてもよい。

　その方法は大きく2つあろう。1つは個別の事務事業ごとに事務組合や連合組織をつくり費用やマンパワーを出し合って共同処理をする方法，もう1つは幾つかの自治体が合併することで対応する方法である。広義での広域行政は双方を包括した概念だが，狭義には前者の広域的な共同処理方法を広域行政と呼んでいる。ごみ処理や上下水，火葬場，し尿処理などが対象となってきた。多い時期には3500近い一部事務組合が存在し，広域行政花盛りとも言われた。

　しかし，こうした個別事務ごとに事務組合や連合という共同組織で対応することには限界もある。一部事務組合や広域連合に地域整備の利害調整を期待することはできなし，広域圏のまちづくりにも対応できない。そこでもう1つの方法である市町村合併という選択が生まれてくる。

　2つ以上の自治体にまたがる課題について，2つ以上の自治体が共同して処理する仕組みを「広域行政」と呼ぶとして，その広域行政で期待できる行政サービスは3つに類型化できる。

①　「目標設定型の広域行政」。これは土地利用とか環境政策において幾つかの自治体が共同で計画を作成し到達目標の設定などを通じて問題解決を図ろうとする場合で，広域的な計画機能の発揮が期待される広域行政である。

②　「需要対応型の広域行政」。これは，ごみ処理やリサイクル，下水，消防などの行政需要を幾つかの自治体で共同処理した方が効率的であるとされる場合で，広域的な処理機能の発揮が期待される広域行政である。

③　「中間混合型の広域行政」。これは，住宅供給とか道路整備，文化ホールの建設などの施設整備について幾つかの自治体が共同で対応しようという場合，また既存の図書館や学校，集会施設，レンタル自転車の相互利用のように，広域的な計画機能と処理機能の双方が期待される広域行政である。

　これまでの広域行政は，ごみ処理とか消防事業の共同化対応にみるように，大量処理のスケールメリット，効率性を求めた②型（需要対応型）が多くを占めてきた。その制度として，事務の一部を共同処理するために設けられた特別

地方公共団体としての一部事務組合方式が多く使われてきた。平成大合併以前は全国に約 3500 の一部事務組合があった。当時の市町村の数である 3223 を超えていた。一部事務組合を持たない市町村はほとんどなかったといってよい。

しかし，時代の要請はむしろ①型（目標設定型）と③型（中間混合型）に移っている。ハード，ソフトを含めたいわゆるまちづくりそのものの共同化を必要としている。小規模施設の乱立にみられる市町村毎のフルセット主義（ないしワンセット主義）から脱皮した公共施設の共同設置の促進や市町村道路のネットワーク化といったハード事業から，図書館の相互利用や圏域内情報ネットワークの形成などに至るソフト事業までの共同化が求められている。

②型（需要対応型）を中心とした従来の連携を「事業連携」としての広域行政と呼ぶなら，こうした新たな①型（目標設定型）と③型（中間混合型）を中心とした連携を「政策連携」と呼ぶことができよう。

これについては，従来の一部事務組合方式でうまく対応できるとは考えにくい。幾つかの事務事業を連携化する広域連合制度の活用でも限界がある。政策連携は交通網や情報ネットワークの活用，各地域の歴史・文化，産業資源の活用，技術開発センターの設立など地域連携による行政サービスの向上，県境など行政区域を越えた行政サービスの展開事業への支援へと広がる様相にあるが，こうした政策連携を確実に地域の活性化へつなげていくには，市町村合併へ進むことが望ましいのではないか。

もっとも，政策連携が直ちに市町村合併へと結びつく話ではない。既述のように②型（需要対応型）で想定されている広域処理需要への対応だけなら一部事務組合の共同設置でも間に合おう。また，①型（目標設定型）や③型（中間混合型）で想定されている政策連携だけなら広域連合の共同設置でも対応できなくはない。しかしそれらの制度対応はあくまでも事務事業の一部機能ないし複数機能の共同化に止まる話。政治や行政を一緒にやろうという話ではない。問題はそのレベルに止まってよい時代かどうかである。そこに生まれてきたのが市町村合併という方法である。

3. 平成大合併の折り返し

　周知のとおり，平成の大合併は今年(2006年)の3月で1つの区切りを迎えた。財政上の支援措置を1年延長した市町村合併特例法(旧法)が3月末日で終了したからである。これで12年前まで3232であった市町村は2013年3月末日で1719となった。

　もとより，これは平成大合併の折り返し時点での話である。更なる合併を求める新市町村合併特例法(新法)が5年の時限法として2005年4月より施行されていた。西日本地域の合併が進み，東日本地域の合併が進んでいない状況を「西高東低」とも表現しているが，この合併の進捗状況を是正する意味も込め，人口1万人未満の小規模町村にさらなる合併を求めようという訳である。各都道府県には新法に基づく市町村合併推進審議会が設置されており，2005年度，2006年度内を1つのめどに，さらなる合併を求める新たな市町村合併構想(ガイドライン)がつくられる方向にあり，各県の審議会での検討が進んでいる。筆者も宮城県の同審議会に会長職として関わり，2005年3月には知事に新構想を答申した経験がある。

　県知事に合併協議会設置の勧告権を与えた新法での合併構想には，旧法のようにカネによる誘導より，権力による誘導の色彩が強いが，ともかく平成の大合併はもう一度動き出そうとしている。予想はむずかしいが，おそらく新法の期限切れとなる2010(平成22)年頃には，市町村数が1000近くにまで減るとみられていた(政府の目標)。歴史的にみると，図10-1のように市町村の数は明治の大合併，昭和の大合併，そして平成の大合併と大幅に減っている。

　平成の大合併は旧法の影響を強く受け，駆け込みのように合併へなだれ込んだのであった。旧法に盛り込まれた①合併市町村には地方交付税を10年間減額しない，②合併関連事業の多くは特例債発行で賄い，そのうち7割を国が返済するといった財政支援措置(アメともいう)が有効に効き，合併を促進したと考えられる。

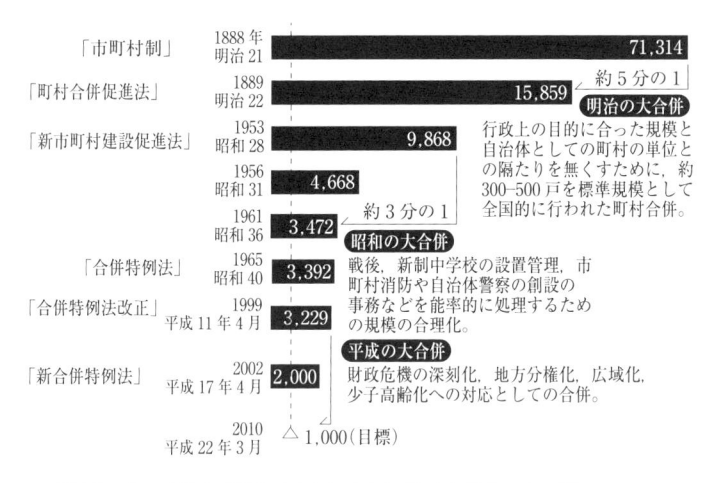

図10-1　市町村合併の歴史

法令	年	市町村数	区分
「市町村制」	1888年 明治21	71,314	
「町村合併促進法」	1889年 明治22	15,859	約5分の1／明治の大合併
「新市町村建設促進法」	1953 昭和28	9,868	
	1956 昭和31	4,668	
	1961 昭和36	3,472	約3分の1／昭和の大合併
「合併特例法」	1965 昭和40	3,392	
「合併特例法改正」	1999 平成11年4月	3,229	
「新合併特例法」	2002 平成17年4月	2,000	平成の大合併
	2010 平成22年3月	△1,000（目標）	

明治の大合併：行政上の目的に合った規模と自治体としての町村の単位との隔たりを無くすために，約300-500戸を標準規模として全国的に行われた町村合併。

昭和の大合併：戦後，新制中学校の設置管理，市町村消防や自治体警察の創設の事務などを能率的に処理するための規模の合理化。

平成の大合併：財政危機の深刻化，地方分権化，広域化，少子高齢化への対応としての合併。

（資料）　佐々木信夫『地方は変われるか』（ちくま新書，2004年）。

　事実，平成大合併の動き出す前の平成11（1999）年3月末日に3232あった市町村は，5年後の平成16（2004）年3月末日までの5年間では100しか減っていないが（3132），それから1年後の平成17（2005）年3月末日までに1年間で611も減り（2521），さらにその後の平成18（2006）年3月末日までの1年間で699も減り，1821となっている。

　平成の大合併は旧法の期限終了前の2年間で（延長期間を含む），1310も減るという急減現象を起こした。駆け込み合併とか，合併なだれ現象と言われるゆえんである。

　もちろん，この動きが起こるまでには数年の月日を要している。その間，合併協議が破断したり，合併相手の組み合わせが大きく変更となったりといろいろな動きがあったことは事実で，突然2年間で合併が成就した訳ではない。ただ，予想を超えて合併のなだれ現象が起こったことは間違いない。

4. 平成大合併の特性分析

　仮に平成 11（1999）年 4 月から平成 18（2006）年 3 月までの 7 年間を平成大合併前期と呼ぶならば，その間に減った市町村は 1411（44％）であるが，その多くは町村であった。この 7 年間で町は約 60％，村は約 65％もなくなった。結果として，村の存在しない県も増えた。平成 11 年 3 月末日時点で「村」のない県は兵庫県だけだったが，平成 18 年 3 月末日には栃木，三重，福井，滋賀など 13 の県に「村なし県」が拡大している。他方で，市は 16％増に当たる 107 も増えている。

　明治 21（1888）年から明治 22 年にかけて約 71000 町村を約 15000 市町村に再編した明治の大合併は，小学校を持てる人口規模として 800 人を，昭和 28（1953）年から昭和 36（1961）年にかけてこれを 3500 まで減らした昭和の大合併では，中学校を持てる人口規模として 8000 人を最低規模と明示して合併を進めたが，今回はその種のガイドラインはなかった。

　新法でこそ，小規模町村（人口 1 万人未満）を合併対象に定めるよう総務大臣指針を出しているが，旧法下の動きを見る限り，平成の大合併は基礎自治体をなるべく市とし，町村を激減させるところにねらいがあったと見ることができる。仮にそうだとすれば，いろいろ問題はあるにせよ，合併推進策自体は一定の成功を収めていると評価されよう。実際，市町村減少率は 50％以上が 20 県，40％以上 50％未満が 10 県，30％以上 40％未満が 6 府県などとなっている。

　ただ，平成大合併が一定の成果を収めたといっても，人口規模で見ると，依然，1 番多いのは人口 1 万人から 2 万人未満の町村である（332）。2 番目こそ 5 万人から 10 万人未満の市（280）だが，そのあとは 3 番目に 5000 人から 1 万人未満の町村（271）が，4 番目に 1 千人から 5 千人未満の町村（196），2 万人から 3 万人未満の町村（196）と小規模な町村が多いのが実態である。5 番目でも 3 万人から 4 万人未満の市町村（157），6 番目になって初めて適正人口規模といわれる 10 万人から 20 万人未満の市（149）となっている。

つまり町村が大幅に減ったとしても，依然，これまで法律要件で定めてきた「市」になる人口要件5万人（合併特例の3万人を除く）に達しない市町村（多くは町村）が，70％を占めている状況である。

都市制度の適用可能な特例市以上（20万人以上の人口規模）となると，政令市まで含めて101であり，全体の6％に止まる。

とはいえ，今回の合併で「市」域に住む人口は88％に，「町」域に住む人口は11％，「村」域に住む人口は1％となった。見方を変えると，いまや「村」に住むというのは100人に1人と貴重な存在だ。これが「都市時代」の現象といえば，そうかも知れない。

合併形式でみると，規模の大小にかかわらず，新設合併がほぼ7割で，編入合併の3割を大きく上回っている。市と町村が合併する場合もいわゆる「対等合併」といわれる方式を好んでいる。他方で，中心市が周辺町村に対し「吸収合併」といわれる編入方式を主張して譲らなかったがゆえに"合併が破談"したケースも少なくない。

合併の形態をみておこう。ここでの分析対象は少し遡っての20年間（1985年4月～2005年3月）の274件だが，合併パターンは大きく4つに分かれる（表10-1）。

表10-1　新設合併のパターン

類型	組み合わせ	割合	備考
I	町村同士＝市	34％	
II	町村同士＝町	32％	一部，村の選択
III	市＋町村＝市	31％	
IV	2市以上＝市	3％	一部，町村も加入

注）1985年4月～2005年3月の期間

第1は，町村同士で合併し「市」になる場合（I）。第2は，町村同士が合併し3万人未満の「町」になる場合（II）。第3は，市と町村が合併し新たな「市」となる場合（III）。第4は，複数の市同士ないし町村を含み新たな市をつくる場合である。第1から第3がそれぞれ3割程度とほぼ同じ割合だが，市

同士のみの合併は3％と少ない。このほか，村同士の合併で「村」に止まったケースもあるが，例外中の例外といえる数である。

市町村合併がもめる理由に「区域の組み合わせ」「新庁舎の位置」「議員の身分特例」の扱いがあるが，もう1つ「名称のつけ方」も紛糾要因となってきた。

200件の新設合併を分析してみると，表10-2のような結果となった。

1番多いのは，合併市町村の地名とは別に新たな「第3の名称」をつける場合（①）である。

これと並んで，数市町村の合併の際，中心となる市や町の名称をそのまま使う場合（②）である。この2つのパターンで7割以上を占める。

第3番目に町村同士が合併し同一の「郡名」を使う場合（③）である。もう1つ4番目として市と町村が合併する際，既存の市名と郡名を合成する場合（④）である。

そして平成大合併のもう1つの特徴とも言えるのが，ひらがな市の誕生である（⑤）。この分析対象時は20近いひらがな市だったが，2006年3月末日では30近くに増えている。

表10-2　新名称のつけ方

類型	内容	例示
① 第三創造型	36％	南アルプス市，四国中央市，雲南市，笛吹市，外ヶ浜市
② 中心市町型	36％	静岡市，三次市，唐津市，桑名市，東北町，白石町
③ 郡名使用型	16％	隠岐市，巣本市，山県市，志摩市，高島市，加美町
④ 都市合成型	6％	由利本荘市，大仙市，宇城市，那須塩原市，佐久穂町
⑤ ひらがな型	6％	さいたま市，あらわ市，つがる市，さくら市，あさぎり町

5．平成大合併の意義

さて，このような特性を持つ平成大合併だが，しかし，国際的にみてイギリス，スウェーデンなど市町村合併の歴史を持つ国と日本のそれは同じではない。

なぜ，このようにわが国は市町村合併にこだわるのか。その秘密は，住民自治の歴史を持たずに始まった明治以降の地方自治に，国の公共サービスの受け皿主体という位置づけを与えてきた点にあるのではないか。だから国策として市町村合併が進められるのである。
　「ゆりかごから墓場」までを合言葉に，行政サービスはどんどん拡大し質的に高度化してきた。それに伴い，国の下請けとしてその事業主体である自治体に，常にスケールメリットが働く規模拡大を求めてきた——これが市町村合併を繰り返してきた背景だろう。
　もっとも明治，昭和の大合併は国の行政執行の委任主体（機関委任事務の執行体）をつくるため住民自治の視点を欠いたまま合併が進められたが，平成の大合併はそれとは性格が違う。機関委任事務制度が全廃され，税財政の分権化（三位一体改革）が進む中での自治主体，政策主体となりうる自治体の創造が求められた。つまり集権下の合併と分権下の合併との違いは，ある意味で住民自治の視点を有しているかどうかの違いと言っても過言ではない。
　もとより，合併は手段であって目的ではない。合併は新たな地域再生の手段であり，足腰の強い自治体をつくる構造改革としての手段である。その手段を通じ，どのように将来栄える地域をつくるか，サービスを向上させ，地域の自治能力を高めうるかが目的である。
　平成の大合併は財政危機を回避するためだという見方が強く，マスコミなどの報道も大方がそうだった。確かにバブル経済崩壊後の「失われた10年」下で地方財政は窮乏の道を辿ったから，その回避のための合併だという説明は一定の説得力をもったのも事実である。しかし，本質はその点にはない。
　確かに各市町村にとって，交付金交付額を10年間維持でき，合併特例債の7割を国が返済する優遇策を受けることは当面の危機対策かも知れないが，国家全体でみると，市町村合併は国家財政の危機回避の最大の切り札とはならない。毎年30兆円超もの国債（うち赤字国債が8割以上）を発行し続ける財政運営の中では，市町村合併による財政節減効果は10年積算しても最大10兆円止まりだと思われる。それも大きな意味のあることだと思うが，それより平成の大

合併は広域化，少子高齢化への対応，そしてより基本的には地方分権体制の構築という大きな背景が控えている。

これらから，平成大合併の意義を総括すると，次のようになる。

第1に，自治体の自治能力を高める機会だということ。自己決定・自己責任で自立した行財政経営の展開には足腰の強い市町村に脱皮しなければならない。財政の効率性を高め，専門性の高い職員集団をつくり，事業官庁から政策官庁へ大きく変わらなければならない。

第2に，新しいまちづくりのチャンスだということ。合併は単に市町村の垣根を取り払だけではない。それぞれの市町村が持つ人材や産業，特産品，文化等の地域資源を有効に生かし，次世代への地域づくりに挑戦できるチャンスである。

第3に，合併は最大の行財政改革のチャンスだということ。合併は行政サービスを落とすことなく経費を削減し，財源を生み出す絶好の行財政改革の機会である。これから公共サービスへの民間も参入も進む。その点，行政は市場化テストにさらされ続けながら，小さな自治体，質の高い公共サービスの提供をめざさなければならない。

6．市町村合併と住民自治

市町村合併にはメリットもデメリットもある。各地で繰り広がられてきた合併論争は，そのいずれかに軸足を置いての論争だった。

ただ，メリット，デメリットの論争を理論的に整理すると，いずれの主張に説得力があるかという「力比べ論争」はあまり意味がないという点に気づくはずである。

メリットとされる①地域の一体的整備，②投資の効率化・重点化，③自治体の行財政基盤の強化という話は，総じて「団体自治」を重視する視点からの主張である。他方，デメリットとされる①政治代表度の低下，②地域の歴史・個性の喪失，③周辺地域の地盤沈下という話は，「住民自治」を重視する視点

からの主張である。

　そこで合併推進派は前者の視点を強調し，合併反対派は後者の視点を強調する。各地の賛成，反対論争はこのすれ違い論争の構図にあった。

　だが，このすれ違いは単なる水掛け論なのだろうか。筆者はそうは考えない。これまでの市町村の多くは，地方分権の対応や広域的まちづくり，行財政の効率化の面で能力的にも規模的にも不十分で，合併再編は必要だとする点を否定する者は少ない。だが過去の経験から，規模の拡大で地域住民の声が届きにくく，周辺部が衰退し，住民活動が萎えてしまうという懸念する声があるのも事実である。

　しからば，市町村合併はこの両面の矛盾を克服できない話かどうかである。広域化に対応する団体自治の強化も，狭域化に対応する住民自治の強化も不可欠な時代である。団体自治と住民自治は地方自治における車の両輪であり，いずれを欠くこともできない。とするなら，平成の大合併はこの「広域化」と「狭域化」という，一見相矛盾する2つの面をいかにして両立させるかが焦点ではないか。

　そこで，これを住民自治との関連で整理しておこう。

　「自治」とは，文字どおり，「自ら治める」(self-government) ことであるが，換言すると，これは対相手に対し，主体性を持ち続けることであり，それには，自分の判断で・自分の負担で・自分の責任で物事を処理する能力を有することを条件としている。いわゆる自己決定・自己責任・自己負担の原則がそれを意味する。

　主体としての個人が自発的に集まって団体をつくり，相互に自由な合意に基づいて一定の事柄を処理していく場合，そこに自ら治めるという意味での団体の自治が成り立つ。

　ここでの要件は，その団体を構成するメンバーが自分達に共通する事項を，他人の力を借りずに自分達で処理することである。共通事項の処理に必要な経費は自分達で負担し，その処理がうまくいかなくとも他人に迷惑をかけないという意味で自己責任が原則となる。

これを，地方自治に置き換えていうと，地域の政治や行政という営みが自己決定・自己責任・自己負担の原則で行われるということである。

　ただ，団体としての自治が認められたとしても，直ちにそこで住民自治が保障されるわけではない。多くの住民が参加し，代表を送り，住民の意思で公共の営みを決定していくこと，あるいは協働により実施していくことを住民自治としてイメージするなら，地域の名望家など特定層によって政策決定が行われることは住民自治とは言わない。これまでの霞が関に責任をもつ政治ではなく，住民に責任をもつ政治が期待されているのが地方分権下の地方自治である。

　団体自治は，国から独立した法人格をもつ地方自治体を設置し，この地方自治体をして地域の政治や行政に当たらせることを意味するが（法律的意義），住民自治は，その地域の政治や行政をその地域の住民の主体的な参画により，住民の意思によって自主的に処理することを意味する（政治的意義）。

　これを集権から分権への流れを重ね合わせて考えると，まず国主導により全国に統一的で画一的なサービスを提供するのが中央集権である。それに対し，サービスに多様性と迅速性を求め，身近な自治体が主導して問題解決を図るのが地方分権である。地方分権改革は，前者より後者が可能となるよう，相対的に地方の主体性を認める改革である。

　しかし注意しなければならないのは，分権と自治は同じではないということである。地方分権が進むと自動的に地方自治が成熟するわけではない。分権化という制度上の自治が充実しても，住民の自治活動が活発化する事実上の自治が伴うとは限らない。分権は国と地方の権限配分の変更であって，それ以上のものではない。確かに分権化で相対的に身近な政府は強くなる。だが，自ら関わる課題を自らの手で決め，結果責任を自ら負う住民自治はこれと連動する保障はない。それは自治体の力量次第であり，住民の意思力次第だからである。

　地方分権は住民自治を拡大するチャンスである。だが，分権化が自動的に地域の自治を豊かにするわけではない。自治とは本来そうしたものではない。

　また自治の本質は，制度ではない。精神なのである。面積でも，人口でも，組織でもない。精神である。われわれが１つの単位となって，みんなの力を合

わせ努力しようという精神の集合が自治であって，それを無視したような政策というのは，「自立した自治」にはつながらない．とくに国が主導する市町村合併の推進は，十分注意を必要とする．

　もっとも，地方自治は精神だと言っても，精神論にとどまっての地方自治は成り立たない．自治の精神は極めて本質的な話だが，その精神が宿るような制度的な仕組みなり，保障があるかどうかが，次に課題となる．

7．住民自治の制度設計

　大きくしながら小さくする，つまり団体自治のボリュームを上げながら，他方で住民自治の営みがきめ細かく行渡るようにする，それが平成大合併での住民自治の制度設計である．そこで出てきたのが，地域自治組織の導入である．

　合併は目的ではなく，手段である．その手段の構想が前例のみに依拠するなら何も生まない．いま市町村には問われているのは，自らの意思で新たな地域設計を行う構想力である．

　コミュニティを単位とする地域社会は，地域住民が中心になって地域の課題を共有し，その解決方法を協議し，決定を行うことが望ましい．この「共有」「協議」「決定」の場が地域自治組織である．ある意味でイギリスのパリッシュなどにみる自治区的な性格のものを構想できる．地方自治法が改正されているが（中身はまだ空洞だが），政府の法的イメージは，もともとは現行の政令市にある行政区をイメージした「行政区的なタイプ」と，特別区をイメージした「特別地方公共団体的なタイプ」の2つを想定したとみてよい．

　もっとも，現実にはそれから大きく後退しているが，それを地域自治組織と呼ぶかどうかは別として，住民自治を充実させる制度設計としてはもっと幅広い選択が必要となろう．筆者は次の4類型を提案したい（図10-1）．

　縦軸に自治組織の権限の大小を，横軸に法人格の有無をおき，これを組み合わせると4つの類型が生まれる．Aは，法人格のない窓口業務などを扱う支所的なタイプ．Bは，法人格をもち住民の代表組織はあるが権限が限定的な自治

図10-1　地域自治組織のタイプ

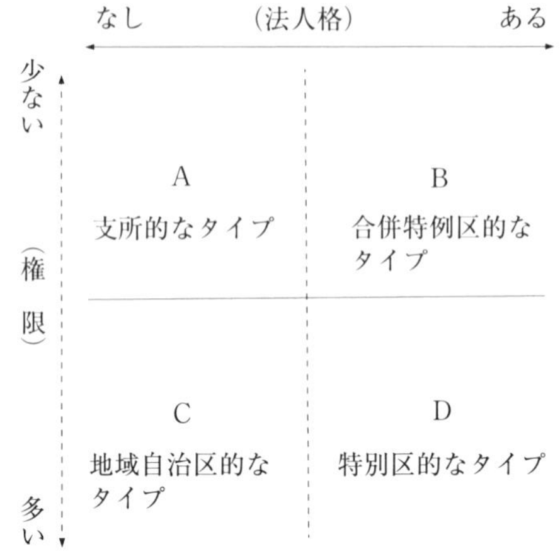

	なし　（法人格）　ある
少ない（権限）多い	A 支所的なタイプ ／ B 合併特例区的なタイプ C 地域自治区的なタイプ ／ D 特別区的なタイプ

区的なタイプ。Cは，法人格がないが地区行政の拠点として地域審議会がおかれ，総合支所より多くの事務処理が行われる行政区的なタイプ。Dは，法人格を有し地区議会と執行機関の長が中心となってまちづくりや福祉等の行政を行う特別区的なタイプである。

これまで旧市町村に総合支所をおき住民の利便性を図るAタイプが一般的だった。今回の合併でも多くの地域はこれをイメージしている。総合支所に窓口行政だけでなく地域特有のまちづくりや固有の行政（除雪等）を委ねる形をとる，ミニ区役所的な設計を構想しているところも多い。ただ，支所方式は往々にしてワンウエイとなりがちで，本庁を中心に行政の統一性は図れても，地域事情を反映しにくく住民自治は萎えがちとなる。役所お任せ主義が生まれ，中心市主導となりやすい。

これを改善しようとより大きな権限と一定の自治権を認めようというのが行政区的なCタイプである。政府のいう行政区的タイプはこれに相当し，それぞれ旧市町村を単位に行政区をおき市長が任命する長とその諮問機関として地域審議会（委員は公選ないし互選）をおき，福祉やまちづくり等の事務の一部を分

担させようというものである。現在、支所方式を考えている自治体でも今後行政区的なタイプに衣替えするところもあるのではないか。

　他方，旧市町村の名称を残し，これまで育んできた地域自治の営みを続けたいという潜在的な声も多い。特に編入される旧町村に希望が強い。そこに出てきたのが施行権や予算権を与え一定の自治的な営みを保証しようという特別地方公共団体的な発想である。それを小さな規模で認めるならＢタイプの自治区に止まろうが，公選の首長と議会という政治機関をおき，一定の行財政権限を付与するならＤの特別区的なタイプとなろう。

　もとより，政府の法イメージは特別区的なタイプとは読みにくい。しかし，特別地方公共団体としての区に新市の補助機関として法人格を与え，議決機関は公選ないし総会選出とし，区長は互選ないし市長の選任とし，地域共同的な事務を処理させるなら，昭和50年以前の内部団体として存在した特別区制に似てくる。このＤタイプを選択するかどうか。中心市が１つで多くが小規模な町村からなる合併地域では，ゆるやかな合併を望む声が強い。10年間の時限措置でもよいからＤタイプの特別区をおくべきだとの主張もある。離島や中山間地域といった地理的条件が特殊な地域にもこの声がある。

　もとより，これを大幅に認めると合併のスケールメリットが半減し，バラバラになることが懸念されよう。しかし，小規模単位の自己完結型の行政にも長所がある。福祉、介護、リサイクル、まちづくり、防災といった住民生活に直結し，社会的セーフティネットが求められている"小回り行政"は小規模単位がうまくいく。とするなら，広域化のメリットを殺がない範囲で狭域化のメリットを生かすなら，ＢないしＤタイプの選択も魅力的である。長野県飯田市は当初18市町村の合併構想の中で同種の地域委員会制を暖めていた。

　いずれのタイプを設計するかは地域の自主判断である。もとより地域自治組織を導入せず，旧市町村におかれる支所機能を重視し，組織内分権を図り窓口業務とその地域固有の業務の執行に必要な予算を保証するなら，やり方次第では各支所が先端行政の拠点ともなりうる。

　もっとも，こうした制度設計のみでなく，運用面でももっと構想力を磨くべ

きである。

　専門性が不安なら職員の広域異動で人材広域圏をつくり，専門性の相互補完を図ったらどうか。旧町村を自治区とするなら，区長を地域担当副市長に位置付ける制度はとれないか。人口希少区からも議員を出せる地域内選挙区制を導入できないか。サイフは1つにしても，財源の1，2割を旧市町村が自由に使える地区振興費のような自治財源を構想できないか。これらを地域で制度的に担保できるよう，自治基本条例を定めたらどうか。ともかく，合併効果を生み出そうという強い「改革意思」がなければ合併は成功しない。

　主権者である住民には，お任せ民主主義から参画・責任の主体者となることが求められ，各自治体には単なる事業官庁ではなく，政策官庁になることが求められている。そのチャンスの訪れが今回の合併機会である。分権時代において，質の高いサービスを提供できる体制をつくるのは自治体の責務である。新たな市町村の仕組みは市町村自らがつくり出してこそ，分権時代にふさわしい地方自治となる。各地域の構想力の発揮に期待したい。

参 考 文 献

森田朗ほか『分権と自治のデザイン』（有斐閣，2003年）。
山下茂ほか『比較地方自治』（第一法規，1993年）。
T. クラーク・小林良彰『地方自治の国際比較』（慶應義塾大学出版会，2001年）。
Stoker. G（1987）*"The Politics of Local Government"*
藤岡純一ほか編『海外の地方分権事情』（自治体研究社，1995年）。
大森彌『現代日本の地方自治』（放送大学教育振興会，1995年）。
佐々木信夫『地方は変われるか―ポスト市町村合併』（ちくま新書，2004年）。
　　同　　『市町村合併』（ちくま新書，2002年）。

第 11 章

地方議会と地方議員

1. はじめに

　地方自治の営みをもつどの国においても，政治機関として議会がある。これは自治体の議決機関の役割を基本としているが，その役割は決定機能に止まらず，立法機能，監視機能，応答機能と幅広いものが期待されている。同時に，それはもう1つの政治機関である知事，市町村長という執行機関の長と抑制均衡関係を保ちながら，民意を鏡のように反映することが期待される住民参加の広場である。

　むかしから集会は，個々人が地元の，あるいは世間についての情報交換の機会であった。いわゆる寄合，井戸端会議，あるいは市民サークルなど様々だ。この集会を制度として政治レベルで組織化しのが，「議会」であるといってよい。

　議会という形をとるのは近代国家になってからだが，それ以前から地域集会はあった。有名なのは，地中海文化圏における都市の民会，ゲルマンの森の部族会議，スイスのカントン会議，アメリカのタウンミーティングなどである。だから議会を何も堅苦しく考える必要はない。もともと代表者による集会と考えればよい。ひらたく言えば，議会とは「討論の広場」である。討論によってものごとを決める，これが議会の本質である。

　議会は住民の代表機関である。地域における民主主義の発展と住民福祉の向上をはかる役割がある。議会がその持てる機能を十分に駆使し，政策の立案，決定，執行，評価について様々な論点，争点を広く住民に明らかにするなら，議会への関心も向く。自由闊達な討論を通じて，これらの論点，争点を明らか

にする，それが「討論の広場」である議会の第1の使命である。

　本章では，これまで政治学研究においてもほとんどフォーカスされなかった地方議員について論ずる。地方議会に関する研究は若干あるが，その構成メンバーである地方議員は批判の対象（数が多く，報酬が高い）ではあっても，その役割や生態について研究の対象となることは稀有に等しかった。もちろん，都道府県から市町村まで幅広くカバーしなければ論じ得ないという点では，むずかしい研究テーマであることは事実だが，内容が地味だということもあって避けられてきたかもしない。そこを正面から包括的に論じたのが，拙著『地方議員』（PHP新書，2009年10月）である。本章はそこでの議論を踏まえ，地方議員の身分や役割を中心に論じてみたい。

2. 議員バッジの効用

　私たちは，よく電車の中や街で胸に「議員バッジ」をつけている人を見かける。えび茶，紫紺のバッジと色は違うが，真ん中に小さく金色の菊花模様が見える。大きさは様々でどれが国会議員，どれが県会議員，どれが市会議員，町村会議員のバッジかなど区別はできないが，ともかく議員バッジをつけている人をみると，あれが「議員」だと認識する。

　この議員バッジをつけている人は日本ではどれぐらいいるだろうか。意外に知らない。国会に722名（衆議院480名，参議院242名），都道府県議会に2758名，市議会に24640名，町村議会に15991名（2006年実員）。ざっとこの4万3千名の方たちが日本の公共分野の決定者，政治エリートである。これに要する経費は事務局経費など間接経費を除き報酬費など直接経費だけで計算してみると，ざっと5000億円に及ぶ。うち約4000億円が地方議員の経費である。

　地方議員のバッジには様々な種類がある。都道府県の議員バッジは同じだが，市議会議員のバッジはなぜか政令市が一回り大きく一般市は小さい。町村議会議員の場合，一般議員のバッジは同じだが，議長バッジとか，郡の会長バッジまである。さらに国会議員と同様，地方議員にも退職議員バッジがあり，議会

によっては色の違う長期在職者バッジも使われている。

　なぜ，こうも日本は議員バッジにこだわるのか。ちなみに欧米には議員バッジなどない。もともと議員バッジは，議場への「通行証」としてつくられた。しかし，いつの間にか，一般人と区別する特権的な身分のあかし，つまり「身分証」に変わってしまった。

　胸元のバッジが"権威"の象徴にみえる。よく不祥事を理由に"責任をとって議員を辞職する"と会見などで述べる際，「議員バッジを外す」という表現を使う議員がいる。ご自身にとって，議員バッジは命の次に大事な存在のようである。ともかく，日常生活においてささいな会合から冠婚葬祭まで肌身離さずバッジを着け歩く姿を見ると，このバッジの存在が"議員とは何か"を考える際の重要なヒントといえそうだ。

　国もそうだが，地域において首長と議会が自治体という機関の意思を公式に決めることができるのは，選挙を通じて民意の審判を受け，代表者であるとみなされるからである。選挙を通じて代表としての正当性を確保する。「代表」という考え方は，異なる意見や利害をもつ多くの人々に代わって，判断できる資格をもつという意味である。

　だから，戦後の地方自治は，特定の名望家や専門家を"選挙なし"で任命すること，世襲制や多額納税者を議員として処遇する制度は認めていない。国の場合も，戦前の貴族院のような存在は認めない。法のルールに沿って，首長も議員も4年ごとに選挙される。この点だけを捉えるなら，問題はないが，実際の運用段階になると，①議員数が多い，②報酬が高い，③条例提案が少ない，④中高年に偏っている，⑤女性議員が少ない，⑥サラリーマンを排除している，⑦民意から遊離している，といった強い批判がある。

3．地方議員の意義

　都道府県，市町村，特別区の議会議員を地方議員という。自治体議員と呼ぶ呼び方もある。地方議会の議員は非常勤の特別職公務員として，地域の世話役

から利害調整,政策決定まで幅広い活動をしている。

　その任期は原則4年である。再選を妨げるものはなく多選議員も多い。国会と同じように世襲議員も少なくない。町村など地域によっては,戦前の名望家議員の影が残っているところもある。ともかく彼(彼女)らは地域の世話役から利害調整,政策決定まで幅広い活動をしている。しかし,意外にその活動実態は知られていない。

　まず,地方議員の身分についてどうみるか。

　従来から,地方議員はその職務の性格から,名誉職なのか有給職なのか議論されてきた。名誉職とは「有給職に対する概念で,生活を保障するための報酬を受けないで,国,地方公共団体等の公の機関の職位にあるもの」とされる。

　戦前の日本は,明治時代の府県制,市制,町村制のもとでは,地方議員は「名誉職」と明記されていた。当時は,名誉職である無給の議員が地方自治の事務を処理することは,自治制度の原則であると考えられていた。

　しかし,無給が原則である一方,特例が設けられており,生業収入が妨げられることへの弁償や職務上必要な出費への弁償が行われていたのも事実である。とはいえ,労働に対する報酬が支払われていないという点では名誉職に違いない。

　諸外国の例を見ると,現在でも地方議員は名誉職であるとし無報酬を原則としているところもあれば,大都市の地方議員は常勤的な専門職として相応の報酬を支払っているところもある。諸外国の例を表11-1に掲げた。

　アメリカ,ドイツ,韓国などは州や広域自治体は有給だが,アメリカの100万規模の大都市を除くと多くの市町村は交通費や日当程度の実費弁償となっている(ある種,名誉職の扱いと理解される)。

　日本で月々の報酬が,しかも相当額の報酬が支払われるようになったのは,戦後である。総じて報酬が高いという議論が多い。

　戦後日本では,地方自治制度が刷新され,地方自治について包括的に規定する地方自治法で様々な規定ができた。しかし,地方議員の身分については,戦前のような明記がなされず,これまで地方自治法第203条で「非常勤の監査委

員や専門委員など」と同じように扱われ，「非常勤の特別職公務員」と位置づけられてきた。

同法で都道府県，市町村もすべての議員に報酬と費用弁償が支払われる旨，明記された。名誉職ではなく，有給職としての位置づけがなされたと言えよう。

しかし，非常勤という位置づけである。国会議員の常勤職とは違う。常勤の職員とは非常勤の職員に対する概念で，原則として休日を除いて，所定の勤務日において，また所定の勤務時間中勤務に服する職員を指すが，非常勤については，地方公務員法上，明確な概念付けはされていない。

非常勤特別職公務員といっても，相当額の月給（みなされる額）とボーナスが支給される。その点，他の専門委員や行政委員会の委員らと違う。

表11-1　諸外国の地方議員の待遇

	アメリカ			ドイツ			スイス	
人口	2億9,000万人			8,000万人			700万人	
国と地方の関係	連邦制			連邦制			連邦制	
	州	郡	自治体・タウンシップ	州	郡	基礎自治体	州	市町村
自治体数	50	3,000	36,000	16	439	12,629	23	3,022
地方議員数	7,000人	17,000人	15万人	2,000人	30,000人	15万人	3,000人	5万人
年間報酬総額（手当含む）	290億円	85億円	740億円	100億円	150億円	750億円	―	
一人当たり	400万円	100万人以上の都市：950万円　それ以外：50万円		620万円	50万円程度（月額報酬と出席手当）		ほとんどが無報酬	
	イギリス			フランス			韓国	
人口	6,000万人			6,000万人			5,000万人	
国と地方の関係	国家主導			国家主導			国家主導	
	県	市町村		州	県	基礎自治体	広域自治体	基礎自治体
自治体数	34	435		26	100	3.7万	16	232
地方議員数	2,000人	20,000人		2,000人	4,000人	50人	700人	3,500人
年間報酬総額（手当含む）	―			―			24億円	72億円
一人当たり	73万円			数十万円		ほとんどが無報酬	350万円	210万円

（データ）　構想日本の作成資料，比較地方自治研究会「欧米における地方議会の制度と運用」「ヨーロッパ各国の地方自治制度」「英国における地方議員と地方行政」「ドイツ地方行政の概要」「大韓民国地方行政の概要」「スイスの連邦制度と地方自治のあらまし」，総務省「諸外国の議員定数・報酬」，「The Book of the States 2005」，「Tabulated Data on City Goverments」，伊東弘文「ドイツの自治体議会」をもとに構想日本が作成したものを筆者が加筆。

（資料）　佐々木信夫『地方議員』（PHP新書，2009年）106-107頁。

これまで、こうした地方議員の扱いについて不満が強く、最近、地方自治法が改正された。公選職の議員について他の委員らと区別するため、他の委員らの報酬は地方自治法第203条の2とし、第203条は議員のみの報酬規定に改められた。もちろん、だからといって、議員の身分的扱いが明示的に変わった訳ではない。有給職ではあるが、国会議員のように歳費（給与）を支給するのではなく、あくまで報酬（労働の対価）を支給するという考え方は維持されている。

地方議員には一般職の公務員のような兼業制限はなく、当該自治体に対し請負をする法人の役員を兼ねることができないなどの規制があるのみである。他に生業を持つことも、利害関係のない会社や団体の役員に就くことも自由であると解されている。事実、建設会社を経営する者、農林水産業を営む者、医者、歯科医、税理士などおよそ兼業が成り立たないとみられる職業を別に持つ者も相当数にのぼる。

4. 地方議員の代表性

地方議員は何を代表するのか、代表性をめぐる議論も大切である。

議員は地域全体の利益を考えるべきか、地元の利益を考えるべきなのか、ホンネとタテマエが交錯する論点である。多くの議員には選挙地盤としての支持母体があり、地元がある。議会の審議では支持母体や地元に関係する問題についてとりわけ深い関心を示す議員が多い。それに関する質問を活発に行うのも、ある意味で自然といえよう。その点から理解すると、部分利益、地元利益を代表する者と理解される。

しかし一方、議員は地方自治体全体を代表し、自治団体としての団体意思を決定する立場にある。ご当地ソングだけ歌う議員という表現を聞いたことがあろうか。口を開くといつも地元のことばかり要求する議員のことだが、「地元のことだけ」というのは望ましくないとされる。どれだけの議員が全体の利益を考えて行動しているか、いろいろな調査から見ても疑問だが（地域の世話役が議員の役割だと考えて市民が多い）、理論上、地方議員は自治体全体を代表し決定

する立場にあることは間違いない。

　地元のことを事例として素材にしながらも，決定は全体に置き換えて結論に導く思考回路がいる。かりに全議員が部分的な利益，地元の利益だけを主張するなら，地方議会は利益代表の寄り集まりのようになり，対立，衝突，予算ぶんどりの場と化す。議会という機関は利害を取引する場になってしまう。それでは何のための議会であり，議会制民主主義が分からなくなる。

　よく地方議員を「ドブ板議員」と呼び軽蔑した見方をする人がいる。地元のことしか考えない，狭量な行動をとる議員を批判した言葉だ。しかし筆者はドブ板議員を否定しない。

　というのも，議会政治の出発点はドブ板議員に始まるといってもよいからだ。もちろん，ドブ板という表現が，イメージとして悪いが，そもそもドブ板議員という言い方が出てきたのは，街の排水装置がL字溝以前のU字溝が使われていた当時，その取替え費用を市民が負担すべきか自治体が負担すべきかでドブ板論争となったときからである。

　これは受益と負担をどうバランスするか，意外に分かりやすい論点ではなかったか。社会資本の不十分な時代は，道路の舗装，学校の新設，公民館等の建設なども大きな争点になった。そのころ，これらの整備を地元のために主張する議員が多かった。それを総称してドブ板議員と呼んだのである。

　しかし，それが一巡した現在，福祉とか文化，教育，医療などに強い関心が向けられてきているが，受益と負担の議論も少しあいまいな方向となってしまった。全て役所の公的負担でこれらは賄うべき，しかも国の補助金を取って来いといった要求へシフトしてしまっている。その点，呼び方はともかく，議員の活動自体，本来のドブ板議員からずれてしまっている。

　地元の要求をする議員はダメな議員か。ドブ板議員として軽蔑する対象なのか。筆者はそうは思わない。議員活動の原点はむしろここにある。ドブ板議員はある意味，政治の出発点で支持母体や地元の問題に精通していく良い面がある。しかし問題は，地元のこと，業界のことしか考えない，利己的な行動に終始する議員はダメだということである。議員は地元の代表であると同時に自治

体全体の代表である。地域全体のことを考える視点に欠ける議員が多いとすれば，それは地方議会の危機と言わざるを得ない。

　もとより，最近はドブ板議員の方がまだマシだという話も聞く。というのも，選挙中はともかく選挙が終わり，当選が確定すると，その後地元について見向きもしない議員が増えているという話だからである。議員になることが目的化したサラリーマン議員現象がこれである。正直，これはドブ板議員より始末が悪い。大都市に多くみられ，身分を欲しがり，報酬を得ることを目的とした利己的議員がこれである。農協や市役所等を退職した職員が，定年後の職として職員並みの報酬の得られる第2の就職先として地方議員を選ぶ，こうした現象をどうみるか。

　今後は，ハードインフラなど社会資本の整備より，むしろ医療，福祉などソフトインフラの整備が大きな争点となってこよう。高齢者を優遇するソフトインフラを整備すると，子ども，子育て世代のソフトインフラが割を食うといった世代間の対立も生まれる。これを政策的に調整し，公平性を担保する政治的利害の調整・確保が政治の重要な役割となる。

5. 地方議員の立法能力

　地方議会は，自治体の団体自治にとって必要な予算，条例，主な契約など主要案件の決定者である。同時に首長に代表される執行機関の活動の監視者であり，膨大な予算の執行や条例，契約に関する執行機関の活動を監視，批判する役割を持つ。この点，議会には与野党の意識はともかく，組織全体として野党的機能が期待されているといえる。

　さらに最近重視される役割として，議員自らが政策論争をし，首長提案の政策変更を迫るだけでなく，自ら様々な政策や条例を提案する提案者としての役割がある。また機関としての議会が有権者に議会の判断を説明し，争点の提起や民意の集約などを行う意見集約者の役割がある（表11-2）。

表 11-2　地方議会の主な役割

① 政策や予算の　決定者
② 執行機関への　監視者
③ 政策や条例の　提案者
④ 有権者の意見　集約者

　こうした4つの役割を期待されながら，従来の議会は自ら「チェック機関」だと称し②の監視者の役割に特化しようとしてきた。首長ら執行機関の監視統制を行う機関が議会であるとの役割認識である。これ自体はもちろん間違いではないし，重要な役割であるが，しかし議会の役割を一点に集約して「チェック機関」だとするところに問題がある。

　とくに地方分権が進む中，国の下請け機関として機関委任事務の処理を大幅に担い，そのことに議会は関与できなかった時代とは違い，多くの仕事は自己決定・自己責任を原則に自治体自らが決める自治事務に変わっている。この決定者は議会である。それには首長提案の議案を審議し，イエス・ノーの答えを出して終わるような形式審議ではダメであり，さらにいうなら自ら議員立法を行う提案者でなければならない。

　また地方議会が機関として住民の中に入っていくこと，そこで自らの採決態度，争点を説明し，住民の意見を吸収してくる活動も不可欠となっている。

　つまり地方議会は，従来の②の役割重点主義から，①～④までをバランスよく議会活動に受け入れる役割総括主義へ変わらなければならない。

　自治体自身，従来の事業官庁から政策官庁へ脱皮していくこと。その牽引力を担うのが議会である。"議会が変われば自治体が変わる"，議会改革の基本的な意義はここにある。

　これからの地方議員にとっての大きな課題は，立法能力の向上である。

　これから議会はチェック機関の役割を果たす以上に立法機関の役割を果たすことが重要となる。議会自らが政策論争をし，執行機関の提案内容を独自に修

正し，自ら様々な政策提案を行うこと，これがこれから求められる地方議会であり，地方議員の姿である。

よく執行機関の職員（一般の職員）は，「議会は鬼門」だと言う。さわらぬ神に祟りなし，できれば議員とあまり深い関係を持ちたくないと思っている職員が多いのも事実。議員の質問攻めにあい，管理職として失格の烙印でも押されたら大変だ，ということでもある。

一方，議員からすると，どの部署のどのような情報があり，どのような職員がいるかも知らない。結果として政策情報が少なく，スタッフもないので「条例の提案」などは出来ないという声になる。同じ屋根の下で仕事をしながら，議員と職員が疎遠な関係にあるようでは，地方分権はうまくいかない。

地方分権は自己決定・自己責任で自ら政策をつくることを求めている。それは何も議員自身が政策を作れと言っているのではない。政治家である議員と専門家である職員が連係プレーの中でよい政策を作れと言っていると理解すべきだ。議員と職員はよきパートナーである，政治と行政が連携プレーを行うことが期待されている。

市民が何を求め，地域が何で困っているか直感的に判っているのは議員である。外から民意を吸収してくる役割は政治家が得意な分野である。しかし，議員は専門知識に乏しいのが一般的。他方，議員の様々な要求や提案を加工し，政策に仕上げる技術は職員の方が知識も経験も豊富であろう。議員は素人でもよいが職員は専門家でなければならない。

そこで政治家の運んでくる様々な民意を，専門家としての職員集団が政策として加工する，それをアウトプットとして住民サービスに反映する，そうした自治体内での連携プレーが行われてこそ，地域にとって望ましい政策が生まれるという訳である。

それぞれの議員が，福祉や教育，環境，農業，ごみ，観光，道路など，得意の分野について実情を調べ，地域づくりに明確なビジョンを持って質問をすれば，職員はそれに目を開かれ，真剣に勉強するはずである。職員の人材育成は首長の役割でもあるが，じつは議員，議会の役割だという側面を見落としては

ならない．

　従来よく見られた議員が職員に質問を作らせ，その答弁を事前にもらう．それを委員会や本会議で互いが間違いないように読み合う，こうしたことを続けても何も生まれない．こうした関係を保つことが，職員に対する優しさだ，議員に対するサービスだと互いが考えているようでは，単なる馴れ合いの組織と言わざるを得ない．

　職員と議員が一定の緊張感と連帯意識をもって自治体を運営する—それが政策官庁としての議会のあり方である．

　改めて問うが，議会制民主主義において，政治的決定の中心に位置するのは議員集団からなる議会である．その役割は①政策や予算の決定者，②執行機関の監視者，③自身による政策の提案者，④政治争点の提起者，説明者の4つに集約される．しかし，2000年の第1期分権改革以降も，地方議会では②の役割のみが重視され，①や③④の役割は手薄だった．議員自身も地域の世話役・相談役，行政への監視・批判といった役割に甘んじ，政策立案や審議決定が極めて重要だという認識は少なかった．地方議員のそうした意識は，地方自治の進歩を阻害する要因にもなる．

　2005年度の法改正で年4回以内に限られていた定例会の回数制限がなくなり，各議会は主体的に会期の設定ができるようになった．通年の議会開催も可能だし，毎月の月例議会を開くこともできる．複数の常任委員会に所属することも認められた．こうした改正を議員らは「議会活動」の充実に生かさない手はない．

　たとえば予算の精査についてである．よく議員は予算審議が不得手だ，予算書を読むことが苦手だという．予算書の作り方にも問題があるが，議員の努力も足りない．予算は政策そのものである．予算額は政策の重要度に比例する．政策自体の理解を抜きに数字の増減だけを眺めても本質はわからない．役所側に任せ切りにせず，まず各議会で予算研究会を立ち上げるなどして，議会が独自に「もう1つの予算編成」をしてみたらどうか．

　現行制度では提案権こそないが，予算を編成することで自治体が直面する課

題の全体像が見え，改革の焦点がはっきりするはずである。予算教書（あり方や重点要望）という形で議会側が予算編成者である首長に要望を伝えることもできる。受け身だけでは進歩しない。

　政策条例の提案も少なすぎる。議会の運営関係や議員報酬の改定など議会関連条例はともかく，環境や福祉，文化，教育といった住民サービスに直結する「政策条例」の提案は稀有に近い。その提案は700余の市議会で1割にも満たず，町村に至ってはさらに少ない。最近1年間で県議会や市議会の提案は平均1本以下の勘定となる。

　であるなら，職務として各議員に1任期1条例の提出を義務付けてはどうだろうか。議員立法にはある程度の専門的な法律知識が必要だが，衆議院法制局の例に倣い，立法活動をサポートし法令審査を担当する「地方議会法制局」を単独か自治体共同かで設置したらどうか。実際，政策条例のテーマは農政，福祉，教育，まちづくりなど山ほどある。

　条例づくりを行うことは立法能力を磨く機会となる。幸い，毎年5000人以上の学生が法科大学院を卒業するようになった。彼らのうち法曹の資格を得られる者は2000人に満たない。毎年6割以上が他の職業を目指すことになる。各地で地方議会法制局をつくれば法律知識を生かす場が生まれ，議会にとっても優れた立法サポーターを雇えることにもなる。

　さらに各議会に議員執務室（1人1席の執務机）を創設すべきではないか。人口10万以上の都市議会はともかく，それ以下の市町村議会には議員執務室がないのが一般的だ。あるのはサロン的な議員控え室のみ。自治体の職員には非常勤でも執務机が与えられるのに，なぜ，住民の代表である公選議員には執務机がないのか。この一点をみても，いかに議員が議会を拠り所に「議会活動」をしていないかが分かろう。

　筆者はある時，人口7万人のある市議会に「執務室を持て」と提案してみた。すると，市長はさっそく次年度への予算案を上程したが，肝心の議会がそれに反対しその案を潰してしまった。執務室をおくと議員の出勤管理が行われる，日常活動が束縛されるといった心理が働いたようだ。議員が議会で仕事をする

のは当たり前のことではないか。執務室で陳情請願なども受け付けるようになれば，議会活動の透明性も高まり，支持者と称する利害関係者と議会外でアンダーテーブルの取引をする不明朗な関係も減るのではないか。

執務室を拠点に立法活動をし，各議会が自ら編成した予算案を首長提案への対案とし，自ら条例案を提案していくなら，自ずと議会審議は政策論争に傾いていくはずである。

6．地方議員の説明責任

議員は質問をしっぱなし，立案しっぱなしでよいか。住民代表である議員について，これも重要な論点である。

アメリカやカナダ，最近のイギリスでは，議会議員に一定の執行責任を負わせる仕組みをとっている。例えばガルベストン市（米国）では，議長が市長に就任し議員が部局長に就任する。またサリナス市など米国の比較的人口規模の小さな市では，市長は公選でもナンバーツーにシティマネージャー（市支配人）として行政専門家を議会が任命している。カナダのトロント市では主要部局長に議員が就任し合議制の評議員会を中心に市政を運営している。

日本は，戦前からの経緯もあり，あまりにも首長中心主義で，議会に執行責任を負わせてこなかった。そのことが大きな議員集団を政策集団に成長させられなかった理由かもしれない。最近は議員の採決態度について市民が採点する動きもあるが，そうしたことも含めると，これから議員は自らの行動について，説明責任を負うと考えられる。

もし地方議員に単に執行機関の監査やチェック機能だけを期待するなら，会計士や弁護士，ジャーナリストなど専門の監視団を雇えば足りるのではないか。1つの自治体で50～60人も議員を擁し，1000万円近い高額報酬を払い続ける必要はなかろう。そうではなくて，地方議員が住民自治の代弁者として，監視統制はもとより，立案，決定，説明機能を十分果たすことが不可欠である。

地方議員は選挙の際，マニフェストをつくるべきだろうか。つくるとしたら，

その性格づけはどのようなものか。執行権を持たない議員が住民に政権公約ができるのかどうか。

　そうはいっても，議員は首長と違わない公選職であり，議員自身，住民の白紙委任を受けた代理人ではない。住民がもつ政策期待や地域課題を代理人として解決する約束の上に議員の身分は成り立っている。

　とするなら，自分は4年間，どのような立場で何を実現する努力をするか，それを示すことで代理人としての資格を住民から託される必要がある。議員は白紙委任で成り立つ存在ではない。市民との政策契約のうえに，ある種，請負人感覚で代表職を務める必要がある。その点，議員の活動として4年間何をやるか，政策に数値目標を定めたマニフェストをつくる必要がある。それは総合的な政策一覧ではなく，ワンポイントに近い政策公約となるのではないか。

　首長の場合，選挙時のマニフェストをもとに行政計画がつくられる。政治が主導する行政の形はこうしたところから始まろう。それを議員自身のマニフェストで修正を迫る，そうした風土の醸成が大切となろう。同時に，議会人にとって大切なことは，中長期の将来ビジョン，夢を語ることではないか。マニフェストばかりにこだわると，政治家が4年間で何をやるかばかり議論するようになる。それを政治の「行政化現象」とするなら，望ましい傾向とは言えない。政治家には公務員とは違う，骨太のビジョン構想力を競うことが期待されているのである。

　最近，行政の対応に住民は満足しないことも多い。その場合，住民が行政に対し，なぜその程度しかできないのか，なぜそんな結果になってしまうのかを問責する。その責任を問うのが，アカウンタビリティ（説明責任）である。

　多くの場合，この矛先は執行機関（首長など）に向けられる。しかし，議員は「言いっぱなし」で済むのだろうか。議会は首長と対等な政治機関である。議会の決定があって初めて首長に執行権が生まれる。自治体の主要な決定は議会が行っていることを忘れてはならない。

　議員は選挙でいろいろ公約項目を並べて当選してくるが，その公約に対する責任感も，自分の採決態度に対する責任感も薄くはないか。心ある議員は，そ

のことに悩んでいる。会派という集団に属し，その会派意思に従っていれば自分の採決態度にアカウンタビリティなどは問われないとでも考えているのだろうか。

　基本的にこの態度は誤りである。大統領制下の議会は，議員個々の採決態度を重視しており，会派とか，集団の意思というものを重視してはいない。地方議員にはノンパルチザン，党議拘束などないのである。その点，与党，野党という意識自体，間違っている。各議員は選挙公約にも個々の案件，予算案などに取った自分の採決態度，質問した内容に対しても，明確に説明責任を負うものと理解される。

　議員も議会も情報を開示し，その理由を示し，住民が納得するように説明し，さらには釈明に努めなければならない。

　この「説明責任」についてだが，よくアカウンタビリティ（accountability）を「説明責任」と訳している。しかしそれは，単なる説明を意味するものではない。不満を解消する責任がこれである。ここで議員に問われる能力は答責能力である。もし行政の答責能力が不十分で住民の納得が得られなければ，議員ないし議会は制裁を覚悟しなければならない。辞任を含め，責任論は制裁的責任のレベルに達する。

　身近な自治体で，独自に政策がつくられ予算が編成される。そのことは住民の参加や監視が可能という点，民主主義の進歩にとっても望ましい。だが，そこで働く代理人としての議員が，自分らで決定した内容を単に執行機関の責任に押しやり，政党会派の責任にして自分の行動に対し説明責任を免れるようでは，分権時代の議員像からは程遠い。

　地域の政策や予算，条例，契約を決める議会が機能しなければ，そのツケはそのままの地域住民に跳ね返ってくる。分権時代の地方自治は自己決定・自己責任が原則であり，そこでのカネの使い方や政策の決定は国のあり方にも直結する話である。

　しかも日本の場合，行政予算の3分の2は地方で使われている。これだけ地方の活動量が大きい国はカナダと日本ぐらい。これを決定する地方議員は公共

経営に担い手だといっても言い過ぎではなかろう。

7. 議員報酬の論点

さて，いろいろ批判のある地方議員の待遇をどう考えたらよいか。

多くが法律で決められているわが国だが，議員報酬に関する規定は「他の委員と同様，非常勤の議員に報酬を与える」との規定外，何もない。

これまで報酬自体は各自治体が決めてきたが，人口規模によって同格の自治体と横並びだったり，近隣自治体との横並びが目立った。しかし，この根拠となると説明がない。

地方議員は非常勤の特別職公務員で常勤職扱いの国会議員とは違うが，地方議員の待遇は国会議員の様々な制度にスライドする形で決められてきたといってよい。そこでまず国会議員の待遇をみておこう（表11-3）。

国会議員には報酬ではなく，歳費（給与）が支給されている。いわゆる給料である。その額は国会法第35条で，「議員は，一般職の国家公務員の最高の給

表11-3 国会議員の待遇

手　当	金額（円）	支給日	備考
歳費（給料）	1,375,000	毎月10日	政務次官の俸給に相当
文書通信，交通滞在費	1,000,000	毎月	10日と末日に50万円ずつ支給
永年在職表彰議員特別交通費	300,000	毎月	在職25年以上の議員が対象，加えて肖像画作成費100万円が支給
議会雑費	6,000（日額）×開会日数	末日	国会会期中に限り支給
期末手当	7,376,874	年3回	6／30：2,890,937円 12／10：3,489,062円 3／15：　996,875円
立法事務費	650,000	毎月	議員立法に関する調査研究費

（資料）佐々木信夫『地方議員』（PHP新書，2009年）91頁。

料額より少なくない歳費（給与）を受ける」と決められている。つまり最高裁判事のような特別職の公務員は別にして，もっとも給料の高い一般公務員と同じか，それ以上の給料を支給すべきだとの規定。具体的は，事務次官の給与を下回らない額とし一般議員で月額137万5千円。これにボーナスに当たる期末手当が718万円。これだけでざっと2400万円となる（事務次官の年俸は2433万円）。

しかし，国会議員が手にしているのはこれだけではない。ほかに文書交通費の名目で月額100万円，さらに所属する会派（政党）には1人当たり月65万円の立法調査費が支給される。25年以上の永年議員には月30万円が上乗せされる。また，これとは別に，各議員にJR各社や航空会社のいわゆる無料パスが支給され（国費負担），公務出張の際は別途交通費等も支給される。国会議員1人当たり概ね年4400万円が支給されている計算である。

さらに，国会議員には3人の公設秘書（政策秘書1名を含む）がつき，この給料も公費で賄われる。その額は3人合わせて約2000万円。一般議員を1人維持するのに直接費だけで年間ざっと6400万円の税金が使われる。これには，両院事務局の職員の給料や設備費，選挙に要する膨大な費用，さらに大臣，議長等の役職加算（役職加算を含め首相は5141万円，衆参議長4857万円，大臣3753万円），役職者に提供される運転手付車の費用などは含まれていない。

それだけではない。政党助成金も議席数に応じて配分される。それが年間約318億円。1議員当り4400万円の政治資金の提供が行われる。これを加えると国会議員に1億円以上掛かる。

20年前に企業との癒着を断ち企業献金を受けずに政治活動ができるようにと国民1人250円の公的負担をする形で始まったこの政党助成金である。はたして現実はどうだろうか。

地方議員には「報酬」が支払われる。これは月給と違い，非常勤の公務員に労働の対価として労働日数に応じて払われるもの。最近，福島県の矢祭町が議員報酬を日当制（3万円）に変え話題になっているが，本来の趣旨はここにある。しかし，地方自治法に支給方法について規定がなかったこともあり，各自治体とも条例で月ぎめ支払いにしているうちに，労働報酬を給与と錯覚するように

世の中では議員報酬とは何かについて意外に理解されていない。月給だと思っている人が多いし，名誉職の報酬だと思っている人もいる。

地方議員には給与ではなく，報酬が支払われる。その報酬は身分報酬ではなく，労働報酬である。もとより報酬が勤務日数に関わりなく，月額で支給されているところに誤解が生まれる。さらに，なぜ非常勤なのにボーナスまで支給されるのか，疑問な点も多い。

議員報酬について地方自治法第203条はこう規定する。普通地方公共団体は「その議会の議員に対し，議員報酬を支給しなければならない。」「議会の議員は，職務を行うため要する費用の弁償を受けることができる。」「条例で，その議会の議員に対し，期末手当を支給することができる。」「議員報酬，費用弁償及び期末手当の額並びにその支給方法は，条例でこれを定めなければならない。」

地方議員の身分は，兼業，兼職も認められた非常勤の特別職公務員であるが，その待遇などについては各自治体が条例で決めろという訳である。

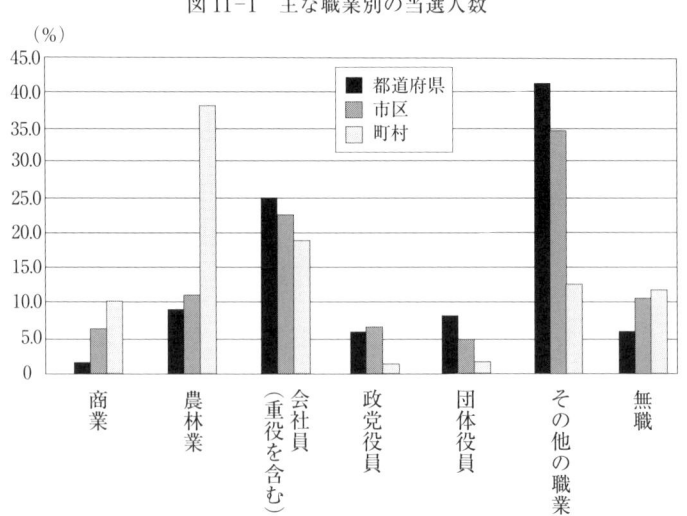

図11-1　主な職業別の当選人数

（資料）　2003年4月執行の地方選挙結果調べ（総務省）。

地方議会の議員は，正規の議会活動だけでなく，他の職業をもっている場合が多い。ちなみに地方議員の当選時の職業を見ると，図11-1のように生業を持っている者も多い。もちろん都道府県，市区，町村で異なるがいずれ生業をもっている者が多い。それらとの兼業が認められているので，都道府県の議員でも議員専業率は4割足らずというのが実態である。もちろん，生活費の高い大都市の議員や党派によっては日々の政党活動を義務付けられた議員もおり，一概には言えないが，国会議員などとは違う。

　もとより，地方議員も忙しい。陳情，請願の受付とその処理，地元や関連業界の集会などでの演説，挨拶，イベントや各種会合，後援会回り，系列党派の集まりなどへの出席など，忙しい毎日だ。4年に一度は自分の選挙があるし，他の選挙の応援，県議なら国会議員，市町村議，市議なら県議，国会議員などの選挙応援が時期をずらしてやってくる。ある時は，市長選や知事選の選挙応援に走り回ることもあろう。

　だから，議員活動を続けるには家族や友人の理解と協力が不可欠である。こうした日常の活動が次の選挙への票固めや票おこしにつながっている。

　議員も生活者である。議員報酬だけで生活している人，別に収入がある人など様々だが，地縁，血縁が強い農村部でも生活費の高い都市部でも議員生活を続けるのは，かなり大変なようにみえる。いつも選挙のことを考え，冠婚葬祭など平素の付き合いもしなければならない。地域の祭や盆踊りなどで議員が金品を持ってくるのは当たり前だという考え方の所も少なくない。最近こそ，寄付や虚礼廃止を申し合わせている議会も少なくないが，それでもケースによってはそういかない場合もある。

　せっかく立候補しても，落選すると失業保険も退職金も健康保険もない。報酬だけで生活する議員は家族の将来を考えると不安も大きい。そこで，議員に支払う報酬をどう考えればよいかという問題になる。

8. 議員報酬の決め方

　戦前，地方議員は名誉職の考えから無報酬であった。ここには，地主や企業主，地域の名望家など，多額納税者のみで選挙を取り仕切っていた時代的な背景が伺える。

　しかし戦後，議員は報酬を受け取る権利が保障された。法律は「普通地方公共団体の，その議会の議員（中略）その他非常勤の職員に対し，報酬を支払わなければならない」(地方自治法)と定めている。特別職の議員には給与ではなく，報酬が支払われる。

　一般に，「報酬」とは非常勤の職員にその役務（サービス）の対価として支払われるもの。それは生活給として支払われる常勤職員の「給与」とは区別される。報酬は，勤務日数に応じて支払われるのが原則であるから，通常は日割り支給だ。ただし，地方自治法は「議会の議員以外の者に対する報酬は，その勤務日数に応じてこれを支給する」と定めているだけで，議員報酬を日額，月額，年額のいずれにするか明文規定がない。そこで各自治体は条例で支給方法を決めているわけだが，すべて月額支給となっている。

　もともと生活給の考え方をとっていないのに，報酬額を勤務日数に応じてではなく，なぜ月給のように月額支給としているのか。これは一般の住民からすると，月々の給与を出しているのと変わりがないように見える。議員報酬は勤務実績に対する報酬という考え方をとっていないのだろうか。労働報酬ではなく，身分報酬という考え方なのだろうか。

　しかも，条例に基づき地方議会の議員にも，常勤の国会議員と同じように「期末手当」（ボーナス）も支給される。最近は国会議員の立法事務費に準じて政務調査費も支給されている。最高額は都議の年間720万円となる。各自治体では一部会派，一部個人支給となっている。

　これらをみると，ますます生活給ではないこととの整合性がとれなくなっている。もとより常勤職ではなく，給与をもらっているわけではないから，一

般職公務員のようにその後払いの退職金は出ない。しかし，議員の在職期間が通算12年以上になると議員共済年金がつくことになっている。だから，議員になると，せめて3期は続けたいと思うようになると言われる。在職3年以上12年未満で辞めた場合は，退職一時金が出る。

これはどうみても，常勤の公務員と同じ扱いではないか。

給与ではなく，報酬が毎月支払われる。報酬とは，非常勤職員に対しその役務（サービス）の対価として支払われるものであり，常勤職員の給与とは区別され，通常は勤務実績に応じて日割り支給なはずなのに，地方議員の報酬は国会議員に準ずる形となっている（表11-4）。

議会への勤務日数は市会議員で平均80日，町村議員で平均45日，都道府県議員で85日となっている（2006年現在）。その一方で，全国の市議会議員の報酬は政令市で87万円，一般市で40万円，町村議員で21万円。政令市の議員は市の局長並み，市会議員は市の課長並み，町村議員は大卒の新規採用職員並み。ちなみに都道府県議会議員の月額報酬は80万円。これは県庁の部長クラスの待遇となっている（2006年4月現在）。

表11-4 地方議員の月額報酬

自治体 項目	議　長 平均（万円）	副議長 平均（万円）	議　員 平均（万円）
都 道 府 県	97.8	87.9	81.2
政 　令 　市	105.6	95.0	86.9
一 　般 　市	49.8	43.9	40.5
町 　　　村	29.2	23.6	21.5

（資料）　総務省「地方公務員給与の実態」（2003年度版）より作成。

ちなみに，この報酬をボーナス（年間3.5ヶ月）など含めた額を単純に議会活動の日数で割ると，県議で日額16万円，政令市議で17万円，一般市議で8万円，町村議で7万円となる。こうした報酬が適正かどうかである。

その判断基準は本来議員を選ぶ住民が持たなければならない。議員の活動実

態に比べ、もし潜在的に高すぎると感じているなら、下げろという要求もあろうし、もっと労働報酬に見合う仕事の仕方をしろという要求もあろう。ちなみに矢祭町も日当制（日額3万円）で、年間30日の登院で90万円を支給している（従来の月額支給時は年間330万円）。

　議員の報酬は、議員の経験年数等による加算は一切行われず、全員同額であるから、議員としては対等である。しかし、議員報酬は一般的には地域の他の職業に比べれば結構高いと言えるかもしれない。もとより、自治体の規模によってまちまちで、同じ市のなかでも府県のなかでも相当の開きがある。これは、同じ地方公務員でも一般職の職員給与に余り地域差がないのと対照的である。

　どうも考え方の根底には、都道府県や大部分の市では一般職公務員の最上位の給与を下回らない額を、小規模町村では一般職の初任給並みの額を、それぞれ支給しているとみてよさそうだ。役職手当として、議長は報酬の20％程度、副議長は10％程度、委員長は数％程度の増額をして差をつけている程度である。

　しかも、会議出席の費用弁償もまちまちで、最近は政務調査費と称し、政策作りの調査費用を出すようになっている。都議会の月額60万円（年額720万円）は破格としても、町村の年額10数万円まで報酬以外にカネが出ている。

　都市部の市議や県議会議員の中には、いま程度の報酬ではとても足りないので、国会議員同様、議員報酬ではなく議員歳費（給与）にしてもっと値上げしてくれないかという声がある。事実、その方向で検討してみようという動きもないわけではない。

　ただ、国際的にみても、地方議員を常勤扱いにし、月給を払っている自治体は稀有に等しい。府県、市町村で差が大きいが、日本の地方議員に対する報酬はむしろ国際的には高い方に属する。現在の日本の報酬の出し方、その高さからみて、どうやら議員は、別に職業を持っていても有給の専門職（プロ）と見なされていると考えることができよう。

　地方議員は自治体職員を兼ねるといった兼職や、自治体に請負をし、請負をする法人の役員をしてはならないといった兼業禁止の規定はあるが、特別なケースを除くと、その他の職業をもっていても構わないし、事実、民間会社の

役員でもある議員は少なくない。また町村や小規模な市では専業農家として農業を営む者も少なくない。この場合は，どちらが本務か区別しにくい。

　これは考え方次第だが，本業，本務は別にあり，議員活動は住民としての責務の1つと考え，実費弁償程度のボランティア活動のコミュニティ・ジョブと考えてよいかもしれないとの意見もある。そうすれば，誰でも気軽に立候補できるし，議員定数を縛る必要もないし，住民とのコミュニケーションももっと円滑になるという考え方も成り立とう。とくに小規模市町村の議員のあり方として，1つ考えられる方向ではないか。

　イギリスのように，議員は「名誉職」とみて，交通費程度の実費弁償に止め，報酬をほとんど支払わないこととし，その代わり，定数は多くするという選択もあろう。他方，アメリカの大都市のように，議員を専門職とみて，それにふさわしい報酬を支払い，その代わり定数を抑えて少数とするかの選択もあろう。日本の都市部の市や都道府県のように「報酬は高く，しかも定数は多い」という現状はやはり改めるべきではないか。

　もし，地方議員を専門職とみなすなら，質的にも高い議論ができるよう少数精鋭にし，大都市の場合でも思い切って議員数を減らす選択もあるのではないか。逆に，町村までを広範囲に合併した市などの場合，地域の声を反映する視点を重視し，定数を多めに確保し，報酬は抑制し低めに設定するという選択肢もあろう。いずれ，これから議員定数について法律による関与がなくなる。地域の実情にふさわしい定数と報酬額の設定が住民公開の中で行われるべきである。

　議員の報酬，費用弁償，期末手当の額及び支給方法は条例で定める。この条例（改正）の提案は首長であるが，審議・決定権は議会自身にある。そこで適正な報酬を設定するために，首長の付属（諮問）機関として外部の有識者による「特別職報酬等審議会」を設けている自治体が多い。

　また，多くの自治体で月額報酬とは別に，費用弁償と称し，本会議や委員会に出席した都度，交通費，宿泊費，日当等などを含む一定額の手当を支給している。東京都などの1日1万～1万2千円を筆頭に数千円など金額は様々であ

る。しかし，月々の報酬を受け取る一方で，さらに議会の行事に出るたびに別な報酬も支払われる。しからば，月額報酬は何なのか，議員の活動全体に対して支払われる報酬ではないのか。国会の慣例を踏襲している制度のようだが，一般市民からすると報酬の二重支給と映りかねず釈然としない。

　いろいろ，議員の報酬に関連した市民サイドの不信はあるが，何が正当な報酬なのかを決定付ける根拠は必ずしもはっきりしない。

　議員報酬を日当制に変えた福島県矢祭町の考え方をどうみるか。ちなみに矢祭町では，日当3万円の積算根拠を町の課長職の平均日給4万4772円（ボーナスを含む平均）の7割としてはじき出している。毎日8時間勤務の職員に比べ，議員は臨時出勤で1回の勤務時間も短いため7割としたという。

　日当の対象となるのは本会議や委員会など議会への出席と，成人式や消防団の出初式など［町の公式行事］への参加が［出勤］扱いとなる。その日数が年間30日程度という計算である。もとより，議員報酬が矢祭方式の日当制でよいかどうか議論が必要となる。日当は実費弁償ではなく，あくまで報酬であるが，これは議員を職業ではなく，ボランティアあるいは名誉職と捉えた戦前の扱い（無報酬）と似通っている。

　だが，こうした矢祭方式は農業などと兼職する議員の多い小規模町村の議会に当てはめることは可能かもしれないが，専任職化している都道府県や大都市の議員に当てはめることは事実上不可能であろう。

　同時に，日当制は報酬支給の［場合］を限定し，議員活動を「勤務」として捉えている点に問題がある。勤務は議会の会議にでる場合に限られているから，議員の活動は議会外での活動は勤務とはみない（報酬の対象にならない）という考え方である。はたして議員とはそのような存在なのか。議会は［民意を鏡のように反映する場］であるはずだが，それは住民との対話や相談活動など日常の議員活動を基礎として生まれてくるものではないか。

　もし，そうした活動は完全にボランティアで行うべきだという話なら別だが，議員立法の必要性も叫ばれる今，議員はもっと研究会や公聴会，調査活動を活発化しなければなるまい。それが分権時代の議会のあり方だが，その点，議員

の定数と職務と公費支給（報酬）のあり方は三位一体で考えなければならない。

　もちろん議員は登院日数しか仕事をしていない訳ではない。日常生活の中で地域の利害調整が相談に時間を割いている議員も多い。また地域の世話役として様々な経費もかさむ。

　一概に議員の報酬が高いとは見る必要はなかろう。しかし，議員の中には身分報酬と勘違いし，日常の議員活動に熱心でない者もいるのは事実。議員報酬を真の労働報酬にふさわしいものにするためには，個別議員ごとに実績（当選歴，役職歴，質問・提案数，年間登院数など）に応じて報酬を変える選択肢もあろう。

　議員の身分と報酬の関係がどうもすっきりしないという問題意識は，一般住民だけでなく，制度を運用している側にもある。議員の身分と報酬の捉え方について，従来は非常勤の監査委員や教育委員など行政委員会の委員や，テーマによって委嘱される専門委員などと同じ扱いとされてきた（地方自治法203条）。

　最近，公選職の議員について他の委員らと区別するため地方自治法を改正し，他の委員らの報酬は地方自治法第203条の2とし，第203条は議員のみの報酬規定に改められている。もとより，給与的な扱いをしている実態や支給方法などについてはふれておらず，根本的な解決にはなっていない。

　もう1つ，日常の議員活動を忙しくしている住民も変わるべきである。これからは地域の世話役以上に立法機関，決定機関，監視機関，教育機関の役割を果たすことを期待すべきで，選挙に対する住民の意識も変わる必要がある。選挙をムラ祭のように考え，議員に過剰な要求をする選挙民の意識も変わる必要がある。

9．む　す　び

　いずれ，地域主権国家の形成には，単に国の権限，財源を地方に移す「分権化」で話は完結しない。その受け手となる地方自治体が変わらなければならない。

　地方分権が進むなか，自治体の役割は重要さを増してくる。同時に社会の様々な問題が輻輳する中，知的水準の高い政策対応が求められる。いよいよ身近な

政府の出番である。

　これまでも日本の行政の3分の2を担ってきたが，大きな活動量の割に自己決定できる領域の少ない委託業務の処理が圧倒的で，裁量権の乏しいのが日本の自治体の姿だった。

　しかし，地方分権改革でこの制度は全廃され，議会には自治体の自治事務，法定受託事務の全ての業務について審議権も条例制定権も認められ，全てが予算審議の対象となった。これからは国の下請け機関でもなければ，下級官庁でもない。都道府県も市町村もそれぞれ役割の異なる対等な政府として，国とは異なった役割を果たしていかなければならない。その基本は自己決定，自己責任，自己負担の原則に基づく自治体経営である。

　この自治体の団体自治としての決定者は地方議会である。その議会は不必要な仕事は廃止，統合もできるし，予算の減額修正も可能である。執行機関を統制しながらリードすることもできるはずで，制度上，地方議会は政治の「主役」に躍り出たのである。そのことに地方議員が気づいていないとしたら，地域主権国家の形成は遅々としたものとなる。

参 考 文 献
佐々木信夫『地方議員』（PHP新書，2009年）。

第 12 章

議員の報酬, 定数

1. 問題の所在

　戦前の県会, 市会, 町会, 村会といわれた時代の地方議会の議員は「名誉職トス」と定められ, 無報酬（実費弁償のみ）であった。これは現在でもイギリスなどにみられる。

　しかし, 戦後の地方議員は非常勤の特別職公務員として「報酬」が与えられる旨が法律（地方自治法）に定められ, 有給職となっている。ただ, 報酬は他の行政委員会の委員等と同じく, 勤務日数に応じて支給されるもので, 本来は日当制なはずである。ところが現在の地方議会の議員には勤務日数に関わりなく月給制で定額の報酬が支払われ, 常勤公務員と同じように期末手当（いわゆるボーナス）も支払われている。なぜ, こうした扱いが行われるようになったのか。しかも年間の報酬支給額は常勤の幹部公務員並みになっており, これだけ高い報酬を支払う国は諸外国に例を見ない。

　ところが, その働きぶりとなるとどうか。市区町村議員約 35000 人, 都道府県議員約 2800 人と多くの地方議員を抱える日本の地方議会だが, その役割, 議員の活動についての一般住民, 有権者からの評価は芳しいとはいえない。むしろ「議会不要論」まである。だが中央集権体制から地方分権体制に移行を始めた日本は, これまでの国会に代わって地方議会が政治的な意思決定に重要な役割を持つよう位置づけが変わってきている。

　政治機関としての地方議会の役割が高まっているのは事実だが, 戦前からの名残もあってか, 地方議会は政治的な脇役に甘んじ, 執行機関優位, 首長優位

体制は変わっていない。

　ただ，第177通常国会（2011年）において，戦前から続けてきた地方議員の定数を国の法律で定めるというやり方が廃止された。その定数は各自治体が独自に条例で定めることになった。地方議員の数が多い，報酬が高いと批判されてきたこれまでの地方議会は，役割の果たし方も含め，自ら地域住民に対する説明責任（アカウンタビリティ）を負い，適正化に向けて"改革は待ったなし"の状況に立ち至っている。

　そこで本章では，こうした歴史的な転換点に立つ地方議会について，前章[1]に続き地方議会の諸論点，とりわけ議員定数，報酬問題に焦点を当てて論じてみたい。

2．戦前，戦後の自治制度

(1) 戦前の地方議会

　戦前の地方議員は無報酬であった。その意味するところを明らかにするため，戦前の地方制度と議会の役割，首長や議員の選出についてまず概説しておきたい。

　いうまでもないが，議会は民意を束ねる場である。民意を束ね，議会自らが政策論争をし，執行機関の提案内容を独自に修正し，自ら様々な政策提案のできる立法機関，それが議会の姿である。基本的にこれは国会，地方議会とも変わらない。

　しかし，わが国の歴史にみる地方議会は必ずしもそうしたものではなかった。確かに議会は表向き，条例や予算の決定権をもつ議決機関とされてはきたが，実質上は戦後も戦前と大差ない首長の諮問機関的な色彩が強かった。

　戦前の地方制度は府県，郡市，町村からなる3層制であった。町村は郡の，郡市は府県の，府県は内務省の監督を受けるという上下のヒエラルキー構造にあった。町村，市を地方自治の区画とし，この区域に市，町，村という独立の法人格を持つ自治体を設置した。この同じ区域を国の地方行政の区域とも位置

づけ，これら自治体の長を国の機関とした。つまり戦前の自治体は自治体という性格と国の行政機関という二重の性格を持っていた。

一方，郡，府県は，もっぱら国の地方行政区画，国の地方行政機構として設置され，その長は国の地方行政官庁とされていた。明治時代の地方制度を図示すると，内務省を頂点に府県→市，内務省→府県→郡→町村の2系列がタテに構造化されていたことがわかる（図12-1）。しかもそれぞれの代表は末端の市会，町村会を除くと，全て間接選挙ないし任命制であった。

図12-1　明治時代の地方制度

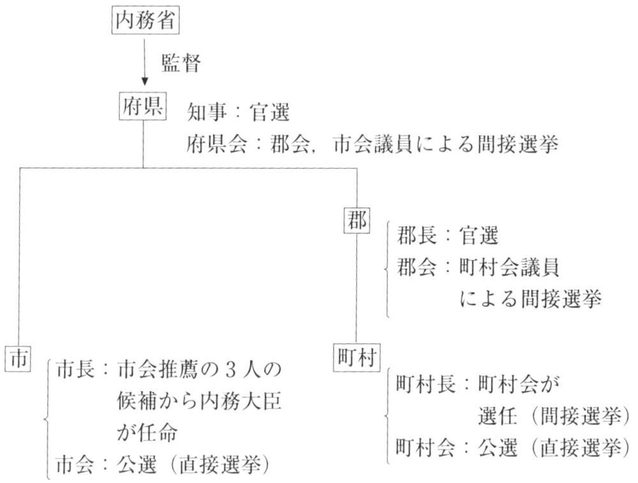

```
内務省
  │監督
  ↓
府県  知事：官選
      府県会：郡会，市会議員による間接選挙
  │
  ├─郡  郡長：官選
  │     郡会：町村会議員
  │          による間接選挙
  │     └─町村  町村長：町村会が
  │              選任（間接選挙）
  │             町村会：公選（直接選挙）
  └─市  市長：市会推薦の3人の
            候補から内務大臣
            が任命
        市会：公選（直接選挙）
```

（資料）　土岐寛ほか『地方自治と政策展開』（北樹出版，2003年）など参照。

町村には公選の議員からなる町会，村会がおかれ，この町会，村会が町長，村長を選挙し，町村長が町村会の議長を兼ねるものとされていた。その選挙過程に参画できるのは，満25歳以上の男子で，多額納税者のみ（公民といわれる有権者）。多くは地主が地主としての議員を選ぶことになり，地域の名望家，名家から名誉職としての議員が誕生していた。

東京，京都，大阪の3大市を除く，一般の市には，市会がおかれ，条例制定

権も認められていた。市会議員の選挙は公民を納税の多寡によって3等級に区分された3等級選挙制度であった。市長は，市会が推薦する3人の候補者の中から内務大臣が天皇に上奏してその裁可を請うものとされた。市には，市長および市会の選任する助役1名と，名誉職参事会員6名を加えた市参事会がおかれ，これが市の執行機関とされた。

東京，京都，大阪の3大市には，市長，助役はおかれず，市長の職務は府知事が，助役の職務は府の書記官がこれを行うなどの特例が定められ，自治権は一般市より制約されていた。中央集権体制を確立していく上で，大都市の自治化するのを恐れた措置といえよう。

町村を包括する地方団体として郡があり，その郡には郡会がおかれていた。といっても，郡会議員は町村会議員によって間接的に選挙される間接選挙制であった。郡会の議長は郡会が選ぶのではなく，官選の郡長が充てられ，郡の執行機関は郡参事会とされた。

府県の場合は，国の地方行政官庁という性格ではあったが，議会に当たる府県会が設置され，その議員の選挙は，郡会議員，郡参事会員と市会議員，市参事会員による複選制であった。府県会の役割は限定的であった。府県の執行機関は内務省の任命する官選知事が置かれ，府県知事は府県会の議長を兼ねないものとされた。知事の諮問機関的な議会の位置づけが分かる。

明治31（1898）年に3大市にも市長，助役がおかれ，市長は一般市の市長と同様，市会の推薦する3名の候補者のなかから内務大臣が選任し裁可する制度に変わっている。翌年には郡会議員と府県会議員の複選制は廃止され，直接選挙に改められている。

大正12（1923）年には郡制が廃止され，郡は自治体ではなくなり，郡長と郡役所は純然たる国の地方行政機関となり，さらに大正15年には郡長，郡役所も廃止され，それ以降，郡は国の地方行政区画でさえなく，単なる地理的な名称にすぎなくなった。

大正14年に国政の衆議院選挙が普通選挙制に変わったこと。それを受け，相前後して地方議会議員の選挙もすべて普通選挙制に改められている。大正

15年には，市制にも改正が加えられ，市長は町村長並みに市会による選挙で足りることとされ，内務大臣による選任と裁可の制度は全面的に廃止された。

このように明治憲法下の地方制度は，帝国議会発足後は法律によって設置されたもので立法政策に委ねることが多く，憲法上，自治権が保障されているということはなかった。

もう1点，明治から大正，昭和にかけての選挙に関係する権利，参政権とか選挙の資格，議員の身分などについての変遷をまとめたのが表12-1である。とくに大正時代に参政権の拡大，等級選挙制度の廃止，議会議長を首長が兼ねるといった制度が廃止されている点が特徴的である。

表12-1 戦前の地方選挙制度——その変遷

【参政権の拡大】
1921（大正10）年：選挙権および被選挙権の資格要件の変更
「地租を納め又はその他の直接国税年額2円以上を収める者」
→「直接市町村税を納める者」
1926（大正15）年：納税要件の撤廃

【等級選挙制度の変更】
1921（大正10）年：市は3級選挙→2級選挙，
　　　　　　　　町村は2級選挙→平等制へ
1926（大正15）年：等級選挙の全廃

【その他の改正】
1926（大正15）年：町村会議長を町村長の兼務から議員の互選に改めた
1929（昭和4）年：府県に市町村と同様に条令制定権を与える

（資料）　亀卦川浩『地方制度小史』（勁草書房，1962年）。

ともかく，民主主義という制度から議会制度も選挙制度もほど遠かった。国の地方行政官庁である官選の府県知事，自治体である市町村の長も自動的に地方行政官庁に準ずる国の地方行政の機関に位置づけ，市町村長には国の行政事務を委任するという「機関委任事務制度」が採用されていた。府県，郡は不完全自治体の性格が強く，市町村も準自治体的な存在に止まっていた。そこでの地方議会は諮問的な脇役を演じていたに過ぎない。

⑵　戦後の地方議会

　戦後は，そこに大きな改革が行われる。憲法第8章で地方自治を制度的に保障した。府県知事の選任方法を官選から民選による直接公選に改め，知事以下の職員を一部の地方事務官を除き，地方公務員とした。同時に市町村長も議会の間接公選から直接公選に改め，各種の直接請求制度を創設することになる。

　しかし，その際，府県と市町村に国の地方機関としての役割を持たせる機関委任事務制度が大幅に組み込まれた点は見逃せない。府県に国に代わり市町村を指揮監督する立場を与え，国と市町村の間の上下双方向の情報伝達は，府県を経由することを原則とし，国，府県，市町村の上下主従関係が戦後も形を変えて維持されることになる。

　この結果，都道府県議会，市町村議会には二元代表制という首長，議会が対等な政治機関としての地位が形式上は与えられながら，事実上は首長優位の体制がとられ，各自治体の多くを占める機関委任事務の審議，決定，条例制定，予算修正などの権限は与えられなかった。地方議会は依然脇役の地位に甘んぜざるを得なかった。

　それを大きく変えたのが2000年の地方分権一括法の施行である。これにより，この機関委任事務制度は全廃され，各自治体とも7割近くが自治事務化され，自己決定領域が飛躍的に拡大した。自治体行政の3割近くを占める法定受託事務も含め，地方議会は自治体行政すべての審議権を手に入れ，決定権をもつことになる。戦後初めて二元代表制が正常に機能する土壌が生まれたことになる。しかし，それから10年余，果たしてこうした制度改正の環境が現場の自治体政治の中で生かされているかどうか，大いに疑問である。

3．議員報酬の考え方

　そこで現在の地方議会の実態について，議員報酬，定数という側面から検討を加えてみたい[2]。

(1) 議員報酬の実態

表12-2に，例として埼玉県および同県内一部の市の首長の給与，地方議会の議員報酬，定数についての2008年のデータを掲げた。知事，市長は執行機関として常勤職の特別職公務員だが，県議会，市議会の議員は非常勤の特別職公務員でいわゆる勤務日数は限定的である。

表12-2 議員の報酬（例）

(2008年12月現在)

県・市町村名	人口 (09/3末)	議員条例定数 (08/12末)	議員期末手当 支給月数	加算率(%)	地域手当(%)	年支給額(円)
埼玉県 ⓪	7,042,044	94	3.10	45	0	4,166,864
さいたま市①	1,198,996	60	3.30 (3.10)	45	0	3,861,495 (3,627,465)
川口市 ②	492,609	40	3.70	45	0	3,331,665
所沢市 ③	337,051	36	4.30	20	0	2,889,600
川越市 ④	333,003	40	4.40 (4.10)	20	0	3,041,280 (2,833,920)
越谷市 ⑤	319,267	32	4.45	20	0	2,750,100

(資料) 全国都道府県議長会，同市議会議長会資料により筆者が算出。

現在の地方議会議員は，非常勤の特別職公務員であり，報酬，期末手当等が支給されている。この議員の報酬，期末手当については，2つの特色があるとされる[3]。

第1は，この報酬は常勤職員に支給される生活給である給料は異なり，原則として勤務量（勤務時間，日数）に応じて支給されることである（地方自治法第203条1項）。

第2は，議員自ら自分の報酬額を条例により決定できるということである。

まず第1の点だが，法律で支給方法を定めなかったこともあり，各自治体は条例で支給方法を月給制とし，本会議，委員会の活動状況と関わりなく，支給できるようにした。また，地方自治法第203条4項で「普通地方公共団体は，条例で，その議会の議員に対し，期末手当を支給することができる」と規定している関係もあって，ほとんどの自治体が議員に期末手当（ボーナス）を支給

するようになっている。これが望ましいかどうか。

　第2の点は，自ら議会が条例で報酬額を決定できるとなるとお手盛りになる可能性が高い。そこで昭和39（1964）年5月，自治省は「報酬等の額の決定について第3者機関の意見を聞くことにより，その一層の公正を期する必要がある」との通達を出している。結果，各自治体は特別職報酬等審議会の設置を行い，報酬額の諮問を行い，答申をえて，条例化するようになっている。そこで出てきているのが，表12-2の報酬額とみてよい。これが労働報酬として適正かどうか。

　これらの規定しかないわが国で，地方議員の待遇をどう考えたらよいか。多くが条例依拠であることもあって，過去からの積み重ねが尊重され，人口規模によって同規模自治体の横並びであったり，近隣自治体との横並びが目立つようになっている。埼玉県の例を見ても，人口10万市がほぼ同額，20万市がほぼ同額という傾向がみてとれる。しかし，何を根拠にその基礎となる報酬額が算出されているのか。今度は定数法定化廃止と絡み，従来の横並びの報酬の決め方自体の見直しは必至だろう。

　国会議員には「歳費」が支払われ，地方議員には「報酬」が支払われる。この違いは国会議員は常勤の特別職に当たるが，地方議員の場合，非常勤の特別職に当たる点が1つの根拠とされる。歳費は月給であり，生活給の側面を持つ。これと違い報酬は，非常勤の公務員に労働の対価として労働日数に応じて払われるものである。例外的に福島県の矢祭町が議員報酬を日当制（3万円）に変えたが，本来の趣旨はここにあって例外的なものではない。ただ，日本の場合，自治法に支給方法を規定しなかったこともあり，月ぎめ支払いにしているうちに給与と錯覚するようになった。

　議員報酬について，一般市民はもとより議員本人も本質を理解していないことが多い。それを月給だと思っている人も多いし，議員自身は名誉職の報酬だと思っている人もいる。

　地方議員には給与ではなく，報酬が支払われる。その報酬は身分報酬ではなく，労働報酬である。もとより報酬が勤務日数に関わりなく，月額で支給され

第 12 章　議員の報酬，定数　291

ているところに誤解が生まれる。さらに，なぜ非常勤なのに期末手当まで支給されるのか。

　議員報酬について自治法第 203 条はこう規定する。普通地方公共団体は「その議会の議員に対し，議員報酬を支給しなければならない。」「議会の議員は，職務を行うため要する費用の弁償を受けることができる。」「条例で，その議会の議員に対し，期末手当を支給することができる。」「議員報酬，費用弁償及び期末手当の額並びにその支給方法は，条例でこれを定めなければならない。」

　地方議員の身分は，兼業，兼職も認められた非常勤の特別職公務員であるが，その待遇については各自治体の条例に委ねている。実際，地方議会の議員は，正規の議会活動だけでなく，他の職業をもっている場合が多い。都道府県の議員でも議員専業率は 4 割足らず，残るは他に職業をもっている。これに対する労働報酬として，先に掲げた埼玉県内の議員の報酬額を正当と見るかどうか。

　もちろん，生活コストの高い大都市の議員や党派によっては日々の政党活動を義務付けられている議員もおり，一概に不当ということはいえない。ただ，常勤職の国会議員とは明らかに違う。もちろん，地方議員も多忙な人は多い。陳情，請願の受付とその処理，地元や関連業界の集会などでの演説，挨拶，イベントや各種会合，後援会回り，系列党派の集まりへの出席など忙しい毎日だし，4 年に一度は選挙もある。他の選挙の応援も多く，県議なら国会議員，市町村議，市議なら県議，国会議員などの選挙応援が時期をずらしてやってくる。ある時は，市長選や知事選の選挙応援に走り回ることもあろう。

　だから，議員活動を続けるには家族や友人の理解と協力が不可欠となる。議員も生活者である。戦前の大地主が無報酬で議員をやっていた時代とは異なる。

　議員報酬だけで生活している人も少なくない。別に収入がある人も多いが，地縁，血縁が強い農村部でも生活費の高い都市部でも議員生活を続けるのは，かなり大変なようにみえる。いつも選挙のことを考え，冠婚葬祭など平素の付き合いもしなければならない。地域の祭や盆踊りなどで議員が金品を持ってくるのは当たり前だという考え方の所も少なくない。最近こそ，寄付や虚礼廃止を申し合わせている議会も少なくないが，それでもケースによってはそういか

ない。落選すると，失業保険も退職金も健康保険もない。報酬だけで生活する議員は家族の将来を考えると不安も大きい。そこで，議員に支払う報酬をどう考えればよいかという問題になる。

(2) 議員報酬の本質

先述したように戦前，地方議員は名誉職という考えから無報酬であった。地主や企業主，地域の名望家など，多額納税者のみで選挙を取り仕切っていた時代的な背景がそこにある。

しかし戦後，議員は報酬を受け取る権利が保障された。法律は「普通地方公共団体の，その議会の議員（中略）その他非常勤の職員に対し，報酬を支払わなければならない」（自治法）と定めている。特別職の議員には給与ではなく，報酬が支払われる。

一般に，「報酬」とは非常勤の職員にその役務（サービス）の対価として支払われるもの。それは生活給として支払われる常勤職員の「給与」とは区別される。報酬は，勤務日数に応じて支払われるのが原則であるから，通常は日割り支給である。しかし，多くの自治体は月額支給となっている。

もともと生活給の考え方をとっていないのに，報酬額を勤務日数に応じてではなく，なぜ月給のように月額支給としているのか。これは一般の住民からすると，月々の給与を出しているのと変わりがないように見える。議員報酬は勤務実績に対する報酬という考え方をとっていないのか。労働報酬ではなく，身分報酬という考え方なのだろうか。しかも，条例に基づき地方議会の議員にも，常勤の国会議員と同様，「期末手当」も支給される。最近は国会議員の立法事務費に準じて政務調査費も支給されている。支給額は様々だが，日本で1番高い都議会議員の場合年間支給額は720万円にのぼる。これを第2報酬とみている議員も少なくない。

データ的にみると，議会での勤務日数は市議会議員で全国平均80日，町村議会議員で平均45日，都道府県議員で85日となっている（平成18年）。その一方で，全国の市議会議員の報酬は政令市で87万円，一般市で40万円，町村

議員で 21 万円。政令市の議員は市の局長並み，市会議員は市の課長並み，町村議員は大卒の新規採用職員並みである。ちなみに都道府県議会議員の月額報酬は 80 万円。これは県庁の部長クラスの待遇となっている（平成 18 年）。

　ちなみに，この報酬をボーナス（例えば年間 3.5 ヶ月）など含めた額を単純に議会活動の日数で割ると，県議で日額 16 万円，政令市議で 17 万円，一般市議で 8 万円，町村議で 7 万円となる。こうした報酬が適正かどうか。不当に高いという見方もできる。というのも，日当でこれだけの報酬を得られる職業はいかに専門職といえども見当たらないからである。ただ，これをどのように正したら，それが正当といえるのか確たるものはない。

(3) 議員報酬の決め方

　議員報酬に考え方について，諸外国の例が参考になる。これを日本の最大の地方議会である都議会との関わりでみてみよう。

　都議会議員の場合，月額 103 万 7 千円，ボーナスを含め年額約 2000 万円の報酬額である。これが高いかどうか，いろいろな見方があろう。一般の都議は条例局長並み（103 万円），ちなみに議長（月額 129 万 2 千円）は副知事（126 万 5 千円）並みとなっている。

　ちなみにアメリカの州議会では議員の年俸は平均 400 万円，人口 100 万以上の都市で平均 950 万円とされる。ドイツの各州議会は平均 650 万円となっている（2005 年）。

　東京都と同じ人口規模のニューヨークでは，議員の任期 4 年で非常勤職であることは変わりないが，年俸は平均 650 万円となっている。それに秘書雇用の助成金が年額 1700 万円支払われている。この年俸 650 万円の考え方はニューヨーク市民の 4 人家族の上位 20％に属する年収 650 万円に相当するとされる。この考え方が 1 つのモノサシになるのではなかろうか。

　都議会では都庁の局長職との均衡（月給 100 〜 110 万円）をモノサシとしているようだが，ニューヨークのように上位 20％層の平均年収という考え方もあろう。それでも 1000 万円に届かない。現在の都議 2000 万円，区議の 1200 万

円から 1500 万円という報酬額は，少なくも国際的な標準で見ると破格の部類に属する。これを欧米並みに議員報酬の根拠を都民の平均年収（概ね 700 万円）を基準とするという考え方にたつと半分以下となる。最近，名古屋市議が従来の年間報酬 1500 万円を半額の 750 万円にした。この辺が名古屋市民の平均所得に該当する。

　もちろん，それで議員活動がスムーズにできるかどうか。

　議員報酬を下げると，議員のなり手がない，ふさわしい人材が集まらないという声もある。だから，国会議員と同じように「歳費」（給与）にし高くして生活給を保障せよという議員もいる。であるなら，常勤特別職の首長と同じように働く覚悟がいるのではないか。

　兼職の認められた非常勤の特別職公務員，地方議員の扱いをやめるのか。ちなみに欧米で地方議員は常勤だという話は聞かない。殆ど他に職業をもつ非常勤職の扱いとなっている。最近の法改正で年 4 回に限られていた定例会の回数制限もなくなった。地方議会は主体的に会期の設定ができる。通年議会も可能だし，月例議会も可能。議員が多い，報酬が高い，政策提案が少ないといった批判をかわせる制度環境は整っている。

　議員の報酬は，議員の経験年数等による加算は一切行われず，全員同額であるから，議員としては対等である。しかし，政治的な影響力などは経験年数の違いから生まれる。当選回数別にランキングする考え方は馴染まないだろうか。

　国際的にみても，地方議員を常勤扱いにし，月給を払っている自治体は稀有に等しい。府県，市町村で差が大きいが，日本の地方議員に対する報酬はむしろ国際的には高い方に属する。現在の日本の報酬の出し方，その高さからみて，どうやら議員は，別に職業を持っていても有給の専門職（プロ）と見なされていると考えることができよう。

　地方議員は自治体職員を兼ねるといった兼職や，自治体に請負をし，請負をする法人の役員をしてはならないといった兼業禁止の規定はあるが，特別なケースを除くと，その他の職業をもっていても構わないし，事実，民間会社の役員でもある議員は少なくない。また町村や小規模な市では専業農家として農

業を営む者も少なくない。この場合は，どちらが本務か区別しにくい。

　これは考え方次第だが，本業，本務は別にあり，議員活動は住民としての責務の1つと考え，実費弁償程度のボランティア活動のコミュニティ・ジョブと考えてよいかもしれないとの意見もある。そうすれば，誰でも気軽に立候補できるし，議員定数を縛る必要もないし，住民とのコミュニケーションももっと円滑になるという考え方も成り立とう。とくに小規模市町村の議員のあり方として，1つ考えられる方向ではないか。

　イギリスのように，議員は「名誉職」とみて，交通費程度の実費弁償に止め，報酬をほとんど支払わないこととし，その代わり，定数は多くするという選択もあろう。他方アメリカのように，議員を専門職とみて，それにふさわしい報酬を支払い，その代わり定数を抑えて少数とするかの選択もあろう。日本の都市部の市や都道府県のように「報酬は高く，しかも定数は多い」という現状はやはり改めるべきではないか。

　もし，どちらかといえば専門職とみなすなら，質的も高い議論ができるよう少数精鋭にし，大都市の場合でも15〜20名程度と思い切って議員数を減らす選択もあろう。逆に，町村まで包括し広範囲に合併した新市などの場合，地域の声を反映する視点を重視し，定数を多めに確保し，報酬は抑制的に低めに設定するという選択肢もあろう。

　いずれ，これから議員定数について法律による関与がなくなる。地域の実情にふさわしい定数と報酬額の設定が住民公開の中で行われるべきである。

4. 議員定数の考え方

(1) 議員定数の根拠

　各自治体の議会は何名の議員で議会を構成するのか，その人数は何名が望ましいのか，この議員定数問題こそ，議会構成の基本的な問題である。

　本来，地方議会の議員定数は，本来，議会で議決する条例で定めるべき性格のものである。しかし，戦前から日本では地方議会の議員定数は法定化されて

きた。これまでの定数は戦前の定数を追認して法定化したに過ぎなかった。戦後の混乱期，民主化も不十分な中で地方自治法に戦前を追認する形で規定された。

その法定化だが，これまで各議会の定数は人口区分に応じて法定されていた。2003年に上限を法定するしくみに変わっていたが，実際は法定上限ギリギリまでの数を確保する議会が多かった。

減らしても，例えば上限30名の1割，3名減の27名といった具合。議員の定数削減は，任期途中で行うことはできず，かりに削減条例によって定数を削減しても，その効果は次に行われる一般選挙から生ずる。議会は「数の戦い」という面があるので，定数が政争の具にならないよう工夫された結果である。

もとより，各議会の議員がどれぐらいいることが望ましいかを決める決定的なモノサシはないといっても過言ではない。しかも，議員定数の法律規定が削除され，各自治体の独自条例に委ねられた現在，「そもそも議員は何名が望ましいか」，これから議論が始まる段階である。これまでの法律の考え方は，住民の数を基礎に議員定数をはじき出すもので，定数の規模は人口規模に比例してしかるべきだという考え方からなる。しかし，なぜ都道府県の最小単位が40名で，市が30名，町村が12名で，順に，一定の刻みで増やしていき，そして上限をもうけられるのか，その場合，なぜ市町村の場合は4名刻みの増加なのか，その理由は釈然としない

どうみても歴史的沿革以外に理由を見出すことはむずかしい。日本の地方議会の議員定数は，明治21（1888）年の市制・町村制の制定に始まり，戦後，それに数次の改正を加えてきた。明治21年当時，人口規模の割に比較的議員が多かったフランスの地方制度を参考にしたとされる。明治21年の市制では，5万人未満は30名，5～10万人は36名，10～20万人は5万人を加えるごとに3名増やす，20万人以上は10万人を加えるごとに3名増やし，市の上限を60名とした。

町村では，1500人以下は8名，1500～5000人は12名，5000～1万人は18名，1～2万人は24名，2万人以上は30名としていた。府県議会では明治24

年の府会議員定数規則で、人口70万人未満は30名、70〜100万人は5万人を加えるごとに1名増やす、100万人以上は7万人を加えるごとに1名増やすという計算で、上限はなかった。しかし、昭和18 (1943) 年に90名（都は100名）の上限が定められ、戦後昭和21 (1946) 年には人口70万人未満が40名に、また上限は100名（都は120名）となった。その後、昭和44 (1969) 年、52 (1977) 年に都についての規定が変わったに過ぎなかった。

その間、自治体の中には減数条例を定めて自主的に定数を減らしてきた議会もあったが、多くは「法律で定められているので」を理由に法定定数どおりの議員数を維持してきたところが多かった。

これを法定定数ではなく、上限定数に変わったのが平成15年 (2003年) 1月からである。上限の範囲内で各自治体が条例で定数を定めるという考え方の転換で、これを「法定定数制度」から「条例定数制度」への転換と呼んだ。

法定化廃止直前までの上限を定めた定数表は次の通りである（表12-3）。

表12-3　市町村の議員定数

人口	定数（上限）
① 2,000人未満	12名
② 1万〜2万人未満	22名
③ 5万〜10万人　〃	30名
④ 10万〜20万人　〃	34名
⑤ 30万〜50万人　〃	46名

（資料）　地方自治法第91条による。

建前上、条例定数制度に変えたといっても、上限数を法律で定めている以上、上限が法的効果を持ち、事実上、法定定数制度と変わらない。どのように上限を定めたかは、この間の各自治体の議員数の削減実態を踏まえながら決めたとされるが、確たる根拠は見当たらない。ある意味、100年以上前の市制・町村制、府県会制を出発的とする歴史的な形成に依拠する部分が大きいといわざるをえない。

そこで第29次地方制度調査会は，条例定数制度に変えた以上，上限を法律で定めるべきではないとし，地方議員に数を人口比に応じて法定する制度の全廃に踏み切った。議員がどれぐらい必要かは各自治体の判断に任せる，地方分権時代にふさわしい本格的な条例制定主義に変えたわけである。はたして，これで現場は混乱しないか。そもそも人口の何人を代表するのが望ましいのか，議員数の制定根拠が今後問われることになる。

平成の大合併により平成7年時点で約42000名であった町村議員は平成18年には約16000名となっており，この10年間で約26000名の議員削減が行われている。市議会議員は市の数の増加により，かつての2万名から24000名に増えているが，個別自治体においては議員数を減らす方向にあることは間違いない。

(2) 議員定数の考え方

もとより，議員をただ減らせばよいという話ではない。考えなければならないのは，一体どれぐらいの議員数がその地域にふさわしいかという点だ。現在の議員定数の上限は法律で決められているが，それはあくまでも上限に過ぎな

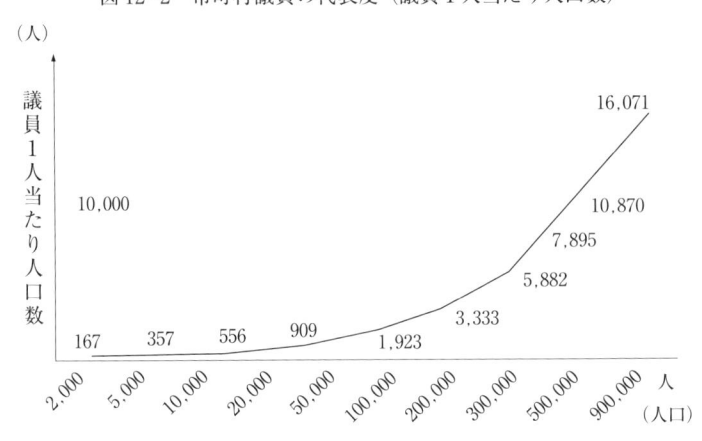

図12-2　市町村議員の代表度（議員1人当たり人口数）

（資料）佐々木信夫『地方議員』（PHP新書，2009年）116頁。

い。さきの表を参照しながら，数の根拠をみてみると，例えば，1, 2万人の町村は22名で，住民700～800人で1名の議員を選ぶ勘定。5万から10万人の市で30名，住民2000～3000人で1名を選ぶ形，30万から50万人の市では46名，7000～8000人で1名を選ぶという形で，人口規模が大きくなれば議員数が増える形である（図12-2）。

　しかし，この図からは議員は一体何人の住民を代表するのが望ましいかを読み取ることはできない。じつは，こうした定数の決め方自体，歴史的な経緯でこうなったという以外に，特別な根拠はないといえよう。

　もし7, 8万人の市で少数精鋭でいくというなら，これまで法定数の上限30名の定数を使ってきた自治体でも，20名に減らすことは可能だ。実際，アメリカではこの規模の市は5～6名の議員でやっている。イギリスでは100名近くいるが，議会は夜間，土日に行い，しかも報酬は無報酬となっている。

　もしアメリカ型に近づけるなら，大幅に議員数を削減し待遇の改善を図る，そうではなくイギリス型に近づけるというなら，議員数を増やし，報酬を下げる，といった方向が考えられる。いずれのタイプを採用するのか，いずれにせよ，そこには議員数に対する地域住民の哲学が必要ではないか。

　議員の定数は，議会の機能，役割と深く関わる。欧米のように議会が執行権を持ったり，政策決定の重要な役割を果たすことを期待するなら少数主義が望ましかろう。他方，議会は執行機関に対し，抑制，監視，批判を主な機能と考えるならば，あらゆる地域，住民層を代表させるという意味で多数主義が望ましいかもしれない。

　現行の自治制度を前提とするなら，議会には決定者，監視者，提案者，集約者の4つの役割が期待されているから，少数主義も多数主義もとりにくい[4]。そこで現状を肯定する形で委員会審議を前提に「委員会の定数を基礎」に積み上げる形で必要議員数を算出する考え方が1つあろう。

　地方議会の運営は，戦前と異なり常任委員会制度を採用し，委員会中心主義となっている。常任委員会の設置について，自治法第109条1項は，都は12以内，道および人口250万以上の府県は8以内，100万以上250万未満は6以内，100

万未満は4以内と定めている。また市町村の場合，人口100万以上の市は8以内，30万以上100万未満は6以内，30万未満の市および町村は4以内と定めている。

そこである見方が生まれる。「一般に会議をしたり，討論したりする場合のもっとも小さな合議体」の理想的な人数は7人であり，それにプラス・マイナス1人がよいとされる。「このように考えると，議会の委員会を基本的な合議体」とすると，委員会の委員は7名が理想である。そして，住民に最も身近な市のうち人口30万未満と町村は法定上の上限4委員会を設置すると議員数は7名×4委員会で28名となる。すべての委員会に出席できる議長を加えると29名，約30名となる。また，プラス・マイナス1名と委員会の運営をつかさどる委員長を別に考えて加えると，25名から37名となる。実際の法定数は，人口1万以上の町村，30万未満の市において26名から44名である。このようにして計算すると，法定数はそれなりの合理的な裏づけができると考えられよう」[5]。

確かに，この考え方は1つの計算式としては根拠となろう。しかし，すでに自治法改正で1議員1常任委員会所属の原則は廃止され，複数の委員会所属が可能となっている。かりに1委員会7名が理想としても，全体数は4委員会でも28名とする必要はなくなっている。また，「なぜ7名が望ましいのか」，その根拠も経験則以外，説明がつくものではなかろう。

議員は，選出地区の代表という性格と自治体全体の代表という，部分代表と全体代表という2つの性格を兼ね備えている。委員会審議から積算すると，選出地区代表という視点が失われる可能性が高い。諸外国の例でも，アメリカ型なら少数主義，イギリス型なら多数主義といった具合に，必ずしも参考例となる決定打はない。ただ，制度によって過剰な議員を生み出している自治体も散見される。

(3) 大都市の議員定数問題

都制を採用している都議会の例をみておこう。よく都議会議員は多すぎると言われる。127議席は概ね有権者10万人で1議席を代表する形なので，多す

ぎるといえるかどうか判断はむずかしい。これまで議員の定数は法律で人口規模別に上限を定め，それを受けて各自治体が条例で定数を定めるというやり方だった。

都議会の定数は戦後初の昭和22（1947）年選挙時は120名であった。その後，東京の人口増に伴い増え平成7（1995）年の128名がピーク，現在の127名は平成9（1997）年の都議選からである。

42の選挙区に分かれており，区部の23選挙区から89名，多摩の18選挙区から37名，島嶼の1選挙区から1名の選出となっている。

東京区部の議員数をみると，23区の区議が967人，都議（区部）が89人と合わせると1000人を超える議員がいる。例えば，人口350万人の横浜市並みの2つの政令市とみるなら，区議200名，都議86名となる。人口260万人の大阪市域は市議96（24区部），府議34である。東京の区部を大阪市並みの3つの政令市とみなすなら，区議288名，都議102名となる。そると，現在の都議，区議合わせて3分の1程度の議員で大都市議会の運営が可能とみることもできる[6]。

東京都区部と同規模のニューヨーク市は51選挙区から各1名選出で定数51となっている。総じてアメリカの場合，7，8万人の市では議員は5〜6名と少数である。他方，イギリスの場合，広域自治体のGLAこそ25名だが，ロンドン区では各区1〜3名で定数1861名といった具合に，総じて議員数が多い。ただし，イギリスの地方議会は夜間に行われ無報酬となっている。

州レベルと市レベルを同様には論じることはできないが，もし都議会をアメリカ型の議員数に近づけるなら，大幅な削減が求められよう。そうではなく，イギリス型に近づけるというなら，議員数を現行の人員で維持することもできよう。ただし，前節で述べたようにその際は現行の2000万円に及ぶ報酬額は大幅に下げるという選択肢が考えられる。

5. む す び

　日本の地方議会は，政治の脇役時代が終わった。これからは地方分権時代の自治体における中心的な政治機関として主役の役回りは果たさなければならない。その体制づくりは遅々としているが，議会基本条例をつくり，議員だけで審議する議会に変わりつつあるところも出ている。

　その基本に議員の定数，報酬をどうするかといった，差し迫った問題もある。住民から議会不信がいつまでも続くようだと，日本の地方自治は進化しない。地方議会が変われば地方自治は変わる，この鉄則を踏まえて，二元代表制が正常に機能するような地方議会が続々と生まれてくるよう望みたい。それには，学術面からも地方議会，地方政治研究を深め提言していかなければならないと考える。

注
1) 佐々木信夫「地方議員に関する一考察」中央大学経済学論纂51巻3・4号（2011年）。
2) この点は，上記「地方議員に関する一考察」でもふれており，記述に重複する点が多いが重要な事柄なので，改めて掲げ論じる点について寛容を願いたい。
3) 佐藤竺＝八木欣之助『地方議会活性化ハンドブック』（ぎょうせい，1998年）77-78頁を参照。
4) 地方議会の役割については佐々木信夫『地方議員』（PHP新書，2009年）に詳述している。
5) 佐藤＝八木・前掲（注3）73-74頁。
6) 佐々木信夫『東京都政』（岩波新書，2003年）84頁参照。

補　　遺

A Study of the Political Leadership of Tokyo Metropolitan Governors: in search of the Ideal of Decentralization in Japan

Nobuo Sasaki

Emerging from '30 percent Autonomy'

One basis of judging whether a nation is democratic or not is the degree to which local government has matured. American President Lincoln's words, 'government of the people, by the people and for the people', express the starting point of democracy. We could interpret Lincoln's words as pointing to the degree of maturity in local government, which can be equated with grassroots democracy.

If we evaluate Japanese democracy in this light, it is possible to say that since the end of the Second World War in 1945, the degree of maturity in Japanese democracy has gradually increased. For example, the middle-level government as represented by the prefectures,[1] used to have the position of regional agencies integrated into the national government under the Ministry of Home Affairs, and the prefectures were given the function of carrying out government polices as a subordinate agency to control and regulate cities, towns, and villages. The chief administrative officer of the prefectures, the governor, was appointed by the national government. In this situation, local society was denied the authority to mediate or solve local conflicts and grievances, i.e. local autonomy was denied.

At that time, national control of all regions of the country through the maintenance of this system of centralized government was the basis for the national government.

Following the Second World War, an article in the Japanese Constitution guaranteed local autonomy for the first time, and so at least structurally the foundation of local democracy was laid. Most significantly since then, the governor — the chief administrative officer of each prefecture — has been chosen through direct public elections by the local electorate. But the governors were placed in a position where most of their work had to do with matters delegated to the prefectures by the national government, so that more than 70 percent of their work was that of a subordinate agency implementing tasks of the national government. Local governance was incompletely constituted. In addition, less than 30 percent of total revenues came from local sources, and the prefectures had to depend on the national government for the remaining 70 percent of their finances. This has been called '30 percent autonomy', and the term is in use even now, symbolizing the weakness of local governments.

In the 50 years following the War, there has been a strong recognition of the need for local government to mature in order to make democracy take root and, whenever possible, there has been pressure to transfer authority and sources of revenue from the national level to the local level, in a call for decentralization.

In 1995, which marked the 50th anniversary of the end of the War, the Law to Promote Decentralization was passed — something unprecedented in the history of constitutional government in Japan — promoting reform in order to decentralize before the end of this century. The main pillars of this law were:

1. the abolition of the vertical superior/inferior relationship and the main/subsidiary relationship which included the system of agency delegated affairs;
2. the bold rethinking of control of the regions through subsidies, etc.; and
3. the curtailment of 'administrative guidance', which led to directives and notices without basis in law.

This law made the national government and the regional governments equal and cooperative partners, recognizing the many areas where regional local governments have the authority to make autonomous political administrative decisions.

To promote decentralization, a commission was established within the government to deliberate and to make recommendations regarding the basic direction for the future. Serious efforts have been made and significant recommendations are being considered.

However, it cannot be said that all Japanese local governments — major metropolitan cities, regional cities and rural villages — can be uniformly characterized by the term '30 percent autonomy'. Those that have a high degree of dependence on the national government are the regional cities and rural villages, but when it comes to the major metropolitan cities, their economic affluence is reflected in abundant sources of revenue. Under these circumstances autonomy is assured for some local governments. This pattern can be seen in the metropolis of Tokyo.

After the War, Tokyo, Japan's capital, took the lead in realizing the potential of local government, reflecting its metropolitan economic affluence. At times during this period, Tokyo displayed a political posture of confrontation with the central government, exhibiting leadership in exerting pressure on the national government for various reforms as a 'representative' on behalf of the 47 administrative units.[2] It can be said that Tokyo, with independent sources of revenue reaching 70 percent, was able to overcome the restrictions of centralized national authority and put into practice an original political administration even within that framework. In one sense, it can be said that Tokyo has had '70 percent autonomy'. The policy stance taken by Tokyo in the past has had a tremendous effect on the more than 3300 local governments that comprise the cities, towns and villages of Japan.

In this, article, the author, who served on the staff of the Tokyo Metropolitan Government (TMG) Office, will consider the following: the Metropolitan Office;

an analysis of the leadership of the governors of Tokyo; and a discussion showing that Tokyo has been unique even in the situation that has been called '30 percent autonomy' for local governmental bodies in post-war Japan. In the future, the prefectures will push for reforms to decentralize. Cities, towns and villages will seek to expand their authority to make autonomous decisions. This study also has significance for forecasting how local government will unfold in the future.

From an international perspective, a comparison of local government does indeed show that Japan has recognized only '30 percent autonomy'. However, we cannot overlook the fact that of Japan's entire administration some 70 percent has been entrusted to the local governments: prefectures, cities, towns and villages.

As to the implementation of this 70 percent of the administration, from now on if the local governments succeed in their movement to expand autonomous decision-making authority through decentralization, Japan, among the nations of the world, will be transformed into a nation with real power with respect to local government. From this perspective, a consideration of Tokyo as a case study has profound significance.

The sources of the Tokyo governor's power

In contrast to other prefectures where autonomy is only 30 percent, more than 70 percent of the finances of Tokyo are derived from regional taxes. Because regional governmental autonomy is desirable, the larger the percentage of independent income is, the more possible it is for policies to originate locally.

How much of the ordinary budget can be used at the discretion of the Tokyo governor? In Tokyo, where the ratio of expenditures in the ordinary budget expenditures such as personnel expenditures, etc., covered by general sources of revenue is less than 70 percent, the governor has policy discretion over approximately 30 percent, excluding the previously mentioned ordinary budgetary expenditures. That is, whether the emphasis is on welfare or city planning, the governor has considerable latitude to give shape to the means of public finance in order to follow a policy framed in accordance with public pledges and political principles. This amounts to approximately ¥3 trinion. Having said that, it does not follow that the governor has absolute discretion over these funds. In Japan with its structure of concentration of authority, each national ministry and agency has resorted to administrative guidance and has various regulations and individual policies which reach into every corner of the nation. However, the authority to decide a shift in policy in order to give priority to a certain course or direction is the governor's. It should be understood that it is in this sense that the governor has policy discretion over some 30 percent of the budget.

The fact that the governor has a large area of discretion means that there is as large a possibility of success as there is of failure. The area of management of public finance is especially difficult. In addition, because of economic changes — economic growth and economic contraction — the amount of revenue itself varies greatly.

Regional taxes — the particular source of revenue for Japan's local governments — are composed mainly of residential taxes (both personal and corporate), real estate taxes and business operation taxes. In Tokyo, due to the fact it is the capital and a large number of major corporate headquarters are concentrated there, residential taxes, corporate taxes and business operation taxes account for a large portion of the revenue. On the other hand, a high percentage of total revenue is accounted for by the two corporate taxes — the business operation tax and the metropolitan residential tax. This means that Tokyo is particularly vulnerable to the influence of changing economic conditions. The finances of large metropolitan cities are overly susceptible to economic conditions and therefore unstable. Tokyo finances amount to approximately ¥10 trillion, and because the amount is so enormous, there must be considerable skill in steering public finance to follow the direction of the economy, or else Tokyo will be exposed to the danger of running aground. Herein lies the reason that the Tokyo governor's administrative and discretionary skills are put to the test.

What functions of political leadership does the governor of Tokyo shoulder? If we analyze the contents of the leadership, four broad functions emerge.

First of all, the governor functions as a politician. As the representative chosen through public elections by an electorate of 12 million, the governor will be expected to do everything possible to implement public pledges made to the citizens.

Second, the governor functions as an administrator. As the administrator of an enormous organization with a budget of ¥10 trillion and with responsibility for commanding a staff of 200,000, the governor must keep the metropolitan government from running aground, and, in addition, it is expected that he will skillfully turn this bureaucratic organization into an efficient administration.

Third, the governor functions as the representative of the regional governments. Usually, the governor of Tokyo is put in a position of accepting the chairmanship of the National Association of Governors. As the representative of the regional governments, the governor of Tokyo is in a position to speak to the central government for the purpose of representing the interests of the regional governments. Because the administration of subsidies and the administration of authorization and permission restrict and limit the regional governments, the function of the governor of Tokyo in pressing for improvement and reform is an extremely important one.

Fourth, the governor of Tokyo functions as a diplomat. Tokyo as the capital of the country hosts many guests of state and many prominent people who come on official and unofficial courtesy calls. Providing hospitality for such guests is an important matter. Further, in the process of internationalization, the number of conferences overseas and meetings with leaders of foreign cities has increased, and in one sense, it is expected that the governor of Tokyo will act as Japan's 'face'. It might be said that whether the governor of Tokyo fulfills these four functions adequately or not determines the success or failure of the governor.

In one sense, the power and influence of the governor of Tokyo exceeds that of the prime minister of the central government. This is related to the fact that the political system has a 'presidential' element. Japan's central government is modeled after the English system, adopting the parliamentarian cabinet System. Even though there is a Cabinet prime minister, he does not have the authority to compile a budget. The Cabinet, composed of 21 cabinet ministers, has the authority to draw up the budget. This Cabinet operates under a system of unanimous decision of the deliberative council (Cabinet), and it is not possible for the prime minister to stand out by manifesting strong leadership.

For the regional government, an American-style 'presidential' political system has been adopted. At the prefectural level, the authority to compile a budget is monopolized by the governor. Ordinances and laws, as well as the budget, require final approval by the assembly, but the governor himself submits the budget. Most ordinances and laws also originate as proposals from the governor. After a measure has been decided, procedure holds that complete authority for administrative execution is held by the governor. In such an arrangement it can be said that the Tokyo governor is the one who has wide-ranging authority and a high degree of freedom regarding large-scale public finances.

The careers of Japanese governors

Generally, the careers of Japanese governors can be classified as follows. The first type is the 'career' type. The pattern followed in this type is such that when a young person joins the staff of a prefectural office, he accumulates experience as a Section Chief and then goes on to being a Section Director and then progresses through positions of Division Director and Vice Governor, which is a Special Governmental Service position while waiting for the 'abdication' of the former governor before successfully entering the electoral race for governor. This pattern is also called the 'climb-the-ladder' type.

The second group are those who come out of some supervisory agency of the Ministry of Local Government (formerly the Ministry of Home Affairs) to start their career by entering national public service and then accumulating experience up to Assistant Section Director at various prefectural offices. At the Ministry of Local Government, they climb the steps from Section Director to Bureau Director General and Vice Minister, in the process leaving a record of outstanding service and making a name for themselves, before finally 'returning to one's old home in glory'. If you include those who go from the position of Section Chief at the Ministry of Local Government and become Division Director of the prefectures, and are later dispatched as vice governors and continue on as governors, the number includes nearly half of the current governors.

The third group are the 'transfers' from various bureaucratic organizations other than the Ministry of Local Government, or members of the Diet. The members of this group have experience as Bureau Director General, Vice Minister of the Ministry of Trade, the Ministry of Transportation, me Ministry of Construction or the Ministry of Agriculture and Forestry, before returning to their home town, to successfully enter the gubernatorial election and win. Such governors amount to a considerable percentage. In addition, there is a growing number of members of the Diet who change careers. If you consider as an exception the case of someone who served as the Chairman of the House of Counselors, these have generally been young members of the Diet. As decentralization progresses, this pattern is likely to increase.

The fourth group is composed of scholars or 'persons of culture' who change fields, going into politics. As can be seen below, governors of this pattern have been numerous in Tokyo. This pattern represents a tendency that can also be Seen in the second largest major metropolitan city of Osaka, but generally not seen in the regional cities. This pattern is a distinctive feature of wealthy major metropolitan cities where there is no great need to attract economic benefits from the central government.

A comparative study of three Tokyo governors

In light of this typology, what type do the governors of Tokyo correspond to? In the post-war period there have been five governors of Tokyo, but here, I want to consider as the object of analysis three governors who were in office afte 1965 following the period of rapid economic growth. The first one is Ryokichi Minobe, who served for three terms (12 years) beginning in 1967. The second one is Shunichi Suzuki, who served for four terms (16 years) beginning in 1979. The third one is Yukio Aoshima, who was installed as governor of Tokyo in 1995 and is still in his first term.

These three individuals have, in common, the fact of having been born and reared in Tokyo, as well as having graduated from a Tokyo University. However, their career paths to the governorship have been completely different. Ryokichi Minobe was an economist. His father, Tatsukichi Minobe, was Professor of Constitutional Law in the Faculty of Law at the University of Tokyo. Ryokichi Minobe studied in the Faculty of Economics of the University of Tokyo, chose the path of scholarship, became a Teaching Assistant and later became an Assistant Professor at the University of Tokyo, afterwards becoming a Professor at Hosei University. He gained experience as the Director General of the Bureau of Statistical Standards of the Administrative Management Office, before assuming a professorship at the Tokyo University of Education. In 1967 he became the governor of Tokyo. His career can be categorized as belonging to type four described earlier.

On the other hand, Shunichi Suzuki had been in the Ministry of Local Government and represents type two. He graduated from the Faculty of Law of the University of Tokyo; entered the Ministry of Home Affairs; and after the War became Deputy Director General of the Office of Local Government, as well as Deputy Director of the Cabinet Secretariat, Vice Governor of Tokyo, Director General of the Osaka World Exposition and President of the Capital Expressways Public Corporation. In 1979 he was installed as Governor of Tokyo.

In contrast, Yukio Aoshima is considered to be a 'Mar of Culture', a writer, and belongs to type four. In fact, for more than 20 years before becoming Mayor of Tokyo, Aoshima had been a member of the Diet, serving in the House of Counselors, so that from a formal point of view he would be more appropriately classified as type three. However, he was not simply a member of the House of Counselors but in actuality a celebrity in the broadcasting indushy, a distinguished and well-known writer, and his victory in the Tokyo gubernatorial elections is almost never attributed to the fact that he had been a member of the Diet. Born in Tokyo in Nihonbashi, he graduated from the Faculty of Commerce at Waseda University, began witing, and became a member of the House of Counselors with the backing of voters who did not claim allegiance to any political party. In 1995 again, it was the support of non-partisan voters who made it possible for him to win election to the post of Governor of Tokyo.

These three governors of Tokyo had quite different careers, and I have attempted to show their distinctive qualities by choosing 20 aspects for comparison and analysis. The combined results are shown in the chart given in the Appendix. In terms of the administration of the enormous metropolitan government, these three governors are radically different.

Type of leader

Max Weber classified leaders with respect to their style of social control and government into three types: traditional control, charismatic rule, and rational rule. If we were to follow this scheme of classification, Minobe would be a leader with a unique charisma. Suzuki would be a typical bureaucratic type of governor and would be a rational leader. In contrast Aoshima, with the exception of canceling the huge project World City Expo Tokyo '96' which was part of his public pledge during campaigning, has manifested a democratic form of leadership in that he shows respect for the opinions of the staff.

Attitude towards the status quo

With respect to the current relationship between the central and local governmental Systems, if we take a look at what kind of understanding the three have, Minobe always held up the slogan 'The hdependence of the Local Governments'. He maintained throughout his administration a posture of confronting the central government, aiming for the enlargement of the authority of the local governments. In contrast to this, Suzuki was profoundly involved in the formation of the system of post-war local government. He assiduously tried to operate the metropolitan government within the current framework, adhering to the framework of centralized governmental authority. Aoshima has not been explicit, and even if we agree that public opinion was for systemic reform, Aoshima himself has never hoisted the banner of confrontation with the national government. On that point, he can be seen as compromising within the current system.

Attitude towards the electorate

How the governor, who is the representative of the metropolitan citizens, deals with the residents (metropolitan citizens) in relationship to the metropolitan government is a matter of significance. Minobe appealed for 'the realization of a participatory metropolitan government', placing the conduct of meetings for the purpose of direct dialogue, as the centerpiece of his administration. In contrast to this, Suzuki avoided direct dialogue with individuals, placing at the center of his administration dialogue among clearly-defined interest groups made up of representatives from various fields, social classes and organizations. Aoshima is somewhat similar to Minobe, but has not taken a posture of cultivating the masses to the extent that Minobe did.

Style of policy formation
When it comes to policy formation in metropolitan government, Minobe's style promoted principles that played up idealism with slogans such as 'Tokyo — Open Space and Blue Skies', and 'A Bridge Philosophy'. In contrast, Susuki's policy formation style reflected steadiness and reliability, playing up realism with slogans such as building a city which promotes 'Peace of Mind, Vigorous Activity, and Home Town Pride' and 'The Importance of Even a Single Yen'. Suzuki's special forte was the type of policy formation that made use of many personal brain trusts composed of private advisory agencies. Aoshima has basically followed a type of policy formation in which he respects proposals from his staff, that is, proposals which come up through the organization.

Attitude towards the management of public finance
In order for an administration to operate, it needs to be backed by public finance. The content of public finance can be divided into the service sector of welfare, education, etc., and the infrastructure sector of roads, bridges, etc. Minobe emphasized the service sector, highlighting metropolitan governmental welfare, and tended to restrain infrastructure expenditures. On the other hand, Suzuki emphasized and highlighted the infrastructure aspect of rebuilding Tokyo, to a certain extent restraining expenditures in the service sector. Aoshima is some-

what closer to Minobe, using as his yardstick for the management of public finances the question of what is essential to the everyday life of residents such as welfare, cultural matters, etc.

Policy brain trusts

The management of major metropolitan cities iS difficult, so governors call on the assistance of outside brain trusts. Minobe did not give an official title to Takeshi Komori, Metropolitan Government Research Consultant, but he relied on Komori as an individual consultant, closely involving him in major policy decisions. On the the other hand, Suzuki officially appointed more than ten consultants including the economic expert Shuzo Inaba and the architect Kenzo Tange. With those as a nucleus, he formed more than 100 private advisory agencies during his four terms, repeatedly putting a problem before such agencies and acting on recommendations, thus adopting a system of multiple brain trusts in the area of policy formation. Aoshima has not put any outside agency in the position of a brain trust, but has relied entirely on Special Governmental Service personnel such as the Vice Governor and the Director of the Accounting Department as a brain trust.

Basic policy

Minobe emphasized Solutions to the problems of metropolitan Tokyo such as environmental pollution, welfare, and education as the basis of his policy. In contrast, Suzuki's basic policy was 'My Home Town Tokyo', aiming for the reconstruction of Tokyo through the rebuilding of public finances. Aoshima established the policy goal of developing welfare and culture, maintaining Tokyo as a residential city.

Payment for services by beneficiaries

Metropolitan citizens pay taxes to the metropolitan government and fees in payment for services. Minobe basically held down fee increases for water, bus fares, etc. Suzuki advocated the principle of appropriate shouldering of the financial burden, following a policy of gradually raising the fees charged including payment for welfare services. Aoshima recognizes that there is strong dissatisfaction on the part of the metropolitan citizens with the way taxes are used, so he has taken a position of paying special attention to the use of tax revenues, and has been cautious about raising fees.

Point of view regarding personnel management
The administration of local governments is most often through the medium of services requiring personal attention, and how the staff is dealt with is an important part of management. Minobe pemitted increases in persornnel in welfare, education, etc., and in relation to persornel management followed the principle of selecting capable people and elevating them to positions of responsibility. In contrast, Susuki's management style was to cut back personnel, and in relation to promotions he based his policy on the traditional seniority system. Aoshima has not showed much concern for internal personnel matters within the bureaucratic organization, taking the posture of entrusting personnel matters to his Vice Governor.

Dealing with the assembly
Another part of a local government is the assembly. How the assembly is dealt with is an essential part of the management of a local government. Minobe often acted independently and sent up a trial balloon before consulting with his supporting parties: the Socialist Party, the Communist Party and the Komeito (Clean Government Party). In contrast, Suzuki took the approach of launching a new policy only after detailed and thoroughgoing maneuvering behind the scenes through prior consultations with his supporting parties: the Liberal Democratic

Party, the Komeito and the Democratic Socialist Party. Aoshima has no specific support or backing in the assembly, and in regard to the assembly has taken an unaligned position.

Dealing with the staff
Minobe emphasized participation of the staff across the board, with an all-out campaign for policy formation. On the other hand Suzuki resorted to use of knowledgeable people from the outside in the process of policy formation, entrusting the process of policy implementation to the staff, expecting the staff to function and act as 'businessmen'. Aoshima has shown no decisive personal leadership and has assumed a stance of 'Let's all work together', or 'Let's all think about it'. In the sense that Aoshima has no explicit direction, the staff also experience some bewilderment, but Aoshima is generally well received, more so than Suzuki with his highly controlled goals and objectives.

Dealing with the labor unions
The existence of the staff labor union also is a matter which touches on the basic management of local governments. Minobe had close relations with the labor union, and relied on the union in many ways even during election time. On the other hand, Suzuki, through his decisive action for administrative reform, often came into conflict with the labor union, driving them with the carrot and stick approach, handling the union as he saw fit. Aoshima has maintained an ambiguous posture, entrusting the policy towards the union to the Vice Governor and his subordinates without particularly relying on the union or coming into conflict with it.

Dealing with the special wards
There are 23 special wards in Tokyo, and these units are the vestiges of old cities.

Although a degree of local governmental authority is recognized for each ward, their treatment is still such that from an administrative point of view, they are internal structures of the Tokyo Metropolitan Government. As for the wards, each have a strong desire to become autonomous cities, and there are active movements with the aim of achieving this goal. With respect to these movements, it becomes a problem as to how the governor of Tokyo handles them. Minobe was surprisingly indifferent. Suzuki enthusiastically endorsed the expansion of the autonomous authority of the wards. Aoshima has no clear position on this matter.

Dealing with the cities, towns and villages
In addition to Tokyo's 23 special wards, there are 27 cities, and 14 towns and villages which are basically local governments, but to put it bluntly, Minobe was indifferent to them. Suzuki took the position of giving careful attention to their concerns. Aoshima has neither shown a great interest in them nor has he been indifferent to them, but has taken a neutral position just as in the case of the special wards.

Dealing with the central government
The Metropolis of Tokyo is said to have 70 percent autonomy and has few of the worries of the 30 percent local governments, but if we consider the fact that it is the capital, its contacts with the central government exceed that of the other bodies. In dealing with the central government, Minobe was the 'confrontational type', taking a clearly confrontational posture as can be seen in the 'war' over public finances. In contrast to this, Suzuki was the 'cooperative type', more concerned with expanding domestic consumption via cooperation between the private sector and the administration; his relationship with the national government was like two people in a three-1egged race. Aoshima at first glance showed a posture of confrontation, but leaving aside the emotional decision to cancel the World City

Expo, there have actually been no scenes of real confrontation.

Dealing with mass media

The influence of mass media such as newspapers, television, radio, etc., is enormous, and Minobe paid extra close attention to the function of the mass media. He endeavored to use the mass media in the formation of public opinion, providing topics that could be used as the leading story on the first Page of the newspapers. The posture of Suzuki was to centralize the source and control the distribution of information, with the metropolitan government 'providing information'. Aoshima for the very reason that he has a background as a scenario writer and actor has especially concentrated on TV, and his statements aimed at TV are conspicuous.

Key words

If we were to pick out some key words relating to the administration of the metropolitan government, Minobe's would be 'Dialogue and Participation', 'A Bridge Philosophy' and 'The Constitution and People's Livelihood'. Suzuki's key words would be 'A Sense of Balance', 'The Weight of a Single Yen' and 'My Town Tokyo'. For Aoshima, it would be 'The Man Who Keeps his Public Pledges', 'An Open Metropolitan Government' and 'Special Concern for Residents'.

Image

Minobe aimed for, an 'amateur' metropolitan government, endeavoring to realize participation of the masses in the metropolitan government and providing topics for the living room about economics and local government. In contrast, Suzuki listened to the opinions of specialists from a wide range of fields, aiming for the realization of a professional metropolitan government where specialists participated in the formation of a policy consensus. Aoshima has an extreme dislike for the bureaucracy and endeavors to put across an image of an amateur governor, and 'a common people's party'.

Positive evaluation

Understanding that local governments must take the initiative, Minobe proposed pioneering policies in the area of welfare and environmental pollution, thus taking the initiative with the national government in policy formation and helping to bring the national government close to the people. However, for Suzuki it was basically an attitude of 'safety first' , Which meant working within the framework of national governmental laws and regulations. In the process of restructuring public finances, Susuki proceeded steadily to rebuild metropolitan Tokyo. Aoshima acted boldly in keeping his public pledge to cancel the World City Expo Tokyo '96, but thereafter there has been a strong feeling that he is like a bird that neither sings nor flies, and thus, does not live up to the expectations of the electorate.

Negative evaluation

As far as criticism goes, Minobe was persistently labeled as one who was reckless with public finances, and who ran an administration that played to the gallery. Suzuki was stuck with the label of one who concentrated on carrying out the rebuilding of Tokyo to the extent that his administration ignored the metropolitan citizens, never able to completely comprehend the discontent of the electorate. Aoshima has been strongly criticized for his lack of political leadership and his lack of personal ability to propose policies, and at this time, when he is confronted with a crisis in public finances, there is a pervasive image of an anxiety-ridden metropolitan government associated with him.

Conclusion

In sum, as decentralization proceeds in Japan, it can be seen that there is the possibility of various types of local governments evolving. In Tokyo where nearly 70 percent of independent authority in public finances can be seen, the power of political backing also has been diversifying, and it is possible for the governor as the top administrator to exercise individualistic management of the local government. Until now, most people have had the viewpoint that Japanese local government was uniform and that no individuality could evolve. However, through this study of metropolitan government, this author wishes to take a some-what optimistic view of the development of a Japan where national authority is decentralized. Within that framework, there is the possibility of the birth of a diversity of politics and administrations that can capitalize on appropriate wisdom for Japan based on education. This author believes that therein lies the possibility of developing a new Japan as we look forward to the 21st century.

Appendix: Analysis of the characteristics of Tokyo governors: a study of the political leadership of Tokyo metropolitan governors

Characteristic categories	Ryokichi Minobe (1967–79)	Shunichi Suzuki (1979–95)	Yukio Aoshima (1995–present)
Leadership type	Chari smatic	Reali stic	Demuratic
Attitude towards the status quo	Established regional governments	Maintained the status quo	Compromised with the status quo
Regarding the electorate	Participation of the masses	Dialogue with all groups	Dialogue meetings with the electorate
Method of policy formation	Promoted idealistic principles	Used private consultants	Accepted proposals coming from staff
Attitude towards financial management	Emphasized services	Emphasized infrastructure	Emphasized services
Policy brain trusts	Private brain trusts	Group brain trusts	Vice Governor as a brain trust

Basis of policy	'Open Space aJld Blue Skies'	'My Town Tokyo'	'Tokyo: A Residential City'
Payment on the part of beneficiaries	Hold down fees	Appropriated charges for welfare	Emphasized the proper use of taxes
Persormel management	Selected capable personnel	Traditional seniority system	Entrusted this area to others
Handling the assembly	Support of Socialists and Communists	Support for all parties	No reliance on any particular party
Handling staff	Emphasized participation by staff	Treated the staff as businessmen	'Let''s all work together'
Handling labor unions	Emphasized dialogue	Maintained a certain distance	Entrusted this area to others
Handling the special wards	Indifferent to their desire for autonomy	Supportive of their desire for autonomy	No special policy
Handling the cities, towns and villages	No special policy	Interest and concern	No special policy
Attitude towards the National Government	Pattern of confrontation	Pattern of cooperation	Some confrontation; but in actuality (?)
Key words	Dialogue and participation	'My Town Tokyo'	One who keeps his public pledges
Image	Living room economist	Practical professional bureaucrat	Amateur, common people's governor
Positive evaluation	Pionecred policies	Rebuilt sound public finances	Canceled World City Expo Tokyo '96
Negative evaluation	Played to the gallery; profligate policies	Development that ignored citizens	Lacking in policy and leadership

Notes

1) The term 'prefecture' is used to designate all governmental entities between the central government and cities.
2) The 47 administrative units are called in Japanese *to-doju-ken*. There is one *to*, (*Tokyo-to*), one *do*, (*Hokkai-do*), two *fu* (*Kyoto-fu* and *Osaka-fu*), and 43 *ken* (such as *Chiba-ken*, etc.).

Reference

International Review of Administrative Sciences [0020-8523 (199806) 64:2]
Copyright © 1998 IIAS. SAGE Publications (London, Thousand Oaks, CA and New Delhi), Vol. 64 (1998), 247–260); 004088

初 出 一 覧

　本書のもとになった論稿は，以下のとおりである。ただし，いずれも大幅な加筆修正を加えた関係で，原型とは大きく異なっている。

第 1 章　「大都市制度」佐々木信夫『現代地方自治』(学陽書房，2009 年)。
第 2 章　「道州制に関する考察」中央大学経済学論纂 48 巻 1・2 合併号 (2008 年)。
第 3 章　「道州制に関する一考察〜東京圏，東京の設計」中央大学経済学論纂 51 巻 1・2 合併号 (2011 年)。
第 4 章　「『東北州』構想に関する一考察」中央大学経済学論纂 52 巻 4 号 (2012 年)。
第 5 章　「地方分権とガバナンス」中央大学経済学論纂 53 巻 3・4 合併号 (2013 年)。
第 6 章　「地方分権改革に関する考察」中央大学経済学論纂 48 巻 3・4 合併号 (2008 年)。
第 7 章　「『新たな公共』と協働」佐々木信夫『現代地方自治』(学陽書房，2009 年)。
第 8 章　「地方分権と自治基本条例」『慶応の政治学』(慶應義塾大学法学部，2008 年)。
第 9 章　「自治体の政策活動に関する考察」中央大学経済学論纂 47 巻 3・4 合併号 (2007 年)。
第10章　「地方分権と市町村合併に関する考察」中央大学経済学論纂 45 巻 1・2 合併号 (2005 年)。
第11章　「地方議員に関する一考察」中央大学経済学論纂 51 巻 3・4 合併号 (2011 年)。
第12章　「地方議会議員の報酬と定数」中央大学経済学論纂 52 巻 3 号 (2012 年)。

補　論　*International Review of Administrative Sciences*, Vol. 64 (1998) pp. 249−260, London.

索　引

【あ 行】

アカウンタビリティ……146, 237, 238, 270, 271
新しい国のかたち…………………………108
新しい公共…………………………………119
新しい公共経営……………………………163
新しい能力給………………………………171
アメとムチ…………………………………150
アメリカ型の議員数………………………301
新たな公共………………………161, 164, 185
新たな名称…………………………………154
一元的な代表制……………………………139
1任期1条例………………………………268
一体性…………………………………………76
上書き権……………………………… 196, 198
上乗せ・横だし規制………………………196
絵に描いた餅………………………………142
NPM ……………… 116, 121, 161, 166, 173
NPM 改革……………………………………41
NPM 革命……………………………………118
NPM 理論……………………………………120
NPO ………………………………… 118, 190
オイルショック……………………………212
応答的責任…………………………………236
大阪都…………………………………………33
大阪都構想…………………………… 3, 25, 26
大阪都市州……………………………………84
大阪都制……………………………………… 15
公の施設……………………………………218

お任せ民主主義…………………175, 238, 256
親方日の丸…………………………………170
お役所仕事…………………………………177

【か 行】

改革の1丁目1番地………………………137
概括例示……………………………………127
会議が仕事…………………………………178
会派…………………………………………271
カウンティ…………………………………104
過疎問題………………………………………65
勝ち組…………………………………………60
ガバナンス… ii, 33, 115-118, 121, 138, 140, 175
ガバメント…………………………… 118, 121
過保護行政…………………………………232
過密問題………………………………………65
官から民へ ………………… 41, 208, 219, 235
冠婚葬祭……………………………………291
官治都制……………………………………… 16
官民競争入札………………………………182
官民二分論…………………………………119
官僚…………………………………………175
官僚主導……………………………………… 34
官僚組織……………………………………103
議員歳費（給与）…………………………278
議員執務室…………………………………268
議員数の制定根拠…………………………298
議員専業率…………………………………275
議員定数………………………… 295, 298, 299

議院内閣制	139, 141
議員バッジ	258
議員報酬	272, 274, 276, 288, 292, 293
議員報酬の根拠	294
議会基本条例	202, 302
議会不要論	202
機関委任事務制度	125, 127, 130, 133, 207, 287, 288
議会は鬼門	266
議場への「通行証」	259
規制緩和	232
規制行政	224
規制政策	180
期待値基準	230
北川正恭	212
希望の東北	88
期末手当	274
旧県の呼称	94
旧東京市	74
行政あって政治なし	210
行政革命	121
行政区	9, 10
行政責任	236
行政責任が不明確	146
行政責任の明確化	234
行政の一体性	78
協調的連邦主義	56
協働	167
共同財源	106
協働参画	190
均衡ある国土の発展	3
近接性の原則	83
区長	13
区長多選自粛条例	218
国から地方へ	208

国のかたち	89, 158
国の事務	48
グランド大都市	54
郡区町村編制法	17
郡制が廃止	286
「経営」と「執行」の分離	216
経営の論理	213
経済的誘因の提供	231
限界値基準	230
権限の所在	127
憲法改正論	87
減量政策	221
権力的な手段	231
広域化	58
広域行政	241, 242
広域自治体	22
公共経営	176, 182
公・共・私	162
公共選択論的アプローチ	120, 167
公共ビジネスマン	169
公共への民間参入	181
更新型の政策	227, 228
厚生経済学的アプローチ	120, 167
公正・透明の原則	134
構造型の政策	227, 228
公務員の労働3権	101
公民協働	117
合流しない宣言	52
国民共有税	57
コスト意識	178
国会議員の待遇	272
コミュニティ・ジョブ	295
「固有権」説	195
固有の自治事務	197

【さ　行】

サービスの直接供給································ 232
財政再建·· 90
財政再建論··· 87
財政支援策··· 38
財政調整制度··· 24
財政破綻·· 40
歳費（給与）·································· 272, 290
サッチャー政権····································· 122
三位一体改革······························· 135, 147
事業官庁··· 130
事業自治体······························· 172, 222
自主合併·· 52
自主合併方式··· 53
市場化テスト······················ 171, 182, 219
市場の失敗···································· 161, 223
市制特例·· 17
自治基本条例···························· 188, 189, 190,
　　　　　　　　191, 192, 195, 198, 201
自治基本条例起草委員会················· 199
自治区··· 9
自治体が変わる方向·························· 213
自治体官僚制······································· 168
自治体警察·· 66
自治体の事務······································· 48
自治体の適正規模····························· 153
市町村合併··· 250
市町村合併の歴史······························ 245
市町村議員の代表度·························· 298
市町村数の変化································· 152
市町村の議員定数····························· 297
自治立法権··· 133
執行あって経営なし················· 173, 210

執行役員制··· 201
実費弁償··· 295
指定管理者制度·································· 218
指定都市制度··································· 4, 6
指定都市の類型···································· 10
シティマネージャー（city manager）
　　　　　　　　　　　　·········· 215, 269
シビル・ミニマム······························ 210
市民との政策契約····························· 270
事務の帰属·· 127
シャウプ勧告································ 67, 129
集権的分散システム·························· 123
州議会議員··· 97
集権化·· 127
集権・分権··· 124
集権・分離型······························· 30, 127
集権・融合型······························· 48, 128
集権融合的システム·························· 124
州条例と法律······································· 95
州政府の組織······································ 102
充足値基準··· 230
州知事··· 98
州知事の補助機関······························ 100
州庁設置案·· 63
州都··· 95
住民自治······································· 144, 253
住民提案··· 200
住民投票··· 194
首長が二重の役割····························· 145
首長の多選禁止································· 193
首都移転·· 71
首都行政·· 15
首都性··· 77
需要対応型································· 242, 243
上意下達··· 159

小規模町村（人口1万人未満）……… 246	政策能力……………………………… 184
上下・主従関係……………………… 131, 145	政策形成……………………………… 228
情報の提供…………………………… 231	政策のプロセス……………………… 226
条例の条例…………………………… 189, 217	政策評価……………………………… 185, 232
昭和の大合併………………………… 39	政策評価の基準……………………… 233
諸外国の地方議員…………………… 261	政策リサイクル……………………… 220
諸外国の大都市制度………………… 72	政策リンケージ……………………… 220
女性議員が少ない…………………… 259	政策連携……………………………… 179
助成行政……………………………… 224	政治主導……………………………… 157
助成政策……………………………… 180	政治的意義…………………………… 252
所得倍増計画………………………… 91	政治的な脇役………………………… 283
条例定数制度………………………… 297	政治の「主役」……………………… 141, 282
人口は増えるもの…………………… 207	政府債務残高………………………… i
人口は減るもの……………………… 208	政府の失敗…………………………… 119
新設合併のパターン………………… 247	政務調査費…………………………… 278
新名称のつけ方……………………… 248	政令市………………………………… 53
垂直的財政調整……………………… 78	政令指定都市………………………… 28
垂直補完……………………………… 55	政令指定都市制度…………………… i, 7
水平的財政調整……………………… 78	世襲制………………………………… 259
水平補完……………………………… 55	選挙公約……………………………… 174
スーパー政令市……………………… 32	戦後の地方議会……………………… 288
杉並京………………………………… 22	戦前の地方議会……………………… 284
スケールメリット…………………… 255	戦前の地方選挙制度………………… 287
生活給………………………………… 276	先占理論……………………………… 197
生活コスト…………………………… 291	相互補完関係………………………… 51
制限列挙……………………………… 127	創造型の政策………………………… 227, 228
「西高東低」現象…………………… 38, 153	租税民主主義………………………… 55
制裁的責任…………………………… 236, 237	
政策…………………………………… 209	【た 行】
政策過程……………………………… 225	
政策官庁……………………………… 130, 219	第1期分権改革……………………… 147
政策官庁としての自治体…………… 172	第1期分権改革の要点……………… 132
政策経営……………………………… 210	大災害復興論………………………… 87
政策差………………………………… 225	大統領制……………………………… 139
政策自治体…………………………… 172, 222	大都市………………………………… 5

大都市制度	3, 28
大都市制度構想研究会	3, 69
大都市制度法	5, 68
大都市特例	31
大都市の一体性	20
大都市の議員定数	300
大都市の特例	5, 8, 68
第2期分権改革	136, 155
第28次地制調	49, 52
第28次地制調答申	59, 64
第2の就職先	264
第203条は議員のみの報酬規定	281
タコつぼ意識	177
多選の禁止	99, 200
タテ型の階統制	123
団体自治	144
地域委員会	14
地域自治協議会	14
地域自治組織のタイプ	254
地域主権型道州制	64, 90
地域主権国家	90
地域審議会	254
地域内選挙区制	256
地域の世話役・相談役	267
地域の名望家	285
小さな自治体	180, 220
チェック機関	265
チェック機関議会	214
地方議員	259, 264
地方議員の説明責任	269
地方議員の報酬	277
地方議員のバッジ	258
地方議会	257, 264
地方議会の主な役割	265
地方議会は立法機関	214

地方議会法制局	268
地方機関	145
地方共有税	57
地方公共団体（local public entity）	222
地方交付税制度	76
地方税財源の充実	134
地方制度	4
地方政府（local government）	4, 129, 136, 222
地方総監府設置案	63
地方体制の整備	135, 149
地方庁	46, 47
地方分権	114, 138, 142, 187
地方分権一括法	43
地方分権改革	38, 121, 122, 143
地方分権改革推進委員会	155, 156
地方分権推進委員会	147
地方分権推進法	131
地方への関与	133
中央集権体制	58
中央地方関係	130
中核市	39
中間混合型	242, 243
調整3税	19
超党派の「道州制懇話会」	89
直接行政	224
賃金所得税	57
恒松制治	47, 62
テーラーの科学的管理法	169
哲学なき地方分権改革	125
伝来説	198
都	15
東京一極集中	51
東京圏（1都3県）	66
東京圏連合構想	79

東京市‥‥‥‥‥‥‥‥‥‥‥‥‥‥ 71, 75
「東京市」構想 ‥‥‥‥‥‥‥‥‥‥‥‥80
東京市制‥‥‥‥‥‥‥‥‥‥‥‥‥‥‥20
東京商工会議所‥‥‥‥‥‥‥‥‥‥‥‥82
東京特別州‥‥‥‥‥‥‥‥‥‥‥‥‥‥71
東京特別州構想‥‥‥‥‥‥‥‥‥‥‥‥81
東京都市州‥‥‥‥‥‥‥‥‥‥82, 83, 84
東京都制‥‥‥‥‥‥‥‥‥‥‥‥‥‥‥74
東京23区 ‥‥‥‥‥‥‥‥‥‥‥‥‥‥70
東京23区清掃一部事務組合 ‥‥‥‥‥‥23
東京府5郡82町村 ‥‥‥‥‥‥‥‥‥‥17
東京○○市‥‥‥‥‥‥‥‥‥‥‥‥‥‥78
東京問題‥‥‥‥‥‥‥‥‥‥‥‥‥‥‥65
道州‥‥‥‥‥‥‥‥‥‥‥‥‥‥59, 108
道州議会‥‥‥‥‥‥‥‥‥‥‥‥‥‥‥96
道州制‥‥‥‥‥‥33, 35, 36, 41, 42, 44, 46, 58, 63
道州制ありき‥‥‥‥‥‥‥‥‥‥‥‥‥91
道州制移行‥‥‥‥‥‥‥‥‥‥‥‥‥‥28
道州制基本法‥‥‥‥‥‥‥‥‥‥‥‥‥60
道州制に移行‥‥‥‥‥‥‥‥‥‥‥‥‥49
道州制の形態‥‥‥‥‥‥‥‥‥‥‥‥‥45
道州制の類型‥‥‥‥‥‥‥‥‥‥‥‥‥92
道州制ビジョン懇談会‥‥‥‥‥‥‥90, 92
道州税の創設‥‥‥‥‥‥‥‥‥‥‥‥107
道州知事‥‥‥‥‥‥‥‥‥‥‥‥‥‥‥98
道州の公務員制度‥‥‥‥‥‥‥‥‥‥101
道州の税財政制度‥‥‥‥‥‥‥‥‥‥105
当分の間‥‥‥‥‥‥‥‥‥‥‥‥‥‥148
東北州‥‥‥‥‥‥‥‥‥‥87, 88, 89, 93
東北州政府‥‥‥‥‥‥‥‥‥‥‥‥‥103
東北特区州‥‥‥‥‥‥‥‥‥‥‥‥‥115
都議会議員‥‥‥‥‥‥‥‥‥‥‥‥‥293
都区一体論‥‥‥‥‥‥‥‥‥‥‥‥‥‥16
都区財政調整制度 ‥‥‥‥‥‥18, 24, 67, 75
都区制度‥‥‥‥‥‥‥‥‥‥‥‥6, 19, 74

特別区‥‥‥‥‥‥‥‥‥‥18, 20, 23, 74, 75
特別区制度‥‥‥‥‥‥‥‥‥‥‥‥‥‥19
特別区制度調査会‥‥‥‥‥‥‥‥‥71, 76
特別市‥‥‥‥‥‥‥‥‥‥‥‥‥‥‥‥31
特別市制運動‥‥‥‥‥‥‥‥‥‥‥‥‥28
特別市制度‥‥‥‥‥‥‥‥‥‥‥‥‥‥28
〈特別市〉タイプ‥‥‥‥‥‥‥‥‥29, 69
特別自治区‥‥‥‥‥‥‥‥‥‥‥‥‥‥30
特別自治市‥‥‥‥‥‥‥‥‥‥‥‥‥‥12
特別職の議員‥‥‥‥‥‥‥‥‥‥‥‥276
特別職報酬等審議会‥‥‥‥‥‥‥‥‥279
特例市‥‥‥‥‥‥‥‥‥‥‥‥‥‥‥‥39
特例政令市‥‥‥‥‥‥‥‥‥‥‥‥‥‥32
〈特例都市〉タイプ‥‥‥‥‥‥‥‥29, 69
土光臨調‥‥‥‥‥‥‥‥‥‥‥‥‥‥163
都市国家‥‥‥‥‥‥‥‥‥‥‥‥‥‥‥34
都市州‥‥‥‥‥‥‥‥‥‥‥‥‥‥‥‥32
都市州税‥‥‥‥‥‥‥‥‥‥‥‥‥33, 70
都市州タイプ‥‥‥‥‥‥‥‥‥‥‥25, 69
都職員の配属制度‥‥‥‥‥‥‥‥‥‥‥18
都市連合構想‥‥‥‥‥‥‥‥‥‥‥‥‥77
都心空洞化‥‥‥‥‥‥‥‥‥‥‥‥‥158
都心4区‥‥‥‥‥‥‥‥‥‥‥‥‥‥‥65
都制‥‥‥‥‥‥‥‥‥‥‥‥14, 16, 67, 70
〈都制〉タイプ‥‥‥‥‥‥‥‥‥‥‥‥29
都制度‥‥‥‥‥‥‥‥‥‥‥‥‥‥‥‥‥6
都の区‥‥‥‥‥‥‥‥‥‥‥‥‥‥‥‥77
ドブ板議員‥‥‥‥‥‥‥‥‥‥‥‥‥263

【な　行】

なだれ現象‥‥‥‥‥‥‥‥‥‥‥‥‥151
二元行政‥‥‥‥‥‥‥‥‥‥‥‥‥‥‥25
二元代表制‥‥‥‥‥‥‥‥‥‥‥‥‥288
二元的な代表制‥‥‥‥‥‥‥‥‥‥‥139

索　引　333

西尾私案	54, 55	報酬	273, 290
西尾勝	50, 52, 61, 66, 155	報酬（労働の対価）	262
二重監督	5	法廷の都税	24
二重行政	5, 25, 27	法律上の特例	8
日本列島改造計画	91	法律的意義	252
任務的責任	236	法律による行政	147
年俸制	179	法律の範囲内	148
		補完行政	224

【は 行】

		補完性の原理	33, 37, 41, 83, 159
		補正型の政策	227
配属職員制度	74	保全型の政策	227
箸の上げ下げ	208	ボランティア	190
パターナリズム	34, 137, 155	ホンネとタテマエ	262
鳩山由紀夫	117		

【ま 行】

範囲の経済性	11, 12, 13	マーストリヒト条約	40
PPP	182, 219	負け組	60
非常勤の特別職公務員	261, 291	間違った神話	107
必置規制	133	まちづくり基本条例	188
府県機能の空洞化	40	マニフェスト	174, 209, 211
府県制度解体	28	幻の改革構想	35, 63
府県制の歴史	43	幻の特別市	4, 68
負担政策	180	見えざる東京市	22
普通選挙制	286	「自ら治める」（self-government）	251
復興庁構想	113	未曾有の大災害	88
物理的制御	232	美濃部亮吉	210, 211
富裕団体視	82	身分報酬	274, 290
プラチナ社会構想	91	民意を鏡のように反映する場	280
フルセット行政	59	民間開放（PPP）	163
分権化	127	民業圧迫	232
分権国家論	87	村	39
分権・分離型	128	明治時代の地方制度	285
分権・融合型	48, 128	明治の大合併	39
分離・融合	124	名誉職	260, 276, 279
平成の大合併	39, 42, 150, 244, 248		
弁明的責任	236, 237		

目標設定型 …………………………… 242, 243
モラルハザード ……………………………… 162
問題解決の技法 ……………………………… 223

【や 行】

矢祭町の考え方 ……………………………… 280
有給の専門職（プロ） ……………………… 278
ゆりかごから墓場まで ………………………… 31
予算教書 ……………………………………… 268
予算審議が不得手 …………………………… 267

【ら 行】

立法機関 ……………………………………… 265
連邦国家 ………………………………………… 45
連邦制 ……………………………………… 46, 47
労働報酬 ……………………………… 273, 278, 290

【わ 行】

ワシントン D.C. ……………………………… 85
1L + 3E ……………………………………… 233
ワンストップサービス ……………………… 114

【英文索引】

Careers of Japanese governors ………… 311
Existence of the staff labor ……………… 319
Governor ………………………………… 306
Governor of Tokyo ……………………… 310
Local government ………………… 307, 318
Major metropolitan cities ……………… 307
Metropolis of Tokyo …………………… 320
Metropolitan citizens …………………… 315
Positive evaluation ……………………… 322
Public finance …………………………… 316
Regional cities …………………………… 307
Regional taxes …………………………… 309
Rural villages …………………………… 307
Ryokichi Minobe ………………………… 313
Second World War ……………………… 305
Shunichi Suzuki ………………………… 313
Style of policy formation ………………… 316
the characteristics of Tokyo governors …… 323
the governor of Tokyo …………………… 310
TMG ……………………………………… 307
Tokyo governor's power ………………… 308
Tokyo's 23 special wards ………………… 320
Type of leader …………………………… 315
23 special wards in Tokyo ……………… 319
Vice Governor …………………………… 312
Yukio Aoshima …………………………… 314

著者紹介

佐々木信夫（ささき・のぶお）

1948 年　岩手県生まれ
1980 年　早稲田大学大学院政治学研究科修了
1989 年　慶應義塾大学法学博士取得
　　　　　東京都庁勤務，聖学院大学教授を経て，
　　　　　1994 年から現職，日本学術会議会員
現　　在　中央大学教授，法学博士
専　　攻　行政学，地方自治論

著　書
『日本行政学』（学陽書房，2013 年）
『新たな「日本のかたち」』（角川 SSC 新書，2013 年）
『都知事』（中公新書，2011 年）
『道州制』（ちくま新書，2010 年）
『地方議員』（PHP 新書，2009 年）
『現代地方自治』（学陽書房，2009 年）
『自治体政策』（日本経済評論社，2008 年）
『現代行政学』（学陽書房，2000 年）
『都市行政学研究』（勁草書房，1990 年）
ほか，著書，論文多数

大都市行政とガバナンス　　　中央大学学術図書（82）
2013 年 7 月10日　初版第 1 刷発行

　　　　　著　者　佐々木　信　夫
　　　　　発行者　遠　山　　　曉
　　　　　　郵便番号 192−0393
　　　　　　東京都八王子市東中野742−1
　　　　　発行所　中央大学出版部
　　　　　　電話 042(674)2351　FAX 042(674)2354
　　　　　　http://www2.chuo-u.ac.jp/up/

© 2013　Nobuo Sasaki　　印刷・製本　㈱ニシキ印刷／三栄社
ISBN 978-4-8057-1149-1
本書の出版は中央大学学術図書出版助成規定による